Mein erstes Mal

Jutta Vey

Mein erstes Mal

Männer aus vier Generationen erzählen

Schwarzkopf & Schwarzkopf

Inhalt

Denn sie wussten nicht, was sie tun

Vorwort

Und wann sind die Männer dran?«, fragten schon kurz nach Erscheinen des ersten Buches *Mein erstes Mal – Frauen aus vier Generationen erzählen* viele Leserinnen. Doch würden mir Männer genauso offen von ihrem ersten Mal erzählen? Es ging ja nicht nur um Küssen, Kuscheln und Koitus, sondern auch um das biografische »Vorspiel«, um Elternhaus, Erziehung, Aufklärung und nicht zuletzt darum, wie sich die Lust mit den Jahren, den Partnern und dem Zeitgeist verändert. Kurz: um die Wahrheit jenseits von Prahlereien und Plattitüden. »Nee, dit is mir zu langweilig«, beschied mir dann auch ein Berliner (66), als er hörte, dass seine Aufreißer-Anekdoten nicht das Gros der Geschichte ausmachen würden.

Männer reden nun mal nicht gern über Sex, schon gar nicht, wenn's ans Eingemachte geht. »Wenn ich mit einem Freund (…) über Sexualität sprechen will, das heißt es mal tiefer gehen soll, klappt das nicht. Er blockt meistens ab«, sagt Jost (56). »Jungs wollen das nicht. Wenn die in einer größeren Runde über so was reden, haben sie ja ein Problem. (…) Man hat mit dem Thema aber (…) kein Problem«, bringt es André (45) auf den Punkt. Wenn geredet werde, dann so: »In der Schule konnte man endlich sagen: ›Hey, ich hab's gemacht.‹ Dann kam gleich: ›Wie war's?‹,

9

man sagte ›Gut‹, ›Cool‹, ›Klasse‹ (…). Dann war das Thema erledigt.«

Entsprechend herausfordernd waren Recherche und Interviews. Auf ein telefonisches Interview wollte sich keiner der 18 Männer zwischen 19 und 84 einlassen. »Das wird ja sehr persönlich. Da möchte ich schon sehen, wem ich das erzähle«, sagte Klaus (65). Im Schnitt dauerten die Interviews eine Stunde länger als bei den Frauen, das Gespräch mit Robert (84) zog sich über sechs Stunden hin. Doch der Aufwand hat sich gelohnt. »Das habe ich erzählt, was kommt denn da noch?«, fragte Max (34), erstaunt darüber, was er sich alles hatte entlocken lassen. Er bat schließlich, wie auch fünf andere, um weitgehende Anonymisierung, hat aber, bis auf einen Satz übers Masturbieren, seinen Text autorisiert. Nur ein Einziger war für die Fortführung des Interviews nicht mehr erreichbar.

Ja, Männer reden anders über Sex, sachlicher, pointierter, manche betont lässig: »Alles hatte geklappt, wir hatten Geschlechtsverkehr, Thema erledigt.« Wieder andere erzählen mit trockenem Humor: »Für mich war es ein schönes Erlebnis. Für sie wohl nicht.« So mancher wechselte stellenweise vom »ich« zum »man«. Das Persönliche bekommt so den Deckmantel des Allgemeinen, die Aussage wird neutraler und damit kann »Mann« leben.

Doch die Geschichten stehen in ihrer Bandbreite denen der Frauen in nichts nach. Auch die Männer erzählen von flüchtigen, nichtssagenden Begegnungen ebenso wie von Liebesabenteuern mit großen Gefühlen. Sie berichten von kurzen und kuriosen, verunglückten und tragischen, enttäuschenden wie berauschenden ersten Malen. So manches Erlebnis bleibt auch wegen der Begleitumstände unvergesslich: Bei zweien krachte das Bett zusammen, einer verletzte sich, einem anderen gelang erst nach mehrmaligem Ortswechsel der Durchbruch – auf dem Toilettendeckel. Nur bei sechs Männern waren keine Gefühle im Spiel, hier ging es um den Akt an sich, den Vollzug, das Hintersichbringen. Für den Rest war

klar: Es sollte ein besonderes Mädchen sein. Hermann, der Zweit-
älteste, verliebte sich in eine zehn Jahre ältere Schauspielkollegin:
»Ihre Ausstrahlung war der Wahnsinn.« Martin, der Jüngste, sagt:
»Ich wollte auf jeden Fall verliebt sein. Solange ich das nicht war,
war auch gar nicht das Verlangen nach Sex da.«

Erwartungsgemäß – das bestätigen auch Studien aus den ver-
gangenen 30 Jahren – sind die Männer beim ersten Mal älter als
die Frauen. Im Schnitt erleben sie es zwischen 17 und 19. Es gibt
nur zwei Ausreißer nach oben: Dennis (26) war bereits 24: »Die
Richtige war vorher nicht dabei«, Uwe (51) sogar schon 25: »Ich
hatte viele Chancen, habe sie aber nicht genutzt.« Mit Robert
(84), der sein erstes Mal 1945 mit einem Bauernmädchen in einem
Zelt erlebte, beginnt das Buch, mit Martin (19), der im Sommer
2007 zum ersten Mal mit einem Mädchen schlief, endet es. Damit
liest man sich durch 60 Jahre Sozial- und Sexualgeschichte und
begibt sich auf eine spannende Zeitreise …

Noch bis in die siebziger Jahre hinein hatten Jugendliche mit
dem moralischen Damoklesschwert zu kämpfen. Karl-Heinz (68):
»Schon das Wort ›Sex‹ war ja ein Tabu.« Viele Ältere umschreiben
es auch heute noch, statt es zu verwenden, sprechen von »Liebe
machen« oder schlicht »es«.

Aufklärung gab es damals kaum, weder in der Schule noch zu
Hause, und wenn, dann diente sie der Abschreckung. Hermann
(82) erinnert sich: »Unser Vater zeigte uns Zeichnungen und Fotos
von Geschlechtsorganen, vor allem solche, die sehr kaputt und
schlecht aussahen. Das waren ganz schreckliche (…) Bilder.« Das
meiste erfuhren die Jungen auf der Straße, doch es war oft Halbwissen aus zweiter Hand, aus dem man nicht viel schlauer wurde.
Robert (84) sagt dazu: »Wenn man hörte: ›Die haben gefickt und
jetzt kriegen sie ein Kind‹, dachte man, wenn Mann und Frau das
einmal machen, bekommen sie schon ein Kind.« Es ist also kaum
überraschend, dass viele vor dem ersten Mal so gut wie keine
Ahnung hatten.

Nur eins ließ sich bei aller Drohung keiner vermiesen: Alle masturbierten. Heinrich (58) erzählt: »Mit zehn fing ich an. (…) Zwar hörte man von den Erwachsenen, vor allem vom Pfarrer, dass man das nicht tun solle, weil es schädlich fürs Rückenmark sei und krank mache. Das hat mich aber nicht so stark beeindruckt, dass ich es bleiben ließ.« Der 84-jährige Robert, der unter den Soldaten viel mitbekam, erinnert sich: »›Im Kriege kehrt die ganze Liebe zurück zum Handgetriebe‹ war ein geflügeltes Wort damals.«

Je stärker die moralische Indoktrinierung, desto später das erste Mal. »Sexualität war etwas Schmutziges. (…). Deshalb hatte ich auch solche Anlaufschwierigkeiten. Erst mit 19 konnte ich die Dämonen meiner Kindheit vertreiben«, erzählt Hermann (82). Klaus (65) und seine Freundin ließen sich ein Jahr Zeit mit dem ersten Sex: »Man war ständig im Zwiespalt (…). Die jungen Leute hoben ihn in den Himmel (…), die Alten (…) wüteten: ›Das ist Schweinerei!‹« Heinrich (58) führt die Tatsache, dass er erst mit 34 sein Coming-out hatte, auch auf seine »stockkonservative«, katholische Herkunft zurück: »In diesem Kosmos hatten Männer Beziehungen zu Frauen. Partnerschaften zwischen Männern waren unvorstellbar. Das Wort ›schwul‹ war mir überhaupt kein Begriff.« Bei Uwe (51) hatte die Erziehung gar zur Folge, dass er sich erst mit 25 an ein Mädchen herantraute. Weil seine Großeltern ihm ständig sagten: »Vom anderen Geschlecht lass die Finger«, war eine »regelrechte Hemmschwelle« entstanden.

Dass es genauso Männer gibt, bei denen die Verbote und Drohungen ins Leere liefen, zeigt wiederum, dass der Faktor Persönlichkeit eine ebenso große Rolle spielt. Der Berliner Arno (73) grüßte als Kind stets artig die Leute, wie es ihm eingebläut worden war. So auch eines Tages eine 22-jährige Prostituierte, die in der gleichen Wohnsiedlung lebte und ihn freundlich anlächelte. »Die musst du nicht grüßen«, sagte die Mutter knapp. »Warum?«, fragte der Knirps. »Die hat viele Männer.« Die wenig erhellende

Antwort entfachte seine Neugier und bewirkte das Gegenteil: Die Frauen wurden jetzt erst spannend für ihn. Acht Jahre später hatte er sein erstes Mal mit einem »Straßenmädchen«. Heute arbeitet er als Taxifahrer, viele seiner Kunden sind Prostituierte.

Rite de passage oder rite de blamage? Die meisten Männer schlagen sich mit Versagensängsten herum. Klaus (65) gibt zu: »Ich stand unter einer ziemlichen Spannung und dachte: Hoffentlich geht das nicht schief.« Martin (19) sagt: »Ich hatte voll Schiss (...). Dass ich keinen hochkriege. Dass es zu schnell gehen könnte. (...) Alles, was man sich so vorstellen kann.« Diese Ängste sind auch ein Grund, warum sich die Mehrheit, nämlich zwölf Männer, an erfahrene Frauen hielt. Hermann (82) erlebte die »Stunde null« trotzdem als blamablen Moment: »Ich kniete vor ihr und dann geschah etwas ganz Furchtbares für einen Mann. (...) Ich war sehr aufgeregt und gleichzeitig wahnsinnig erregt – und im nächsten Moment war's dann auch schon aus. Ich konnte überhaupt nicht richtig ran an die Frau, da war's schon vorbei.«

Auch wenn vom ersten Mal oft betont beiläufig erzählt wird – nicht zuletzt die Tatsache, dass sich alle noch an Details erinnern können, zeigt, dass es auch für die Männer mehr als ein flüchtiges Erlebnis ist. Wann ist ein Mann ein Mann? Zum ersten Mal dann! »Jetzt wusste ich, wo der Weg langgeht, (...) jetzt war ich endlich auch ein Mann«, sagt kurz und bündig Robert, der Älteste. Martin, dem Jüngsten, ging es genauso: »Ich hatte das Gefühl, dass ich vorher nicht entspannt durch die Welt gelaufen war.« Viele sehen ihr erstes Mal rückblickend gar als Dreh- und Angelpunkt ihrer sexuellen Biografie – in negativer oder positiver Hinsicht. »Dann hat sie etwas getan, das vergesse ich bis heute nicht. Das hat mich mein ganzes Leben lang geprägt«, erinnert sich Hermann (82). »Sie sprach von der sexuellen Liebe als einem großen Geschenk. (...) Und ich solle nie ein Schwein sein, nie wie ein Tier lieben, nie die Frauen nur benutzen. (...) Ich habe mir ihre eindringliche Ansprache zu Herzen genommen, (...) nie gelebt nach dem Motto ›Die kriege ich jetzt rum‹.« Jan (37) wiederum führt seine »Arschloch-phase«, in der er Frauen als Trophäen wahrnahm, auf sein extrem negatives erstes Erlebnis zurück: »Ich wollte an den Frauen (...) Rache dafür nehmen, dass ich früher keinen Erfolg gehabt hatte.«

Je jünger die Männer, desto ungezwungener sprechen sie über Sexualität. Sie erzählen mehr Details und sind auch bereit, über Vorlieben und Abneigungen zu reden. Nicht zuletzt daran wird die radikale Veränderung der Sexualmoral im Laufe der letzten 60 Jahre deutlich: Sex wurde von einem tabuisierten Mysterium zu einem von moralischen Vorzeichen weitgehend losgelösten existenziellen Bedürfnis. »Ich mag es, wenn man sie hört, manche reißen sich leider richtig zusammen. Wenn sie anfängt, kurz vorm Kommen zu kratzen, macht das auch Spaß. Mal auf den Arsch zu hauen ist okay, aber Hardcore-SM ist nicht mein Ding«, sagt Daniel (22). Christian (33) beschreibt seine Initiation so: »Ich wusste zwar, wie die Vagina aussah und dass mein Schwanz da reinkommen musste, die Realität war aber (...) komplizierter: Man konnte da nicht einfach so reinschlüpfen, man musste sich wie ein Bergsteiger in diese Höhle vortasten.«

So stark die moralische Prägung in der Jugend auch gewesen sein mag, der Mehrheit gelingt es, sich von den alten Erziehungs-mustern zu lösen. Robert (84) erzählt: »1949 kaufte ich mir mein erstes Motorrad, mit dem ich auch immer mal Rennen fuhr. Und dann ging es rund bei mir mit HWG. Den Begriff hat die Presse damals erfunden. Er bedeutet: ›häufig wechselnder Geschlechts-verkehr‹.« Das Ergebnis bei ihm: summa summarum »rund ein Dutzend Frauen«. Wenn der Motor gezündet hat, starten die meisten sehr schnell durch. »Benzin war genug da, jetzt konn-te ich Gas geben«, sagt Dennis (26). »Zwischen 20 und 30 war meine sexuell aktivste Zeit«, erinnert sich Karl-Heinz (68). Für Daniel (22, der schon mit rund 60 Frauen geschlafen hat) ist Sex geradezu ein Lebenselixier: »Ich bin halt ein Typ, der möglichst viel ausprobieren will.« Doch es geht auch anders: Marcel (35) hatte fünf Frauen, inklusive seiner aktuellen Freundin Ria. »Bei ihr habe ich das Gefühl, angekommen zu sein.«

Manchen lockt in den Zwanzigern auch ein anderes erstes Mal: Ein Puff-Besuch gilt als comme il faut. Vier Männer im Alter von 22 bis 73 haben die Erfahrung gemacht – aus Neugierde (22/73), Gruppendruck (56) oder weil der Bruder einen mitzog (68). Doch längst nicht jeder kann damit etwas anfangen. Jost (56) zog mit Bundeswehr-Kumpels los. Doch die Sache war ihm von Anfang an nicht geheuer. Die Folge: »Sie versuchte alles, aber in den unteren Regionen tat sich nichts.« Max (34) kann es sich gar nicht erst vorstellen: »Das ist mir zu reduziert, zu kalt, da kann ich auch masturbieren.«

Ab Ende 40 gilt die Devise: Weniger ist mehr, Klasse statt Masse. »Heute ist mir Sex nicht mehr so wichtig wie früher«, gibt Ronald (49) zu. »Ich laufe jedenfalls nicht ständig triefend und tropfend durch die Gegend. Ich habe einfach keinen Bock mehr auf (...) großartiges Ausprobieren.« Bei Karl-Heinz (68) liest es sich so: »Für den Sex wie für den Alkohol gilt: Nicht die Quantität zählt, sondern die Qualität. Man macht es einfach nicht mehr so oft.« Der Rest ist Schweigen. Denn die Unlust kann auch andere Gründe haben: Erektionsstörungen. Karl-Heinz, der Werbung für Potenzmittel macht, sagt: »Die meisten Männer um die 60 haben Probleme.«

Und die Moral von den Geschichten: Männer reden nicht gern darüber, sie tun es lieber. Doch wenn sie reden, dann nicht weniger offen, nur eben anders.

Das erste Mal ist auch auf der Landkarte ihres Lebens eine Marke, auch sie haben mit Unsicherheiten und Ängsten, erziehungsbedingten wie persönlichen, zu kämpfen. Sie lassen sich mehr Zeit als die Frauen, doch ist die Terra incognita erst einmal erobert, geht die Entdeckungsreise los.

Einer spricht für alle und auch wieder nicht. Denn jeder hat seine individuelle Geschichte, die sich vor dem Hintergrund der jeweiligen Zeit abspielt. So sind die 18 Protokolle wie Puzzleteile, aus denen sich ein Bild zusammensetzt, das alles andere ist als schwarz-weiß, sondern bunter, als man denkt. Lassen Sie sich überraschen. Viel Spaß beim Schmökern!

Jutta Vey
Hamburg, im Juni 2011

PS: Schreiben Sie mir, wie Ihnen das Buch gefallen hat. Per E-Mail an: ErstesMal@gmx.net. Ich freue mich über jedes Feedback.

Halb zog sie ihn,
halb sank er hin

Robert, 84, Klempner
Erstes Mal 1945 mit 18 Jahren

Es war, wie man heute so sagt, ein One-Night-Stand. Ich war in einem englischen Kriegsgefangenenlager, wo mich ein Flüchtlingsmädchen verführte. Für mich war es ein schönes Erlebnis. Für sie wohl nicht. Jedenfalls wurde sie danach sehr böse, weil ich so schnell fertig war. Das hat mich ein bisschen schockiert. Ich hätte mich ja auch bemüht, es am nächsten Abend wiedergutzumachen, aber da war sie schon weg. Ich muss aber auch sagen: Wenn ich sie zur Frau hätte nehmen müssen, wär das wahrscheinlich nichts geworden. Ich kam aus der Großstadt, sie war eher eine Bauerntrutsche. Das hätte nicht gepasst.

Dass man früh anfing, das war damals nicht so ausgeprägt wie heute. Man war insgesamt zurückhaltender. Wir hatten aber auch nicht so viel Zeit für die Liebe, wir hatten was anderes zu tun. Ob zu Hause oder in der Lehre, überall lief es streng ab, man hatte kaum Freiheiten. Und dann kam ja auch noch der Krieg dazwischen. Mit Sicherheit wäre vieles anders gewesen, wenn wir nicht in dieser Zeit groß geworden wären. Ich wurde 1927 in Hamburg geboren. Im Jahr der Machtergreifung Hitlers, 1933, kam ich in die Schule. Mitten im Krieg, am 1. April 1941, begann meine Klempner-Lehre.

Zu meiner Schulzeit waren Liebe und Sexualität überhaupt kein Thema. Da wusste man nicht mal, dass zweierlei Kleider im Schrank hängen. Dann in der Lehre – ich war knapp 14, als ich anfing – war das auch noch nicht anders. Da hat man sich auf die Ausbildung konzentriert. Damals gab's ja auch überall noch ordentlich Prügel, um uns gehörig unter Druck zu setzen: zu Hause, in der Schule, in der Werkstatt. Die Mädchen wurden mit dem Rohrstock auf die Hand gehauen, wenn sie nicht spurten, die Jungs auf den Hintern. Wenn mal in der Lehre was nicht geklappt hat, gab's eine in den Nacken. Einmal hat Muttern fast einen Wäscheknüppel auf mir kaputt gehauen. Ich bin von der Schule aus statt nach Hause erst mal runter zur Elbe zum Baden gegangen. Da war dann Holland in Not und ich habe richtig Prügel bezogen.

Meine Eltern waren beide schon um die 30, als sie geheiratet haben. Der erste Mann meiner Mutter hatte eine Gaststätte, in der mein Vater als Kellner arbeitete. Als ihr Mann starb, heiratete sie meinen Vater. Beide machten sich dann selbstständig, gründeten in Altona einen Heißmangelbetrieb. So wurden früher Wäschereien genannt. Mein Vater war evangelisch, meine Mutter katholisch. Sie war ganz streng, wir mussten jeden Sonntag in die Kirche. Die Nachbarskinder, die währenddessen draußen spielten, verarschten uns immer, indem sie sich hinknieten, wenn wir nach dem Gottesdienst an ihnen vorbeikamen.

Durch die katholische Erziehung war einem in Fleisch und Blut übergegangen, dass alles Geschlechtliche Sünde sei. Überhaupt war alles, was mit dem Körper zu tun hatte, schlecht. Dass man die Eltern mal nackt gesehen hätte, wäre undenkbar gewesen. Ich habe auch nie etwas gehört. Aber das wäre auch nicht möglich gewesen. Zwischen dem Kinderzimmer und dem Elternzimmer lag der Flur. Wenn unsere Eltern Remmidemmi gemacht hätten, hätten wir daher gar nichts mitgekriegt.

Die Aufklärung fand damals auf der Straße statt. Das Wort »ficken« habe ich schon sehr früh aufgeschnappt, das war dort

Gebrauchsjargon. »Der hat gefickt« oder »Die hat gefickt« hörte man immer mal wieder. Aus den Satzfetzen reimte man sich zusammen, dass da irgendwas zwischen Mann und Frau passiert und dass dabei Kinder entstehen. Wie genau das abläuft, das war mir aber lange nicht klar. Damals gab es ja keinen Anschauungsunterricht durch Fernsehen und die *Bravo*.

Wenn man hörte: »Die haben gefickt und jetzt kriegen sie ein Kind«, dachte man, wenn Mann und Frau das einmal machen, bekommen sie schon ein Kind. Damals kursierte auch der Spruch »Hätt'ste nicht gefickt, du Sau, bräuchtest' nicht zur Finkenau«. Das war eine Entbindungsanstalt in Hamburg.

Da man von den Erwachsenen nichts erklärt bekam – ich wäre aber auch nie im Leben auf die Idee gekommen, meine Eltern zu fragen –, war man auf das angewiesen, was man hörte und sah. Und das saugte man auf und machte sich seine eigenen Gedanken dazu. Als meine Schwester älter wurde und man einen Brustansatz sehen konnte, war ich ziemlich überrascht und habe mit Sicherheit auch mal dumm geguckt. Mir war gar nicht klar, dass sich der Körper von Mädchen anders entwickelt. Woher auch?

Mit vielem konnte man aus Unwissenheit überhaupt nichts anfangen, erst später wurde einem vieles klar. So haben wir als Kinder zwar oft Präser in der Elbe rumschwimmen sehen, wussten aber gar nicht, was das ist, geschweige denn, was man damit macht. Dass man die zum Verhüten braucht, wusste bestimmt keiner von uns Jungs damals.

1942, mit 15, habe ich zum ersten Mal ein Auge auf ein Mädchen geworfen. Sie wohnte neben meiner Lehrwerkstatt, hatte schöne lange Haare und ein süßes Lächeln. Das fand ich niedlich. In dem Alter wusste ich aber immer noch nicht, was da genau zwischen Mann und Frau abläuft. Ich habe zwar ein bisschen mit ihr rumgeflirtet, aber dabei noch nicht an irgendwas gedacht. Ich gab ihr mal einen Bonbon ab, ein anderes Mal aß ich ein Eis mit ihr, alles war aber völlig harmlos und noch sehr unschuldig. Wir haben in dem Alter ja sogar noch Cowboy und Indianer gespielt.

Bevor es überhaupt richtig losgehen konnte mit den Mädels, war es auch schon wieder zu Ende: Durch den Krieg, der ein Jahr später Hamburg verwüstete, wurden wir aus unserer kleinen Welt rausgerissen.

Die Angriffe begannen in der Nacht vom 24. auf den 25. Juli 1943. Fast 800 britische Bomber legten die Stadt in Schutt und Asche. Zwei Tage später kam der zweite Angriff und das ging bis Anfang August so weiter. Insgesamt starben rund 40.000 Menschen.

Ich weiß noch, dass ich an dem ersten Wochenende, als die Angriffe begannen, wie so oft mit einem Kumpel mit Paddelboot und Zelt außerhalb von Hamburg unterwegs war. Auf dem Heimweg – wir waren auf der anderen Seite der Elbe und mussten mit dem Schiff wieder übersetzen – bekamen wir mit, wie die Stadt lichterloh brannte, wie es krachte und bumste.

Als wir nach Hause kamen, war nichts mehr da. Unser Haus stand nicht mehr. Da war gar nichts mehr. Überall qualmte es, Menschen weinten, man stolperte über Leichen. Es war ein totales Chaos. Meine Mutter und meine beiden Schwestern waren weg und auch nicht auffindbar. Ich fragte zwar viele Leute, aber keiner konnte mir helfen. Zum Glück fand ich für ein paar Tage Unterschlupf in der Werkstatt meines Lehrmeisters. Sein Haus war das einzige in unserer Straße, das noch stand.

In Hamburg-Lurup machte ich mir das Gartenhäuschen, das meine Eltern seit 1939 besaßen, zurecht und wohnte erst mal eine Weile da. Wir waren in der Zeit nach den Angriffen so eingespannt, dass wir tagelang eigentlich rund um die Uhr gearbeitet haben. Da kein Mensch mehr Wasser hatte, haben wir in den ersten vier bis sechs Wochen mit einem Tankwagen aus Bergedorf, einem Stadtteil im Südosten, Wasser geholt und in der Stadt verteilt. Am Wagen bildeten sich immer lange Schlangen.

Nach vier, fünf Monaten erfuhr ich vom Suchdienst, an den ich mich gewandt hatte, dass meine Familie überlebt hatte: Meine Mutter und Schwestern waren nach Bayern verfrachtet worden. Ich musste wie viele Gleichaltrige zum Arbeitsdienst, eine Art Kriegsvorbereitung: Dort mussten wir Schützengräben bauen und lernten schießen. Acht Wochen dauerte er, anschließend hatte ich zwei Wochen lang frei – in der Zeit war ich noch mal in unserer Gartenhütte –, dann wurde ich auch schon eingezogen, mit gerade mal 16. Die Grundausbildung absolvierte ich bei der 76er MOT in Rahlstedt, das war die motorisierte Infanterie. Von dort kam ich Mitte 1944 nach Holland, wo ich bei der Ardennen-Offensive, der letzten deutschen Großoffensive an der Westfront, eingesetzt wurde. Sie begann am 16. Dezember 1944. Nach einem Beindurchschuss wurde ich von den Engländern einkassiert und der Krieg war für mich aus. Acht Monate war ich in Gefangenschaft, in dieser Zeit verlor ich meine Unschuld.

Zum Zeitpunkt meines ersten Mals wusste ich, was man wissen musste. Beim Arbeitsdienst und in der Armee hatte ich noch viel mitbekommen. Als ich mit 16 zum Arbeitsdienst kam, hatte ich zwar schon mal einen Steifen gehabt, aber um ehrlich zu sein: Wie das genau geht mit dem Geschlechtsverkehr, das wusste ich in dem Alter immer noch nicht.

Aber da unter Männern nicht so mit dem Sieb gesprochen wird, es schon richtig zur Sache geht, wurde einem schnell klar, wie's funktioniert. Selbstbefriedigung und Geschlechtsverkehr waren ständig Gesprächsthemen unter den Soldaten. »Im Kriege kehrt die ganze Liebe zurück zum Handgetriebe« war ein geflügeltes Wort damals.

Die Soldaten sprachen ziemlich offen darüber, ob sie schon hatten und mit wem und wie. »Dann hast du einen Steifen und dann machst du das und das …«, »Ich hab da 'ne tolle Alte«, »Ich würd gern mal wieder« – so redete man untereinander. Da denkt man natürlich auch für sich: Mensch, das möchte ich auch gerne mal.

Die Hemmungen und Vorbehalte, die man durch die katholische Erziehung im Kopf hatte, dass das Geschlechtliche alles schlecht ist, gingen in der Zeit jedenfalls weg, und zwar ziemlich schnell.

Richtig angefangen hat es bei mir aber erst gegen Ende der Gefangenschaft. »Der Tommy«, wie wir die Engländer nannten, fuhr mich zusammen mit anderen Kriegsgefangenen in Lastwagen von Holland nach Schleswig-Holstein. In der Nähe von Bad Segeberg war auf einem Bauernhof ein großes Entlassungslager eingerichtet worden. Dort wurden wir zusammengepfercht. Die einen haben in leeren Hühnerställen auf Stroh geschlafen, andere in einfachen Zelten, die auf der Kuhwiese aufgebaut waren. Jeden zweiten Tag brachte der Engländer die Verpflegung, in einer Gulaschkanone wurde das Essen gekocht.

Auf dem Bauernhof waren auch viele Flüchtlingsmädels. Mit einer hatte ich kurz nach Kriegsende, im Juli 1945, mein erstes Mal. Sie kam aus Schlesien, war ein paar Jahre älter als ich, um die 23. Wir haben oft auf der Tenne geschwoft, rund 100 Mädchen und vielleicht 50 Soldaten. Bei einem dieser Tanzabende hat es sich ergeben, dass ich mit dem Mädel ein paar Mal tanzte.

Ich glaube, sie hat den Anfang gemacht. Als ich jung war, war ich ein eher schüchterner Typ, von mir aus hätte ich nicht den ersten Schritt gemacht. Viel geredet haben wir nicht. Und wenn, dann wohl eher über belanglosen Kram, wo man herkommt und so was. Wir schwoften, schmusten ein bisschen, später knutschten wir. Und dann ergab es sich. Ich will mal so sagen: Sie hat mich mehr gezogen als ich sie. Vielleicht hatte sie an dem Abend auch das Bedürfnis und dachte bei sich, Gott sei Dank, jetzt hab ich einen Esel abgeschleppt …

Irgendwann im Laufe des Abends raunte sie mir zu: »Lass uns irgendwo anders hingehen, wo wir allein sind …« Ich nickte nur. Mir war schon klar, worauf das hinauslaufen würde, und ich habe mit Sicherheit auch einen roten Kopf gekriegt. Aber ich war natürlich sehr neugierig, wollte nun endlich am eigenen Leib erleben, wovon die Soldaten immer so schwärmten. Bammel hatte ich nicht. Ich habe überhaupt nicht nachgedacht. Schon gar nicht über Verhütung. In solchen Momenten denkt man ja auch nicht. Da rutscht einem das Gehirn in die Hose.

Ich steuerte mit ihr auf mein Zelt zu. Wie alle anderen Helfer in der Küche hatte ich ein eigenes. Kaum waren wir drin, ging es auch schon los und sie zerrte an meiner Hose. Ich glaube, sie hatte schon einige Erfahrung. Sie wusste jedenfalls genau, was zu tun war, und lernte mich ein bisschen an.

Für mich war das erste Mal ein richtig schönes Erlebnis. Ich hatte es zwar vorher schon ab und zu mal selbst gemacht, aber mit einer Frau, das war doch etwas völlig anderes. Ihr hat es leider nicht gefallen. Sie schimpfte hinterher jedenfalls ziemlich mit mir, weil ich so schnell fertig war. Dabei muss sie doch gemerkt haben, dass es für mich das erste Mal war.

Ich war stolz, dass ich es nun hinter mir hatte. Jetzt wusste ich, wo der Weg langgeht, jetzt konnte ich mitreden, jetzt war ich endlich auch ein Mann. Am nächsten Tag lief ich voller Erwartung zur Tenne, weil ich hoffte, sie noch mal zu treffen und das Erlebnis zu wiederholen, aber da war sie schon nicht mehr zu haben: Sie war weg. Keiner wusste, wo sie war, und ich habe sie auch nicht mehr wiedergesehen. Damit war mein erstes Mal, wie man heute so sagt, ein One-Night-Stand. Wäre sie noch da gewesen, hätte ich mich auf jeden Fall bemüht, es wiedergutzumachen.

Etwa einen Monat später, am 11. August, wurde ich aus der Kriegsgefangenschaft entlassen und kam nach Hamburg-Lurup. Dort hatte ich erst mal keine Zeit, an Mädchen zu denken. Ich vergrößerte mit meinem Vater, der inzwischen auch aus dem Krieg heimgekommen war, unsere Gartenhütte.

Wir mussten immer sehen, wo wir Material dafür herbekamen, und nachts haben wir uns mit den Nachbarn abgewechselt bei der Wache. Damals war Essen rar, und so mussten wir ständig aufpassen, dass uns die Äpfel nicht geklaut wurden.

Ich fand in der Kaserne der Engländer, die auf dem Gelände einer Zigarettenfabrik eingerichtet worden war, Arbeit als Betriebshandwerker. Dort war ich zwei Jahre lang, danach ging ich wieder in die Lehre. Durch den Krieg hatte ich ja noch keinen Abschluss als Geselle.

Mit der Zeit kamen immer mehr Tanzkapellen auf, die vor allem Walzer und Tango spielten. Ich glaube, es gab nie wieder so viele Musikgruppen und -vereine in Hamburg wie damals nach dem Krieg. Nach den harten Jahren der Entbehrung sehnten sich die Menschen nach Abwechslung, wollten wieder Spaß haben und das Leben genießen. So ging es mir auch, und so ganz allmählich fing es dann auch wieder mit den Mädchen an. Damals musste man sich aber noch rantasten. Da wurden die Mädels noch umworben, da musste man sich noch ordentlich Mühe geben.

Meine zweite Frau nach dem Bauernmädchen war die Marianne. Sie arbeitete im Büro einer Fischfabrik. Wir lernten uns auf einem dieser Tanzabende kennen, waren zweieinhalb Jahre lang ein Paar. Da hatte man dann natürlich schon allerhand Erfahrungen gesammelt, konnte schon ein bisschen was und bekam keinen roten Kopp mehr, wenn man eine neue kennenlernte.

1949 kaufte ich mir mein erstes Motorrad, mit dem ich auch immer mal wieder Rennen fuhr. Und dann ging es rund bei mir mit HWG. Den Begriff hat die Presse erfunden. Er bedeutet: »häufig wechselnder Geschlechtsverkehr«.

Ich hatte rund ein Dutzend Frauen. Das war aber nie einfach mal so für eine Nacht. Mit jeder war ich richtig zusammen. Ich wäre nie mit einem Mädchen ins Bett gegangen, von dem ich nicht auch gesagt hätte, die würde ich heiraten. Da musste bei mir schon einiges stimmen. Auf der Tanzfläche eine kennenlernen und dann mal eben schnell ins Bett … Das wäre nicht infrage gekommen für mich. Das in dem Zelt, das war eine ganz andere Sache.

1960, mit 33, habe ich zum ersten Mal geheiratet. Da kannte ich dann alles schon aus dem Effeff. Verhüterli und was weiß ich alles. 1975, als unsere Tochter drei Jahre alt war, trennten wir uns. Seitdem bin ich mit meiner zweiten Frau zusammen.

Inzwischen bin ich ziemlich abgeklärt, was auch daher kommt, dass ich während meiner Zeit als Kundschaftsklempner schon viel erlebt habe. Wie sich die Frauen einem da manchmal anbieten, das ist auch nicht der wahre Jakob. Einmal wurde mir und meinem Lehrling die Tür geöffnet und wir hatten zwei große nackte Brüste vor der Nase. Ich habe mich ganz schön erschrocken, worauf sie meinte: »Hast du noch niemals Titten gesehen?« Darauf ich: »Ich hab schon viele von den Dingern gesehen, aber ich weiß nicht, ob der Lehrling schon so viele gesehen hat.«

Spieglein, Spieglein an der Wand ...

Hermann, 82, Schauspieler
Erstes Mal 1948 mit 19 Jahren
Vater von Martin (19)

Kann man es einem wirklich ansehen, wenn man geliebt hat? Das beschäftigte mich lange, denn mein alter Herr pflegte zu mir und meinen drei Geschwistern immer zu sagen: »Leute mit dunklen Augenringen haben schlimme Schweinereien gemacht.« Sexualität war etwas Schmutziges, Onanieren war der Gipfel, das Verwerflichste überhaupt. Das steckte lange in mir drin. Vielleicht hatte ich deshalb auch solche Anlaufschwierigkeiten. Ich habe mich lange nicht an die Mädchen rangetraut. Erst mit 19 konnte ich die Dämonen meiner Kindheit vertreiben. Eine wunderbare Frau, von der ich nie gedacht hätte, dass sie mich erwählen könnte, führte all das, was mein Vater uns eingeimpft hatte, ad absurdum.

Die ersten Jahre meiner Kindheit habe ich in einem ganz kleinen Dorf in der Nähe einer sächsischen Kleinstadt verbracht. Das Dorf lag mitten im Wald. Mein Vater hatte dort von seinem Vater ein Ausflugslokal geerbt. Da er als Schauspieler aber ständig unterwegs war, hatte er das Geschäft in die Hände eines Ober-kellners gegeben.

Wenn unser alter Herr mal da war, war er die absolute Autorität für uns. Er hatte eine unglaubliche Präsenz, war ein Mann der Extreme, wunderbar und furchtbar zugleich – ein sehr komplizierter, schwer zu beschreibender, für uns Kinder nicht zu fassender Mann. Einerseits war er unheimlich lustig, hatte sehr viel Humor, war ein richtiger Familienmensch und umarmte alle. Doch seine Stimmung konnte sich ganz plötzlich drehen und der Jähzorn brach durch.

Er kam schon mal abends, wenn wir bereits im Bett lagen, ins Zimmer und schlug plötzlich die Decke hoch. Wenn man als Kind mit den Armen zwischen den Beinen dalag, wütete er: »Was ist das? Was machst du da für Ferkeleien?« Er machte uns klar, dass man da sehr aufpassen müsse, dass das etwas Gefährliches sei. Als ich ein bisschen älter war, hielt er mir sogar mal einen Vortrag übers Onanieren und erklärte, dass dabei die Gehirnkraft aus dem Mann herausflösse. Er wollte mir mit harten Mitteln klarmachen, dass das Schweinerei sei.

Seine Art, uns aufzuklären, war wirklich sehr eigenwillig. Es war Aufklärung durch Abschreckung. Einmal kam er mit einem dicken Ärztebuch an und zeigte uns Zeichnungen und Fotos von Geschlechtsorganen. Vor allem solche, die sehr kaputt und schlecht aussahen aufgrund von Krankheiten. Das waren ganz schreckliche, eklige Bilder, da standen uns Kindern die Haare zu Berge und wir gruselten uns. Als bei mir das Interesse anfing, kam ich mir wegen seiner Erziehungsmaßnahmen erst mal schlecht vor.

Meine Mutter war das Gegenteil meines Vaters: eine kleine, zarte, ganz natürliche Frau. Sie hatte mit der Art von Erziehung, die mein Vater anwandte, überhaupt nichts zu tun. Sie war die geborene Kindererzieherin, machte das mit viel Liebe und instinktvollem Verhalten uns gegenüber. Sie sang Lieder mit uns, sagte Gedichte auf, hatte eine Fantasie, einfach sagenhaft. Wir Kinder sind alle Schauspieler und Theaterleute geworden, aber wir sagen immer, unsere kleine Mama, das war die wirklich große Schauspielerin.

Mit elf hatte ich zum ersten Mal eine Freundin. Das war zwar noch eine unschuldige Kinderliebe, aber für mich eine sehr starke. Sie hieß Iris, hatte ganz blonde Haare, war sehr schmal und biegsam wie eine Turnerin. Sie war die Erste in der Klasse. Ich war im letzten Drittel, habe aber die schulischen Defizite mit Frechheit, Humor und Kaspern wettgemacht.

Wenn Iris böse mit mir war, war ich traurig. Ein Liebhaber hätte nicht trauriger sein können, als ich das war. Bei irgendeinem Spiel, daran kann ich mich noch sehr gut erinnern, war die Strafe Blattküssen. Man musste das Blatt eines Baumes zwischen die Lippen halten und sich so küssen. Einmal habe ich das Blatt, kurz bevor wir uns küssen sollten, blitzschnell weggezogen, ihr schnell einen Kuss auf den Mund gegeben und bin weggerannt. Da war sie tagelang böse auf mich.

Wir haben nie darüber gesprochen, wie sehr ich sie mochte oder sie mich, aber wir waren immer zusammen. Bei Iris und Hermann, das wussten alle, kam kein Blatt dazwischen, im wahrsten Sinne des Wortes. Es war für mich immer ganz toll, wenn wir zusammen Schlitten fuhren. Ich habe sie dann ganz leicht gehalten, das spüre ich heute noch. Für mich ging eine unvergleichliche Süße von diesem Mädchen aus.

Ich hätte alles für sie getan. Wenn sie zum Einkaufen ging, ging ich mit ihr und trug ihre Tasche. Sie war die Einzige, bei der ich so was machte. Noch nicht mal zu Hause war ich bereit dazu. Irgendwas zu machen, was mir nicht männlich erschien, war mir damals völlig fremd. Bis 14 waren wir ständig zusammen, aber mehr als mal Hand halten, Tasche tragen, Schlitten fahren, mehr war nicht.

Als die Schule zu Ende war und ich meine Lehre als Autoschlosser begann, verliefen sich unsere Wege. Sie hat leider nie den Richtigen gefunden. Der Erste hat sie geschlagen, das ging schnell wieder auseinander, einer war Alkoholiker, und so ging das weiter mit den Männerpleiten. Sie sah später auch nicht mehr so gut aus, war etwas dick geworden, machte eine totale Typveränderung durch: vom goldigen Mädel zur tragischen Figur. Vom Leben gezeichnet, wie man so sagt.

Ab einem gewissen Alter, das kann so ab 14 gewesen sein, war ich eigentlich immer verliebt. Wo auch immer ein schönes Mädel auftauchte, war ich sofort völlig von den Socken. Und wenn ich mich verliebte, hatte ich immer das Gefühl, das war jetzt die ganz große, tiefe Liebe. Ich konnte mich auch in Filmschauspielerinnen verlieben, wenn ich sie auf der Leinwand sah. Ich bin eben kein Kopfmensch, sondern sehr emotional.

Ich erinnere mich noch an ein Mädchen, das in dem Haus neben unserer Werkstatt wohnte. Ich weiß nicht mehr, wie sie hieß. Ich weiß nur noch, dass sie sehr schön war. Sie ging immer über den Hof unserer Werkstatt, schaute uns »Dreckschlosser« verachtend, von oben herab an. Mir war das egal. Ich habe ihr immer bewundernd nachgeschaut, sie verehrt und geliebt.

Gesagt habe ich aber nie was zu ihr. Als junger Kerl brachte ich es nicht übers Herz, einem Mädchen zu sagen, wie sehr ich es mochte. Ich war in jeder Hinsicht selbstbewusst, konnte mit allen flirten, flachsen, feixen, bloß mit der, in die ich gerade verliebt war, nicht. Da hatte ich große Hemmungen, und das blieb auch noch ein paar Jahre lang so. Wenn einer sagte: »Also ihr zwei, ihr könnt euch noch unterhalten, ich geh schon mal«, da bekam ich schon hektische Flecken und Angstzustände, dachte: Mensch, die lassen mich mit der allein, was sag ich denn da? In solchen Situationen war ich hilflos, benahm mich blöd, wusste nicht, was ich sagen sollte. Es war, als ob mein Gehirn stillstand. Das war ganz furchtbar.

In diese verwirrende Zeit des Erwachsenwerdens fiel der Krieg. Wir bekamen ihn zunächst nur am Rande mit. 1942, da war ich 13, wurde mein Vater eingezogen. Er war verzweifelt, denn er wollte nicht in den Krieg. Inzwischen hatte er gemerkt, dass er einer falschen Idee hinterhergelaufen war. Anfangs war er angetan vom nationalsozialistischen Gedankengut gewesen, im Laufe der

Zeit bekam er, der ein großer Gerechtigkeitsfanatiker war, aber mit, um was es wirklich ging, dass es sich um einen Verbrecherstaat handelte. Als er Ende 1944 aus dem Krieg zurückkam, war er ein gebrochener Mann, schwer verwundet, schmal, desillusioniert, und er machte uns klar, dass er nicht mehr unser Vorbild sein könne.

Uns Kindern und Jugendlichen gingen erst gegen Ende des Krieges die Augen auf. Wie alle anderen war auch ich in der Hitlerjugend. Dort wurden wir euphorisiert, bekamen die Überzeugung eingeimpft, dass Deutschland die Welt retten müsste, und glaubten das auch. Als 14-, 15-Jährige bildeten wir eine Volksfront der Jungen, wurden vier Tage im Monat aus den Betrieben genommen und bekamen eine Art Infanterie-Ausbildung. Wir lernten, mit der Panzerfaust zu schießen, Handgranaten zu benutzen, Schützengräben zu bauen. Ich weiß noch, dass ich im Sommer 1944 total sauer war, weil ich nicht eingezogen wurde. Gegen Ende des Krieges wurden ja schon 15-, 16-Jährige an die Front beordert. Erst war ein Bekannter eingezogen worden, der im April Geburtstag hatte, dann kamen schon diejenigen an die Reihe, die im Juni und Juli Geburtstag hatten, und ich fragte mich, ob sie den Mai vergessen hätten.

Je mehr wir über den Krieg hörten, wie er wirklich war, umso mehr relativierte sich allerdings unsere Begeisterung. Wenn Soldaten verwundet nach Hause kamen, die mit fliegenden Fahnen in den Krieg gezogen waren, und zu uns sagten: »Jungs, das läuft ein bisschen anders, als ihr euch das vorstellt« und »Freut euch nicht zu früh«, dann machten wir uns unsere Gedanken. Spätestens, als mein Vater heimkehrte und uns von vielen schlimmen Erlebnissen erzählte, war uns dann aber klar, dass wir an eine verlorene Sache geglaubt hatten.

Obwohl ich nie Schauspieler werden wollte, schlug bei mir irgendwann doch das väterliche Erbe durch. Die Lehre gefiel mir zwar gut, aber ich wollte mehr als nur Autos reparieren. Ich wollte in der Technik weiterkommen, Motoren konstruieren, Flieger bauen. Dafür musste ich allerdings studieren. Und dafür brauchte ich erst mal das Abitur. Also habe ich neben der Arbeit zweimal in der Woche Abendkurse an der Volkshochschule belegt, um mich darauf vorzubereiten. Dort gab es auch eine Laienspielgruppe, der ich mich aus Spaß anschloss.

Bis dahin war ich sehr weit weg gewesen vom Beruf meines Vaters. Ich fand es komisch, wenn er alleine in der Stube saß und laut vor sich hin sprach. Er lernte so seinen Text, aber mir war das damals suspekt. Wenn ein Freund von unten nach mir rief, ob ich mit nach draußen käme, dachte ich oft: Wenn der das hört, wie erklär ich dem bloß, dass mein Vater so laut vor sich hin redet? Das Künstlerische war überhaupt nicht meine Welt. Jedes Lied, das ich in der Schule singen, jedes Gedicht, das ich aufsagen musste, war mir ein Gräuel. Ich kam mir immer saudämlich vor, so was zu machen. Und dann kam es über Umwege doch in mein Leben. Zunächst war es ein großer Spaß für mich. Da waren viele junge Leute dabei, auch ein anderer Autoschlosser machte mit, wir scherzten, lachten, amüsierten uns. Es war eine schöne Abwechslung zum Alltag.

Eines Tages kam der Oberspielleiter des städtischen Theaters, der die Laienspielgruppe aufgebaut hatte und leitete, zu mir: »Komm mal her, Kleener, du bist doch ein Schauspieler.« Ich nahm ihn gar nicht ernst. »Ich ein Schauspieler, das wär ja was«, sagte ich und lachte laut. Aber er beharrte darauf: »Du bist ein Schauspieler!« Er hatte das schon in mir gesehen. Er sah, dass ich spielte wie der Teufel, ohne viel zu überlegen, ganz aus dem Bauch heraus.

Eine ganze Weile wollte ich davon aber nichts wissen. Schauspielerei, das war doch nichts Richtiges. Das war als Beruf nichts für richtige Männer. Da musste man sich ja sogar schminken! Nee, das kam für mich nicht infrage. Der Oberspielleiter fing aber immer wieder an. »Du kannst machen, was du willst«, sagte er oft im Brustton der Überzeugung, »du bist ein Schauspieler!« Das machte er sehr geschickt.

Irgendwann fing ich dann an zu lesen, Rollen zu studieren und Texte auswendig zu lernen. Meine Geschwister waren ganz schön verwundert, denn früher hatte ich nie gelesen. Sahen sie mich mit einem Buch in der Hand, raunten sie sich nun zu: »Mensch, seid still, der Hermann liest!« Als meine Schwester, die auch Schauspielerin werden wollte, mitbekam, dass ich Feuer gefangen hatte, nahm sie mich eines Abends ins Kino mit. Wir sahen einen Film über ein Mädchen, das Schauspielerin werden wollte. Ich war total beeindruckt. Zu Hause sagte mir meine Schwester dann auf den Kopf zu, dass sie glaubte, dass ich auch Schauspieler werden wollte. Da gestand ich ihr, dass es wahr war, und das war's. Damit war alles klar.

Ich habe abends oft in der Wohnung des Oberspielleiters mit mehreren anderen gespielt. Wir haben geschrien, lamentiert, uns die Seele aus dem Leib gespielt, die Bude auseinandergenommen. Irgendwann sagte der Spielleiter: »Zweimal die Woche ein bisschen Unterricht neben deinem Beruf, damit wirst du kein Schauspieler. Du schrubbst dir jetzt mal die Hände ordentlich sauber, dann werde ich dich ans Stadttheater bringen. Als Ungelernter bekommst du zwar nur ab und zu mal eine kleine Rolle, aber so hast du wenigstens viel Zeit und wir können dein Studium richtig intensivieren.« Ich gab also meinen Beruf auf und bekam einen Vertrag am Theater. Der Monatslohn war damals 138 Mark.

Die ersten Jahre nach dem Krieg, das war eine verrückte, wirre, wahnsinnige Zeit, in der viel auf mich jungen Burschen einstürmte. Da war das Schauspielen, das mich mehr und mehr gefangen nahm. Ich las wie ein Verrückter, in jeder freien Minute. Ich habe noch Notizhefte aus der Zeit, in die ich geschrieben habe, welches Buch ich gerade las und warum ich es gut fand. Ich habe auch viele Filme gesehen, vor allem die alten russischen, zum Beispiel Maxim Gorki, Die Jugend des Dichters. Dann war da die Nachkriegsnot zu Hause. Um nicht zu erfrieren, mussten wir nachts aufstehen und in den Wäldern Holz klauen. Meistens zogen meine Mutter und ich los. Mein Vater lebte nicht mehr bei uns, meine Eltern hatten sich inzwischen getrennt. Na, und dann schlugen auch ständig die Hormone Purzelbaum. Man hatte nur noch Mädchen im Kopf.

Wie Kinder entstehen, hatten wir schon früh mitbekommen: dass Mama und Papa Verkehr hatten, dass da was befruchtet wurde, dass das Baby im Bauch wuchs und irgendwann rauskam. Waren wir alleine zu Hause, schnappte sich jeder von uns schon mal das große, dicke Doktorbuch und guckte rein. Das haben wir uns auch gegenseitig gestanden: »Du, da hab ich was gesehen ...« Ich erinnere mich an das Bild einer weit geöffneten Vagina, eine Zeichnung, ganz naturgetreu. Man sah auch einen dicken Bauch, in dem ein Kind drin war. Viele Informationen fehlten uns aber, deshalb blieben wichtige Fragen offen. »Aber wie kommt es da raus, das passt doch gar nicht ...?«, wunderten wir uns. Am allerwenigsten konnte ich mir aber vorstellen, dass meine Eltern miteinander schliefen. Man überlegte dann bei sich: Die haben uns ja gezeugt. Vier Mal werden sie also doch ...

Lange habe ich mich auch gefragt, wie das überhaupt rein praktisch vonstattengehen sollte. Wie sollte man denn da reinkommen? Es gab ja nur einen kleinen Schlitz. Im Buch sah man zwar Penis und Vagina, aber ja nicht den Penis in der Vagina. So haben wir Jungs oft untereinander gerätselt: »Wie funktioniert das?«, »Wie macht man das?« und »Wie legt man sich denn auf die Frau?« Eine Zeit lang hat man auch untereinander verglichen, wie weit man schon war. Als einer erzählte, dass er schon Haare da unten hätte, wollten das die anderen sofort sehen. Es war die Phase des Erwachsenwerdens, in der es einen drängt, dass etwas passiert, in der etwas passieren müsste. Und wenn nichts geschah, onanierte man eben – wenn auch mit einem sehr schlechten Gefühl.

Das Problem war, dass man einfach nicht wusste, wie man dem Mädchen sagen sollte, dass man gerne mit ihm zusammen wäre, mit ihm schlafen würde. Man konnte ja nicht einfach sagen: »Ich liebe dich, wollen wir mal?« Ich bin davon ausgegangen, wenn ich sage: »Ich liebe dich«, beinhaltet das auch: »Ich will mit dir schlafen.« Und dann, so meine Angst, würde sie mir mit Sicherheit eine knallen und sehr böse werden. Aber auch, wenn sie zustimmen würde, gäbe es ein Problem, eine Angst: Dann würde sie ja schnell merken, dass ich keinerlei Erfahrung hatte, und ich würde mich wahrscheinlich lächerlich machen. Das Vertrackte war, dass man als Mann anfangen musste, sonst passierte nichts. Denn für Mädchen war es verpönt, den ersten Schritt zu machen. Kurz: In der Theorie war das meiste klar, die Praxis dagegen war höchst nebulös, ein bisschen unheimlich, voller Fragezeichen.

Ich war lange unbeholfen im Umgang mit Mädchen. Mit einer Kollegin, in die ich auch verliebt war, musste ich mal ein Liebespaar auf der Bühne spielen. Das Stück war ein einfacher Krimi: Ein Zug hielt plötzlich an, alle Leute mussten raus und im Stationsgebäude der Haltestelle warten. Da saßen dann alle Reisenden zusammen, jeder mit seinen eigenen Problemen. Als Liebespaar sollten wir dicht nebeneinander sitzen und hatten natürlich auch mal eine Szene, in der wir zueinander »Ich liebe dich« sagen und uns küssen mussten. Für mich war das der Horror, aber weil es im Buch stand, machte man es natürlich. Wenn wir allerdings gerade keine Szene hatten, war ich völlig hilflos, wusste nicht, was ich machen sollte, und saß wie ein Stock neben dem Mädchen.

Bei einer Probe unterbrach mich mal der Regisseur, weil er sich das nicht länger ansehen konnte: »Hermann, was spielt ihr denn da? Ihr könnt doch nicht nur so dasitzen. Ihr müsst euch an den Händen halten oder euch auch mal umarmen.« Ich hatte einfach nicht den Mut dazu. Ich konnte sonst alles Mögliche spielen, aber mit ihr konnte ich es nicht. Es ging einfach nicht. »Hermann«, sagte er schließlich, »weißt du denn nicht, wie man das macht?« »Na klar weiß ich das«, antwortete ich peinlich berührt. Und dann sagte er: »Sag mal, so wie du dich benimmst, hast du wohl noch nie mit einer Frau geschlafen, was?« Das war ganz furchtbar für mich. Danach habe ich es zwar etwas besser hinbekommen, ich hatte aber noch lange vor jeder Vorstellung Angst.

Es gab am Theater ständig eine Kollegin, in die ich verliebt war. Unsere Ballettmeisterin zum Beispiel. Ich nahm nicht nur Stimm- und Fechtunterricht, sondern auch Ballettunterricht, weil sich ein Schauspieler ja auch geschmeidig bewegen muss. Sie war so schön, voller Anmut und Grazie, dass ich mich sehr schnell verliebte. Das hat sie aber nie erfahren. Ich war zwar oft kurz davor, es ihr zu sagen, im letzten Moment verließ mich aber doch immer der Mut.

Und dann, ja dann war da noch die Hildegard – eine ganz andere Liga, noch unerreichbarer als alle anderen. Sie war eine große Schauspielerin, sehr ausdrucksstark, mit einer wahnsinnig sinnlichen Ausstrahlung. Sie hatte wunderschöne Augen, eine sehr schlanke Figur, sie konnte klug reden, war charmant, wusste sehr viel. Sie spielte oft Salondamen und Liebhaberinnen. Ich bewunderte sie im Stillen, himmelte sie aus der Ferne an, verzehrte mich nach ihr. Aber sie war unerreichbar für mich als kleinen Theatereleven. Ich war 19, sie 29 und verheiratet.

Ich musste sehr oft an sie denken. Ihre Ausstrahlung war der Wahnsinn. Bei ihr war es aber nicht so, dass es mich drängte, ihr meine Liebe zu gestehen, wie ich das bei vielen anderen oft erlebt hatte. Vielleicht, weil sie einfach zu weit weg für mich war. Eine Liaison mit ihr war völlig undenkbar. Es war eine unmögliche Liebe, eine Amour fou – für mich jedenfalls.

Es war auf einer Fete und es war Sommer. Das weiß ich noch so genau, weil ich nur ein leichtes Hemd und eine ganz leichte Hose anhatte in dieser Nacht. Wir Theaterleute feierten ausgelassen, es gab Alkohol, Musik. Sie war auch dabei. Nachts um zwei, wir unterhielten uns gerade, meinte sie plötzlich zu mir: »Ich muss nach Hause, ich bin müde.« Ich reagierte instinktiv, sagte: »Ich muss auch nach Hause«, und stand auf. Beim Rausgehen lächelte sie mich an: »Hermann, bringst du mich noch ein Stück? Ich wohne zwar gleich hier um die Ecke, möchte aber nicht so gern alleine gehen.« Ich habe an gar nichts gedacht in diesem Moment, war einfach nur glücklich, dass ich sie begleiten durfte. »Ja, das mache ich gern«, sagte ich. Ich war völlig locker. Wahrscheinlich hatte auch der Alkohol schon seine Wirkung getan.

Wir gingen nebeneinanderher und als wir vor ihrem Haus ankamen, da sagte diese schöne Frau, dieses Luderbeen, dieses tolle Weib plötzlich zu mir: »Nun komm, jetzt können wir auch noch schnell einen Kaffee trinken ...« Da kribbelte es überall bei mir. Aber ich habe überhaupt nicht gewagt, daran zu denken, dass es jetzt passieren könnte – mit dieser Frau, die mir so fern war. Das war überhaupt nicht zu erwarten.

Doch kaum waren wir oben, hatten auf der Couch in ihrem Wohnzimmer einen Kaffee getrunken und noch einen Schluck Rotwein hinterher, erzählte sie mir schon, was für ein toller Junge ich wäre, was für ein prächtiger Kerl, ein Naturbursche und dies und das. Und da schlugen die Flammen hoch und plötzlich lagen wir uns in den Armen, herzten und küssten uns. Wir haben uns gefreut aneinander, es hat sich alles ganz natürlich ergeben. Die Sachen flogen mit einem Mal weg, Schlüpferchen und Unterhose landeten in einer Ecke, ich kniete vor ihr und dann geschah etwas ganz Furchtbares für einen Mann.

Ich sah diese wunderbare, sinnliche Frau nackt, es drängte mich zu ihr, meine Gedanken überschlugen sich: Wie stell ich's an? Ach, es wird schon! Und wenn doch nicht? Ich war sehr aufgeregt und gleichzeitig wahnsinnig erregt – und im nächsten Moment war's dann auch schon aus. Ich konnte überhaupt nicht richtig ran an die Frau, da war's schon vorbei. Es gibt ja bei Männern eine nervöse Impotenz, man ist überladen, dreht durch und es geht gar nichts. Bei mir war es anders. Ich hatte, ohne dass mich die Frau überhaupt angefasst hatte, schon eine Erektion mit allem, was dazugehört. Sie nackt vor mir zu sehen, das allein hatte schon gereicht.

»Sei nicht böse, ich bin so wahnsinnig verliebt. Ich hab's nicht aushalten können«, entschuldigte ich mich. »Mach dir nichts draus, das wird noch«, beruhigte sie mich. Sie war ganz entspannt. Und dann war plötzlich alles geritzt. Wir waren sehr lieb zueinander, haben uns geküsst, viel erzählt, übers Theater geredet und dann stiegen auch schon wieder die Säfte hoch. Wir versuchten es noch mal und mittendrin flüsterte sie mir plötzlich ins Ohr: »Du hast wohl noch gar nicht ...« »Nein, noch nie«, wisperte ich. »Ich bin also deine Erste?« »Ja, du bist meine erste Frau.« Sie hat sich wahnsinnig darüber gefreut und mich geliebt, wie nur Frauen lieben können. Sie hat mir nicht alles gezeigt, aber sie hat mir geholfen, alles richtig zu machen. Wir haben, wie das so in dem Alter ist, drei-, viermal in dieser Nacht alle Schläuche geöffnet. Ich war ein junger Stier, ich war ein Mann geworden durch eine Frau, von der ich es nie zu hoffen gewagt hätte.

Und dann hat sie etwas getan, das habe ich bis heute nicht vergessen. Das hat mich mein Leben lang geprägt. Sie fing an zu erzählen – dass Frauen für Männer etwas Großes sein sollten, dass sie die Frauen achten sollten. Sie redete so erhaben und aus so tiefer innerer Überzeugung, dass ich mehr und mehr Hochachtung vor dem weiblichen Geschlecht empfand. Sie hat Verantwortung übernommen für den Jungen, den sie zum Mann gemacht hatte. Der kleine Bock war endlich gesprungen, sie hatte ihn befreit. Jetzt wollte sie ihm auch sagen, was die körperliche Liebe zwischen Mann und Frau bedeutet, wie sie sein kann, wie sie sein soll.

Sie sprach von der sexuellen Liebe als einem großen Geschenk. Es sei etwas Wunderbares, sich so lieben zu können. Und ich solle nie ein Schwein sein, nie wie ein Tier lieben, nie die Frauen nur benutzen. Wenn ich so werden würde, wäre sie sehr traurig. Ich sollte so sauber lieben, wie ich könnte, wie ich das gezeigt hätte. Ich hätte eine wunderschöne Anlage, eine Frau zu lieben. So hat sie mich in doppelter Hinsicht in die Liebe eingeführt: in praktischer und ethisch-moralischer.

Der Morgen graute schon, als ich ging. Das heißt, ich ging nicht, ich rannte. Kaum zu Hause, kam dann mit einem Mal die Ernüchterung. Oh Gott, was hast du getan?, durchfuhr es mich. Sie war so viel älter, sie war verheiratet, es war eine schmutzige Beziehung. Und plötzlich war mein Vater wieder in mir. Er hatte die körperliche Liebe schlechtgemacht, zu uns Kindern ja ständig gesagt: »Leute, die dunkle Augenringe haben, machen Schweinereien.« Hatte ich diese Augenringe jetzt auch? Sah man es mir an, was ich getan hatte? Ich wollte sehen, ob ich mich verändert hatte, und stellte mich vor unseren großen Spiegel im Schlafzimmer ...

Ich war überrascht, als ich mein Ebenbild sah. Ich sah toll aus, sprühte vor Energie und Lebensfreude. Und mit einem Mal fielen alle Zweifel, die ich noch hatte, von mir ab. Ich war gelöst und glücklich. Durch diese wunderbare Frau hatte ich die inneren Dämonen besiegt. Ich hatte meinen Vater besiegt. Er hat unrecht, dachte ich bei mir. Es stimmt alles nicht. Die Liebe ist wunderbar.

Wir haben uns noch ein Jahr lang regelmäßig getroffen. Es war eine Beziehung, die ganz stark, aber auch völlig locker war – ohne Verbindlichkeiten und Ansprüche. Durch sie war ich befreit von allem. Ich war ein ganz normaler junger Mann. War leichtsinnig und nach wie vor immer schnell, oft spontan verknallt. Die schweren Startschwierigkeiten, die Ängste waren vergessen. Dieses schöne, reine Mädel, war früher immer mein Gedanke gewesen, nein, das geht doch nicht, das darf ich nicht. Sexualität und Liebe, das passte lange nicht für mich zusammen, das habe ich getrennt. Aber dann kam sie und hat das einfach weggewischt. Und ich habe mir ihre eindringliche Ansprache zu Herzen genommen, die Frauen immer in jeder Hinsicht geachtet, nie gelebt nach dem Motto »Die kriege ich jetzt rum«.

Mit 30 habe ich meine erste Frau geheiratet, auch eine Kollegin. Mit ihr war ich 20 Jahre lang zusammen. Wir haben einen Sohn, Werner, der jetzt um die 50 ist. Seit 1981 bin ich mit meiner zweiten Frau verheiratet. Auch sie habe ich am Arbeitsplatz kennengelernt. Sie arbeitete an einem Theater, an dem ich Regisseur war, als Dramaturgin. Unser gemeinsamer Sohn Martin ist jetzt 19.

Weil ich selbst in der Pubertät so große Probleme gehabt hatte, habe ich ihn mal gefragt: »Wie stellst du dir das denn rein praktisch vor mit der Liebe?« »Das werde ich dann schon sehen«, meinte er ganz lässig. Die Generation heute ist anders. Auch weil sie durch die Medien gut aufgeklärt ist und schon viel weiß. Ich habe mich rumgequält, sie gehen damit locker um. Und wie! Eines Tages kam er nach Hause, umarmte meine Frau und sagte ganz frank und frei: »Mama, ich bin jetzt keine Jungfrau mehr!«

»Geht nach oben, Zimmer 3 ist frei ...«

Arno, 73, Taxifahrer
Erstes Mal 1955 mit 18 Jahren

Ich arbeite seit 27 Jahren als Taxifahrer in Berlin. Man könnte sagen, dass das älteste Gewerbe der Welt mein Spezialgebiet ist. Da ich unter meinen Stammkunden viele Prostituierte habe, kenne ich fast jedes Etablissement in der Stadt. Das ist unter den Kollegen auch bekannt. Deshalb ruft mich der ein oder andere schon mal an und fragt: »Mensch, Arno, ich hab da einen im Wagen, der sucht 'nen Puff. Hast du vielleicht einen Tipp?«

Die Frauen rufen mich meist frühmorgens an, wenn sie Feierabend haben. Dann fahre ich sie nach Hause und höre mir ihre Geschichten an. Manches ist zum Schmunzeln, manchmal schüttelt man nur mit dem Kopf.

Einmal stiegen drei aufgeregte Frauen bei mir ein. »Was ist denn los?«, fragte ich neugierig. »Wir müssen dir mal erzählen, was wir gerade erlebt haben. Das glaubst du nicht ...«, fing die eine an. Ein Freier hatte sieben Plastikbecher mitgebracht, die aufgestellt und jedes Mädchen gebeten, da reinzupinkeln. Da er gut gezahlt hatte, haben es fünf gemacht. Zwei konnten nicht, aber die anderen haben es noch mit Müh und Not geschafft, dass in allen etwas drin war. Kaum hatte er sich höflich bedankt, setzte er auch schon den ersten Becher an den Mund – und trank! Die Frauen haben sich geschüttelt vor Ekel, die waren fix und fertig. Es gibt auch immer mehr Männer, die bringen einen Dildo mit und lassen sich den dann reinstecken. Die wollen auch nichts anderes, nur das.

Eine erzählte vor kurzem, ein Freier – dem Kindersitz nach zu urteilen ein Familienvater – hätte sie in sein Auto eingeladen, sei mit ihr zu einem Parkplatz gefahren und hätte dann allen Ernstes zu ihr gesagt: »Können wir ohne Schutz?« Da hat sie rotgesehen, ihm eine geknallt und ist gegangen. Es als Familienvater ohne Kondom machen zu wollen, finde ich aber auch abnorm. Was sind das bloß für Männer?

Manche Frauen haben mit ihrer Tätigkeit Probleme. Auch das bekomme ich hin und wieder mit. Eine zum Beispiel ruft jedes Vierteljahr an und fragt: »Können wir mal wieder spazieren fahren?« Sie erträgt den Job aus irgendwelchen Gründen nicht. Die erste Station ist fast immer eine Tankstelle. Dort holt sie sich zwei Dosen Bacardi Cola, setzt sich wieder ins Auto, stellt die Musik an und dreht sie so auf, dass es manchmal fast zu laut ist. Und dann cruisen wir eine Weile durch die Stadt.

Dass ich zu Prostituierten ein entspanntes, kumpelhaftes Verhältnis habe, hängt mit meiner Geschichte zusammen. Ich komme aus Weißensee, einem Außenbezirk von Berlin. Meine Eltern – meine Mutter war Verkäuferin, mein Vater Bürokaufmann – lebten mit mir in einer großen Wohnsiedlung. Ich wurde streng, aber gut erzogen. Es wurde Wert auf Ordnung, Pünktlichkeit und Höflichkeit gelegt. Dazu gehörte auch, dass man Leute, die man kennt, grüßt. Als ich etwa zehn Jahre alt war, gab es bei uns eine junge Frau, nach meiner jetzigen Schätzung vielleicht 22 Jahre alt. Ich grüßte sie stets artig. Einmal schenkte sie mir einen Bonbon. Sie lächelte mich immer freundlich an und war mir sehr sympathisch.

Eines Tages, ich war gerade mit meiner Mutter und Großmutter unterwegs, grüßte ich sie wieder, als ich sie sah, und sie grüßte auch freundlich zurück. Meine Mutter und Großmutter grüßten allerdings nicht und darüber wunderte ich mich sehr. Genau genommen ignorierten sie sie ganz bewusst. Als wir an ihr vorbei waren, raunte meine Großmutter mir zu: »Die Frau brauchst du nicht zu grüßen.« »Nein, das brauchst du nicht«, sagte auch Mutter. »Zu der Frau wollen wir keinen Kontakt.« »Aber wieso? Hat die irgendwas gemacht?«, fragte ich zurück. Daraufhin druckste meine Mutter herum, sagte dann mit verkniffenem Mund: »Sie hat viele Männer.« Natürlich habe ich diese Anspielung als Knirps nicht verstanden. Weil ich aber instinktiv spürte, dass ich keine weiteren Antworten mehr bekommen würde, habe ich nicht mehr weitergebohrt.

Die rätselhafte Reaktion beschäftigte mich so, dass ich meinen Freunden davon erzählte. Wir beschlossen, einfach mal bei der Dame zu klingeln, um herauszufinden, wer sie war. Kurz nachdem wir den Klingelknopf gedrückt hatten, öffnete sie auch schon die Tür – splitterfasernackt! Uns blieb vor Überraschung der Mund offen stehen. Sie war auch einigermaßen irritiert, fing sich aber schnell wieder. »Na, ihr Kleinen, das ist ja nett. Was wollt ihr denn hier?«, fragte sie. Wenn ich das heute rekonstruiere, würde ich sagen, sie hatte auf irgendeinen Freier gewartet. Ich habe sie bestimmt noch drei Jahre lang immer mal wieder auf der Straße gesehen und dann auch stets gegrüßt.

Das Erlebnis arbeitete noch lange in mir. Das war aber auch kein Wunder, denn Nacktheit war damals ein Tabu. Weder im Kino noch in der Presse gab es damals nackte Tatsachen zu sehen. Überall ging es züchtig zu. Dass meine Eltern mal sexuell zusammengekommen wären, habe ich nie mitbekommen. Wahrscheinlich haben sie es auch gar nicht mehr gemacht. Wir hatten nur eine Eineinhalbzimmerwohnung, da hätte man ja was gehört. Man hatte manchmal das Gefühl, dass meine Eltern und überhaupt die meisten Erwachsenen noch in einer ganz anderen Zeit lebten. Als ich zum Beispiel mit 19 das erste Mädchen nach

Hause mitbrachte, war der einzige Kommentar meiner Mutter: »Die ist ja ganz nett, aber eine Jungfrau ist sie nicht mehr.« Wie sie darauf kam, habe ich nie herausbekommen. Vielleicht, weil sie recht forsch wirkte. Doch der Anschein trog: In der ersten Nacht stellte sich heraus, dass sie noch nie mit einem Jungen zusammen gewesen war.

Wie Kinder entstehen, erfuhr ich mit ungefähr zwölf Jahren. Von wem, weiß ich aber nicht mehr. Es kann sein, dass ich das mal auf der Straße aufgeschnappt oder von einem Freund gehört habe. In der Schule gab es auch einen gewissen Aufklärungsunterricht. Da wurden uns Bilder gezeigt, erklärt, wofür die Geschlechtsorgane sind und wie die Fortpflanzung stattfindet. Einmal soll der Lehrer einen Film zum Thema gezeigt haben, ich war an dem Tag aber leider krank. Der Film stand nicht auf dem Lehrplan, es war die Idee des Lehrers. Und er hat ihn auch nicht in der Schule, sondern während eines Ausfluges gezeigt.

Von meinen Eltern habe ich in puncto Aufklärung nur das Allernötigste mitbekommen. Wenn es um ganz spezielle Dinge ging, hieß es entweder »Dafür bist du noch zu jung« oder »Da reden wir später mal drüber«. Das wurde alles schön unter den Tisch gekehrt. Einmal sagte mein Vater zu mir, ich solle bloß nicht mit Selbstbefriedigung anfangen, das mache impotent. Außerdem würde man sich dadurch von den Frauen entfernen. Mich hat so ein Gerede nicht sonderlich beeindruckt. Ich muss allerdings sagen, dass ich nie ein großer Freund von Selbstbefriedigung war. Ich finde, man ist hinterher bedeutend fertiger, als wenn man mit einer Frau zusammen war. Es ist irgendwie verkrampfter. Ich habe auch mal festgestellt, dass man dann öfters Rückenschmerzen hat.

Während meiner Ausbildung zum Bürokaufmann, die ich mit 15 anfing, bekam ich das meiste zu dem Thema mit. In meiner Klasse waren nämlich 22 Mädchen und nur zwei Jungs, einer davon war ich. Ich weiß nicht, ob es heute noch so ist, damals war es aber so, dass ein Mädchen in dem Alter schon bedeutend weiter war als ein Junge. Während wir nur unsere Freunde, Sport und Musik im Kopf hatten, dachten die Mädchen schon ans andere Geschlecht und redeten auch ständig darüber. Durch ihre Erzählungen erfuhr ich überhaupt erst, dass es Präservative gibt. Ich habe daraufhin mit anderen Jungs gesprochen, die schon etwas älter waren. Auf diesen Wegen habe ich mir das notwendige Wissen so langsam angeeignet.

Je mehr wir Jungen von den Mädchen hörten – sie erzählten auch sehr viel über ihre ersten Liebeserlebnisse –, umso begieriger waren wir, das selbst auch zu haben. »Hast du einen Neuen?« »Ja.« »Und wie ist der so?« »Ganz toll!« So redeten sie untereinander. Da wurde man natürlich neugierig. Mit 16 ergab es sich dann auch mal, dass ich ein Mädchen küssen konnte. Es war auf einem Volksfest. Mein Freund aus der Schule und ich waren dort, tranken unser allererstes Bierchen und lernten zwei Mädchen kennen. Irgendwann sind wir mit den beiden in einem Park verschwunden und dann fand das halt statt. Es war aber nur ein Küsschen auf die Lippen, nicht mehr. Wir Jungs haben uns da nicht so richtig wohlgefühlt. Da liefen Ratten herum, die von den Mädchen mit Steinchen geärgert wurden.

In der Berufsschulzeit habe ich dann auch noch mal das ein oder andere Mädchen geküsst. Das war auf irgendwelchen Partys. Wir tanzten damals zu Rockmusik, Elvis Presley war unser Idol. Mein Vater mochte die Musik nicht, das war ihm alles zu laut. Er mochte eher Tanzmusik wie Tango und Walzer. Ich weiß noch, dass er mich mal auf das Lied *True Love* ansprach, als ich es gerade hörte. Es ist ein ganz langsames Lied von Elvis. »Das ist ja ein schönes Lied. Hat eine tolle Stimme, der Mann. Wer singt denn das?« Darauf meinte ich: »Das ist der, auf den du immer schimpfst.« Dadurch konnte ich ihn ein bisschen umstimmen.

Ich war zwar eher ein zurückhaltender Typ, traute mich manchmal aber schon was. Einem Mädchen, das schon ziemlich entwickelt war – 17 waren wir zu dem Zeitpunkt –, warf ich mal

Kreide in den Ausschnitt. Das Mädchen guckte mich groß an und fragte: »Hey, was machst du denn da?« Das hat mich aber nur noch mehr angespornt und ich griff ihr beherzt in den Ausschnitt, um das Stück Kreide wieder herauszuholen. Das Mädchen wurde erst ein bisschen rot, aber sie hatte auch nicht groß was dagegen. Sie hat mich jedenfalls ganz schön lange suchen lassen. Alle lachten natürlich über diese vorwitzige Aktion von mir.

Frecher wurde ich aber nie. Mir saß immer so ein bisschen die Angst im Nacken, ich könnte vielleicht was falsch machen und mich blamieren, wenn ich weiter ging. Das war auch der Grund, warum ich mich mit 18 entschloss, zu einem gewerblichen Mädchen zu gehen. Dazu kam aber auch, dass ich durch die nette junge Frau, die ich als Zehnjähriger immer gegrüßt hatte, einen positiven Eindruck von diesen Frauen hatte. Für mich waren das Menschen wie du und ich.

Außerdem lief mir das Mädchen auch quasi vor die Füße. Sie arbeitete in einer Pension, an der ich immer vorbeikam, wenn ich meinen Freund, der in der Gegend wohnte, besuchte. Es war in der Augsburger Straße, Ecke Joachimstaler Straße. Dass dort Straßenmädchen arbeiteten, war unter uns Jungs bekannt. So was spricht sich ja schnell herum. Heute steht dort ein großes Fünfsternehotel, das Concorde.

Sie muss um die 22 gewesen sein, lächelte immer sehr nett und grüßte mich, wenn ich vorbeikam. Sie war nicht ganz dünn, etwas mollig, aber auch nicht allzu viel, und hatte schöne lange blonde Haare. Dafür war ich schon immer zu haben. Auch die junge Frau, die ich mit zehn nackt gesehen hatte, war eine Blondine gewesen.

Eines Abends, die Dämmerung setzte gerade ein, schlenderte ich wieder durch die Straße und kam an ihr vorbei. Sie trug einen kniefreien Rock und ein dekolletiertes Oberteil. Als sie mich anlächelte, schoss mir plötzlich durch den Kopf: Jetzt machst du's! Ich blieb stehen und sagte zu ihr: »Wollen wir gehen?« »Willste wirklich?«, fragte sie zurück. »Ja.« »Na, dann komm!« Und dann gingen wir zur Pension.

Das Geld hatte ich mir zusammengespart. Ich wusste, dass es 40 Mark plus einen Zehner für den Pensionswirt kosten würde und dass man eine halbe Stunde Zeit hatte. Das hatte ich im Kollegenkreis gehört. Hin und wieder bekam man mit, wie sich Ältere über das Thema unterhielten: »Ich geh manchmal« und »Was kosten die Frauen denn da?« So in dem Stil. 40 Mark waren zwar schon recht viel, ich verdiente damals ja nur 350 Mark im Monat. Davon musste ich mich allerdings nur selbst einkleiden und abgeben musste ich zu Hause auch nichts. Und da ich nicht rauchte und auch nur ab und zu ein Bierchen trank, hatte ich das Geld nach einem Monat zusammen.

Sie klingelte an der Tür der Pension. Prompt ging sie auch schon auf. Ein älterer, gemütlich aussehender Mann schaute uns kurz an und trat dann zur Seite, um mich durchzulassen. Es war der Pensionswirt. Ich drückte ihm wortlos die 10 Mark in die Hand. Er nickte nur und sagte: »Geht nach oben, Zimmer 3 ist frei.«

Kaum hatte sie die Zimmertür hinter uns geschlossen, fragte sie mich: »Warum kommst du denn gerade zu mir?« »Weil ich dich sehr nett und sympathisch finde«, sagte ich. Sie lächelte. »Warst du denn schon mal mit einem Mädchen zusammen?« »Nein, du bist die Erste.« »Das ist eine ganz große Ehre für mich«, freute sie sich.

Einen Wermutstropfen gab es dann aber doch. Sie meinte: »Wahrscheinlich wird es dir gar nicht so richtig gefallen.« »Wieso?« »Na, ich bin ja kein Mädchen, in das du verliebt bist. Das ist eher die Abwicklung eines Geschäfts, das wird dich ein bisschen schocken. Die Freude an der Sache, musst du wissen, die kommt irgendwann, aber nicht bei mir. Die kommt irgendwann später. Heute wirst du vielleicht nach Hause gehen und denken: Mensch, was war denn das nun?«

Dass sie so ehrlich und direkt war, fand ich ganz toll. Deshalb hatte ich auch überhaupt keine Angst, dass es nicht klappen oder ich mich blöd anstellen könnte. Ich habe mich ihr einfach anvertraut. Sie holte dann erst mal ein Präservativ hervor und nahm die Sache auch gleich selbst in die Hand. Bei einem anderen Mädchen wäre das auch so ein Punkt gewesen, der mich unsicher gemacht hätte. Ich hatte ja überhaupt keine Ahnung, wie man das benutzt. Ich hätte es bestimmt verkehrt rum draufgemacht.

Obwohl sie sehr nett zu mir war – ich hatte nicht das Gefühl, abgefertigt zu werden –, war das Ganze natürlich schon ein bisschen ernüchternd, genau wie sie es auch vorausgesagt hatte. Es war ja nun keine Liebe dabei, Küssen und dergleichen gab es nicht. Als es vorbei war, haben wir zwar über nichts Bedeutungsvolles mehr geredet. Sie war aber auch dann noch freundlich zu mir, vermittelte mir nicht den Eindruck, mich möglichst schnell loswerden zu wollen. Auf dem Heimweg fühlte ich mich beflügelt. Ich hatte es hinter mir, es hatte geklappt. Ich war stolz auf mich. Jetzt konnte es losgehen!

Zu Hause angekommen – meine Eltern waren verreist –, ließ ich das Ganze noch mal Revue passieren. Ich musste wieder an die junge Frau und das Klingel-Erlebnis denken. Hätte ich die Wahl gehabt, wäre ich wohl zu ihr gegangen. Sie ist mir einfach im Kopf geblieben. Wenn die Eltern wüssten, was du gerade gemacht hast, dachte ich bei mir und freute mich insgeheim diebisch. Sie hatten mich zu einem braven Jungen erziehen wollen, aber ich hatte ihnen ein Schnippchen geschlagen. Das war auch die Quittung dafür, dass mir meine Mutter und meine Oma die Frau damals so madig gemacht hatten.

Tags darauf erzählte ich es meinem besten Freund. »Ich war bei 'ner Nutte«, fing ich an. »Du spinnst, das gibt's ja nicht!« Er war völlig von den Socken. Ein paar Tage später, wir waren gerade in der Nähe, zeigte ich sie ihm von weitem. Er war schwer beeindruckt und hat es später auch gemacht, aber nicht bei ihr, sondern bei einem anderen Mädchen. Der Rest meiner Clique erfuhr es nach und nach. Dann war ich für sie natürlich der Held. »Der

Arno, der traut sich was«, kommentierten sie die Geschichte. Ich erzählte ihnen nicht viel, nur ein paar äußere Dinge: wie sie aussah, mit mir redete, was es kostete. Die anderen zogen daraufhin auch los, um sie in Augenschein zu nehmen.

Ich habe das Mädchen noch ein Vierteljahr lang gesehen und wir haben uns auch immer zugewunken, ein zweites Mal war ich aber nicht bei ihr. Vielleicht auch deshalb, weil sie mich zum Abschied ermahnt hatte: »Fang die Sache nicht an, such dir lieber ein richtiges Mädchen! Das ist besser für dich.«

Und das tat ich auch. Ein halbes Jahr nach dem Erlebnis lernte ich in einem Tanzlokal meine erste Freundin kennen. Sie war 18 und ein richtig nettes Mädchen. Als ihre Eltern mich auch kannten, durften wir drei Monate später sogar zusammen verreisen. Ich wunderte mich ein bisschen, dass sie so entspannt waren. Nach einem halben Jahr stellte sich auch heraus, warum: Als meine Freundin Geburtstag hatte, bekam sie von ihrer Mutter Bettwäsche für uns beide geschenkt. Sie rechnete schon mit einer baldigen Verlobung.

Ich weiß noch, dass ich, als ich den Urlaub für zwei im Reisebüro bestellte, nach den Namen gefragt wurde. Da wir beide natürlich unterschiedliche Nachnamen hatten, kam prompt die Frage: »Sie sind nicht verheiratet?« »Nein.« »Dann also zwei Einzelzimmer.« Damals gab es noch den Kuppelparagrafen, wonach Vermieter und Pensionswirte ein unverheiratetes Pärchen nicht zusammen in einem Zimmer übernachten lassen durften. Taten sie es, wurden sie bestraft. Die Wirtin in der Pension – wir waren in ein kleines oberbayrisches Dorf gefahren – hatte zum Glück aber ein Einsehen mit uns. »Na, ihr beiden, ihr habt also Einzelzimmer bestellt …?«, fragte sie und zwinkerte mir zu. »Ja, weil wir die nehmen mussten«, sagte ich. Darauf meinte sie: »Geht mal nach oben auf Zimmer 14.« Das fand ich ganz toll.

Bis zu dem Urlaub waren wir noch nicht zusammen gewesen. Deshalb freute ich mich natürlich auf die gemeinsamen Tage. Da sie auch kein schüchterner Typ war, eher forsch und frech, was mir sehr gefiel, rechnete ich nicht damit, dass es ein Reinfall werden könnte. Aber so war es leider. Als es zur Sache gehen sollte, war es bei ihr aus mit der Fröhlichkeit. Es war offensichtlich, dass sie sehr streng erzogen worden war. Sie fing im Bett plötzlich an zu zittern. »Was ist denn los?«, fragte ich sie überrascht. »Ich hab solche Angst«, wimmerte sie. »Aber du brauchst doch keine Angst zu haben«, sagte ich. »Na, wenn aber jetzt ein Kind kommt! Dann schlägt mich mein Vater tot!« »Wir können verhüten, da passiert nichts«, versuchte ich sie zu beruhigen. Alles Reden half aber nichts, deshalb ließ ich die Finger davon. Ich war zwar enttäuscht, hatte aber auch ein gewisses Verständnis für sie. Wer weiß, vielleicht wäre es mir genauso ergangen, vielleicht hätte ich genauso viel Angst gehabt, wenn ich nicht vorher bei dem Straßenmädchen gewesen wäre.

Es ging nach diesem Urlaub nicht mehr lange mit uns. Sie hatte schon relativ schnell einen anderen. Er war anscheinend etwas dreister als ich, jedenfalls lief da offenbar mehr. Er war auch etwas älter und hat es wohl anders angefangen. Am Ende haben sie geheiratet. Bei mir dauerte es ein halbes Jahr, bis das nächste Mädchen kam. Mit ihr hatte ich Sex, und das lief auch ganz normal. Eines Tages war sie aber leider auch auf und davon.

Ich war dreimal verheiratet, mit meiner ersten Frau nur vier Jahre lang. Wir sind mit Mitte 20 zum Standesamt gegangen, weil alle anderen in unserem Freundeskreis bereits verheiratet waren. Das lief nach dem Motto: »Wollen wir nicht auch heiraten? Macht doch Spaß.« Aus der zweiten Ehe stammen meine drei Kinder, zwei Jungs und ein Mädchen. Wir verstehen uns sehr gut. Nach der Scheidung habe ich sie eine Zeit lang alleine erzogen. Ich habe zwar immer darauf geachtet, dass sie nicht trinken, keine Drogen nehmen und dergleichen, war aber sehr entspannt ihnen gegenüber. Wenn meine Tochter zu einer Party gehen wollte, war das völlig in Ordnung. Das hätte ich ihr nie verboten. Ich habe ihr auch keine Zeit vorgegeben, wann sie wieder da sein sollte, und sie durfte auch bei Freundinnen übernachten, wenn sie das gerne wollte. Allerdings schärfte ich ihr von Anfang an ein, sie solle mich, wenn sie abschätzen könne, dass sie bis 24 Uhr nicht zu Hause sei, bitte anrufen und dann würde ich sie abholen. Das hat sie auch immer gemacht.

Nach der zweiten Ehe – meine Frau wollte die Trennung – suchte ich mir einen Weg, darüber hinwegzukommen. Ich fing nicht an zu trinken und zu rauchen, Drogen kamen für mich schon gar nicht infrage. Aber ich bin dann wieder in ein Freudenhaus gegangen, ein Jahr lang, rund einmal im Monat. Dadurch lernte ich sehr viele nette Leute kennen. Nicht nur, dass man manchmal richtig lange ins Gespräch kam und sich sehr gut unterhalten hat, es ergab sich auch mal, dass man was zusammen unternommen hat.

Ich habe den Eindruck, dass viele Männer zu gewerblichen Frauen gehen. Auch einige meiner Kollegen haben das schon mal gemacht. Das zieht sich durch alle Schichten und Altersklassen. Es kommt relativ oft vor, dass eine Gruppe Männer in mein Auto steigt, schon leicht angetütert, eigentlich noch in irgendeiner Kneipe einen Absacker nehmen will, dann das Gespräch aber eine Wende nimmt. »Ich will da nicht hin«, mault der Erste. »Und was machen wir nun?«, kommt vom Zweiten. Dann sagt der Dritte: »Wisst ihr was, wir gehen in den Puff«, und fragt mich: »Wo ist denn der nächste hier?« Ich kenne mich inzwischen ganz gut aus. Die Etablissements sind überall in der Stadt verstreut, da es in Berlin keine Laufhäuser und Laufstraßen gibt, wie man es von der Reeperbahn in Hamburg kennt. Das rührt noch vom Vier- mächtestatus her. Die Siegermächte haben Bordellbetriebe nicht zugelassen, in denen die Mädchen auch wohnen konnten.

Inzwischen ist das aber nicht mehr so streng. In dem großen Nobelding jedenfalls, das sie vor fünf Jahren hier aufgemacht ha- ben, dem Artemis, wohnen die Frauen auch. Es gibt rund 70 Pros- tituierte dort. Der Eintritt kostet 80 Euro. Da ist alles drin, Essen und Trinken. Nur die ganz teuren Getränke, etwa Champagner, sind kostenpflichtig. Zwei meiner Stammkundinnen wollten dort auch mal anfangen, weil sie gehört hatten, dass man sehr gut verdient. »Stellt euch das mal nicht so einfach vor«, meinte ich. »Ich habe gehört, dass dort Oralverkehr ohne Kondom erwünscht ist.« »Quatsch, ist doch Blödsinn«, meinten sie. Am dritten Tag ließen sie sich schon recht zeitig von mir abholen. »Da gehen wir nicht mehr hin«, sagte die eine. »Das ist da zwar wunderschön, mit Saunalandschaft, Whirlpool und allem«, erzählte die andere, »aber als es um Oralverkehr mit Kondom ging, winkten alle Männer ab.«

Man erlebt schon so einiges in dem Beruf. Einmal stieg ein Ehepaar bei mir ein, sie vielleicht 45, er um die 50. Man sah ihnen an, dass sie wohlhabend waren. Sie trug eine teure Nerzstola, er war ein Manager-Typ. »Fahren Sie uns bitte in ein Lokal in der Joachim-Friedrich-Straße«, baten sie mich. Ich fuhr die Straße rauf und runter, konnte aber nirgendwo ein Lokal entdecken. »Wie heißt der Laden denn?«, fragte ich nach. »La Bohème«, war die Antwort. Da klingelte es beim Experten: Sie meinten Berlins ersten Swingerclub. »Der ist in der Kaiser-Friedrich-Straße«, sagte ich. »Aber leider ist er seit zwei Jahren geschlossen.«

Da waren beide enttäuscht und fragten, ob ich etwas anderes wüsste. Ich sagte einen Namen, sie winkten aber gleich ab: »Der hat uns nicht gefallen.« »Gehen Sie auch in solche Swingerclubs?«, fragte mich der Mann dann plötzlich. »Eigentlich nicht«, meinte ich. »Aber das ist doch schön«, sagte die Frau. »Sie können da doch auch mit Ihrer Partnerin hingehen.« »Nee, also nee«, antwortete ich, »da kann ich mit meiner Frau nicht hingehen.« »Aber warum denn nicht?«, bohrte sie weiter. »Das ist ja nun Geschmackssache«, meinte ich. »Dem Partner zuzugucken, ist nicht so mein Fall.« »Na, aber wenn die beiden nach Hause kommen«, versuchte sie wieder, mich zu überzeugen, »fallen sie sich doch in die Arme und jeder sagt dem anderen, dass er der Einzige für ihn ist.« »Und was, wenn der andere im Club besser war?«, wollte ich wissen. Darauf sagte sie nichts mehr.

Ich bin selbst nicht so, dass ich sexuell viel ausprobieren muss. Ich habe allerdings früher in Frustsituationen schon mal woanders einen Abstecher gemacht, das heißt eine Partnerin auch mal betrogen. Wohlgefühlt habe ich mich dabei aber nicht. Einmal kam es auch raus. Meine Frau war mit den Kindern bei ihren Eltern. Ich war allein in Berlin und lernte an dem Wochenende in der S-Bahn jemanden kennen, eine junge Frau mit einem sächsischen Dialekt, die zum ersten Mal in Westberlin war. Sie hatte ein Visum für den Besuch ihres Onkels bekommen, der hier lebte. Als sie sagte wo, meinte ich, dass sie mit der S-Bahn so weit gar nicht käme, und bot ihr an, sie mit dem Taxi dorthin zu bringen. Dann verselbstständigte sich die Sache.

Vor der Tür angekommen, meinte sie: »Kannst du zehn Minuten warten? Wenn keiner da ist, fahre ich wieder mit dir zurück.« Sieben, acht Minuten später kam sie tatsächlich aus dem Haus. Auf ihr Klingeln hatte keiner geöffnet. Nun musste sie wieder nach Hause. Da es aber schade um das Visum war, bot ich ihr an, bei mir zu übernachten. »Ich möchte gerne duschen«, war das Erste, was sie in der Wohnung sagte. Zehn Minuten später rief sie: »Trocknest du mich ab …?« Das Ganze passierte, ohne dass ich es beabsichtigt hatte. Es kam etwas später auf einer Fete raus, auf der ich mit Freunden und meiner Frau war. Ich hatte an dem Abend ziemlich viel getrunken und verplapperte mich.

Inzwischen bin ich um einiges ruhiger geworden. Ich bin zum dritten Mal verheiratet, jetzt auch schon wieder zwölf Jahre lang. Das Wahre ist es allerdings auch nicht. Sie ist geschäftlich oft unterwegs. Und wir sind auch sehr verschieden. Sie ist halb so alt wie ich.

»Na, Jungchen«, gurrte sie

Karl-Heinz, 68, pensionierter Schlosser
Erstes Mal 1959 mit 16 Jahren

Als ich mit Ende 50 Potenzprobleme bekam, war das für mich ein ganz schöner Schock. Dann entdeckte ich eine Wunderpille, heute ist unser Liebesleben wieder fast so wie vorher. Inzwischen mache ich schon seit Jahren auf Plakaten, Messen und in TV-Spots Werbung für das Mittel, denn ich möchte anderen Mut machen. Die meisten Männer um die 60 haben Probleme. Viele wollen es aber nicht wahrhaben und lügen sich selbst in die Tasche. Untereinander ist natürlich erst mal jeder der Beste und der Größte, aber nach drei Bier werden alle kleinlaut. Dann heißt es: »Karl-Heinz, es geht doch nicht mehr so wie früher.«

Ich habe den Eindruck, Potenzprobleme sind heute fast das einzige sexuelle Tabu, das es noch gibt. Wenn ich das mit den fünfziger Jahren vergleiche, in denen ich aufgewachsen bin ... Da war ja schon das Wort »Sex« ein Tabu. Das waren wirklich ganz andere Zeiten.

Mein Vater war im Kirchenvorstand, meine Mutter in der Familienhilfe aktiv, Sitte und Moral waren das A und O. So durften meine Freundin und ich, selbst als wir schon einige Jahre lang verlobt waren, nicht gemeinsam in meinem ehemaligen Kinderzimmer übernachten, wenn wir bei meinen Eltern zu Besuch waren. Mein Vater duldete mein »Bratkartoffelverhältnis« nicht, wie er das nannte. »Was würde der Pastor von mir denken, wenn ich euch in meiner Wohnung zusammen schlafen lasse«, hieß es immer. Wir haben ihn aber oft ausgetrickst, damit wir zu unserem Liebesleben kamen.

Ich wurde mitten im Krieg, 1943, in einer Zechensiedlung im westfälischen Gladbeck geboren. Unser Haus war das letzte in der Straße, dahinter kamen gleich Wiesen und Wälder. Für uns drei Buben – ich bin der Benjamin, der jüngste – war das natürlich das Paradies. Wenn mein Vater – er war Bergmann in der Zeche Zweckel – zu Hause war, hat er sich viel mit uns beschäftigt. Der Mann konnte einfach alles: Haare schneiden, Schuhe besohlen, Hühnerställe bauen. Zum Glück wurde er nicht eingezogen. »Die Räder rollen für den Krieg!« war damals ein geflügeltes Wort. Gemeint waren die Räder in der Zeche, denn Hitler brauchte Kohle. Irgendwann zu Anfang des Krieges kamen SS-Leute zur Zeche und fragten den Steiger – er hatte die Aufsicht –, wen sie mitnehmen könnten. Von den 600 Leuten suchte er 300 aus. Da mein Vater wohl ein guter Bergmann war, hat der Steiger ihn behalten.

Durch die Hühner hatten wir jede Menge Eier und im Garten Tomaten, Kartoffeln, Kohlrabi und Möhren, deshalb mussten wir in den letzten Kriegsjahren und der Nachkriegszeit nicht so schlimm hungern wie viele andere. Dennoch war Schmalhans oft Küchenmeister. Speck, Wurst und Fleisch waren Mangelware. Nur wenn mein Vater an Zigaretten kam – er selbst rauchte nicht – und die auf dem Schwarzmarkt tauschen konnte, gab's auch mal Speck und Butter. Er fuhr mit dem Rad manchmal bis nach Oldenburg, damit wir was auf dem Tisch hatten. In den mageren Zeiten gab es häufig Rübenkraut, das meine Mutter in einem 60-Liter-Pott kochte. Den Geruch habe ich heute noch in der Nase.

Als Jüngster konnte ich nahezu alles machen, was ich wollte. Waren die Schularbeiten fertig, zog ich mit meinen Freunden durch die Gegend. Wir bauten im Wald Flitzebögen, kletterten auf Bäume, mopsten Äpfel, Birnen und Erdbeeren bei den Bauern. Wir wussten immer genau, wo wir was holen konnten. Mit meinen Brüdern – Herbert ist fünf, Günter neun Jahre älter – konnte ich damals nichts anfangen. Herbert saß den ganzen Tag über auf dem Nussbaum vor unserem Haus und las. Allerdings nur Mist: *Billy Jenkins* und *Tom Fox*, das waren Wildwest-Trivialromane.

Wir wurden zwar streng, aber gut erzogen, und das hat uns nicht geschadet. Anders als die Kinder heute wären wir früher Erwachsenen gegenüber nie frech geworden. Wir hielten ihnen die Tür auf und behandelten Ältere mit Respekt. Wenn wir über die Stränge schlugen – einmal warfen wir Nachbars Scheibe ein –, gab es eins mit der Klopp-Peitsche. Das war ein Stock mit fünf langen Lederriemen. Damals setzte es überall was, wenn man sich nicht benahm. Einmal passte ich in der Konfirmandenstunde nicht auf und ehe ich michs versah, haute mir der Pastor die Bibel über den Kopf. Wer in der Schule übermütig wurde, bekam es mit dem Rohrstock zu tun. Wir haben den aber immer angesägt. Wenn man das mit einem Messer sauber machte, merkte man das gar nicht. Nach dem dritten Schlag war er meist kaputt. Weil ich gleich neben der Schule wohnte, konnte ich allerdings nicht so viel Mist bauen wie manch andere Klassenkameraden. Lehrer Schöpke ging nämlich immer an unserer Haustür vorbei. Meist stand dann meine Mutter am Fenster und die beiden grüßten sich. Wenn ich was ausgefressen hatte, konnte er es ihr sofort berichten.

Mit ungefähr zehn fingen wir Jungs an, mit den Nachbarsmädchen »Onkel Doktor« zu spielen. Als meine Mutter mal vom Fenster aus sah, wie die Mädchen die Röcke hoben, gab's Dresche. Das hielt uns allerdings nicht ab, dadurch wurden wir eher noch neugieriger. Später zog mir auch mal ein Mädchen die Hose runter und guckte sich meinen Pillermann an.

Mit zwölf habe ich es das erste Mal probiert – mit meiner elfjährigen Cousine, als sie gerade zu Besuch bei uns war. Meine

Eltern hatten den Fehler gemacht, uns in ein Bett zu stecken. Zuerst haben wir mit den Fingern gespielt. Sie hat damit angefangen, mich quasi verführt. »Hast du das schon mal gemacht?«, fragte sie. »Nee.« »Ich auch nicht, aber ich hab viel von meinem älteren Bruder gelernt.« Als er zugange gewesen war, hatte sie ihn wohl mal erwischt. Sie spielte erst an mir rum, dann ich bei ihr. Irgendwann hab ich ihn reingehangen. Es ging nicht richtig, aber das war der erste Versuch.

Viel wusste ich in dem Alter noch nicht. Wenn ich meine Eltern irgendwas fragte, wurde ich sofort abgebügelt. »Das kommt, wenn du älter wirst, ganz automatisch«, sagte mein Vater. Auch mit 16 hörte ich noch von ihm: »Das musst du jetzt noch nicht wissen.« Als ich meine erste Freundin hatte, waren »Mach mir keine Dummheiten!« und »Komm ja nicht mit einem Kind nach Hause!« die beliebtesten Sätze. Zum Glück hatte ich meinen Bruder. Ohne den wäre ich wohl doof geblieben. »Schmeiß bei Lindemann 'ne Mark in den Automaten und zieh dir 'nen Pariser«, riet er mir. Lindemann war eine Kneipe bei uns. Da war ich schon mit 14 Stammgast. Meine Brüder nahmen mich immer mit, ich stand dann oft am Kickerautomaten.

In der Schule fiel nur einmal, in der achten Klasse, eine Bemerkung zum Thema. Da standen wir schon kurz vor dem Abschluss. »Ein Mädchen bekommt alle vier Wochen die Regel«, erklärte uns ein Lehrer. »Dann fängt sie an zu bluten, das ist aber ganz normal.« Warum, wieso, weshalb sagte er nicht. Das war Sexualaufklärung im Jahr 1956.

Aber wir Jungs waren ja zum Glück ausgeschlafen und holten uns die Informationen, die wir brauchten, eben woanders. Wir, das waren meine Wenigkeit, der Wilhelm Brandes und der Peter Gruber. Wir drei hingen damals wie Pech und Schwefel zusammen und haben ziemlich viel ausgeheckt. Mit 13 haben wir Rotzlöffel die Frauen in unserer Straße heimlich beim Baden beobachtet. Damals wurde im Keller gebadet, weil die meisten Häuser noch kein Badezimmer hatten. Nur drei Häuser in unserer Straße hatten eins, darunter auch unseres.

Jeden Samstag füllten die anderen Nachbarn ihre langen Blechwannen, wie man sie heute nur noch aus alten Kinofilmen kennt, mit warmem Wasser. Gegen 17 Uhr gingen überall die Lichter in den Kellern an, wenig später schlug dann unsere große Stunde: Wir schlichen uns vorsichtig an die Kellerfenster ran – das waren Minifenster, die auf Kippe standen –, schoben mit einem Stock die Vorhänge ein bisschen zur Seite und schon hatten wir freie Sicht auf alle Frauen der Nachbarschaft. Die eine hatte wenig Brust, die andere viel, die eine weniger Haar, die andere mehr, die eine einen dicken Hintern, die andere keinen und so weiter. Für uns war das Porno. Einmal erwischte uns ein Nachbar beim Gucken, da war zu Hause der Teufel los. Die Gardinenpredigt meines Vaters hatte sich gewaschen.

Wegen des »Kellerkinos« war das Pornoheft, das mir Günter ein Jahr später gab, nicht mehr ganz so spektakulär. Die waren damals noch schwarz-weiß und es gab keine Positionen und keinen Geschlechtsverkehr, nur nackte Körper. Darüber würde heute jeder lachen. Die Hefte gab's nicht offiziell zu kaufen, die wurden unterm Ladentisch gehandelt.

Günter war mein großes Vorbild. Er war ein Casanova, brachte mit 17, 18 ständig Freundinnen mit nach Hause. Es kam oft vor, dass ich die Tür zu seinem Zimmer aufmachte und ihn mit einem Mädchen knutschen sah. Ich fand das toll und dachte bei mir: Wenn du mal so alt bist, dann machst du das auch! Für Herbert dagegen standen Frauen nicht an erster Stelle. Er hatte als Jugendlicher nur sein Motorrad im Kopf, fuhr auf seiner großen, schweren BMW auch Rennen. Wenn er mal eine Freundin hatte, war die meist zehn Jahre älter als er. Das war auch später noch so. »Du gehst mit deiner Mutter ins Bett«, habe ich dann immer zu ihm gesagt. Darauf meinte er nur achselzuckend: »Die ist zwar älter, aber ich hab meine Ruhe.«

Was ich von meinen Brüdern hörte, erzählte ich gleich meinen Freunden weiter. Und wenn die was mitbekamen, sagten sie es mir. Wilhelm Brandes fragte mich irgendwann mal: »Hast du schon onaniert?« »Nö«, sagte ich. »Ich mach es fast jede Woche, das ist prima. Das musst du auch mal probieren!« Er erklärte es mir, woraufhin ich es auch mal machte. Onanieren war fast ein noch größeres Tabuthema als Liebe machen. Es hieß, das sei eine Sünde. Deshalb hatte ich auch immer Angst, von meiner Mutter erwischt zu werden. Sie klopfte ja nie an, sondern machte gleich die Tür auf und guckte, ob man unter der Bettdecke was machte. Sie war ja nicht dumm. Mit 14, 15 machte es fast jeder bei uns. Wenn ich mit dem Wilhelm und dem Peter zusammenkam, war meistens die erste Frage: »Und, hast du's auch wieder gemacht?«

Den ersten richtigen Kuss hatte ich mit der Irmgard. Sie war auch meine erste richtige Freundin. Wir blieben bestimmt zwei Jahre lang ein Paar. Sie wusste genauso viel oder besser gesagt genauso wenig wie ich, war von ihren Eltern ja auch nicht aufgeklärt worden. Aber sie war genauso neugierig wie ich. Wir tasteten uns allmählich vor, knutschten rum, machten Petting. Es fing damit an, dass ich ihr im Kino unter den Rock ging. Irgendwann wusste ich genau, wann das Strumpfband kam und dass ich ab da noch fünf Zentimeter bis zum Allerheiligsten hatte. Denjenigen, der später die Strumpfhose erfunden hat, könnte ich jetzt noch umbringen. Die Dinger gehen einfach nicht kaputt. Je mehr man damals bei einem Mädchen gemacht hatte, umso mehr wurde damit unter den Jungs geprahlt: »Ich war bei der dran!« »Du auch?« »Ja, ich hab auch schon an der rumgespielt.« Oder: »Im Bett hatte ich sie nicht, aber ich hab den Finger schon drin gehabt.«

Weil ich Irmgard nicht mit nach Hause nehmen durfte, konnten wir erst mal keine Liebe machen. Sie hatte Lust, ich hatte Lust, aber wir hatten einfach keinen Ort dafür. Daran war Günter schuld. Er hatte zu viele Mädchen mitgebracht. Kaum hatten sich meine Eltern an die Erste, die Therese, gewöhnt, schleppte er schon die

Margot an. Dann war die Margot weg und er meinte: »Ich hab jetzt die Roswitha.« Irgendwann sagten die Eltern: »Jetzt ist Schluss!« Darunter musste ich später leiden. Bei mir hieß es: »Wenn du eine richtige, feste Freundin hast, dann kannst du sie uns vorstellen.«

Irgendwann hatten wir aber doch Glück. Als meine Eltern auf den Geburtstag einer Tante gingen, die einen Ort weiter wohnte, war zu Hause sturmfrei. Kaum waren sie aus der Tür, ließ ich Irmgard rein. Im Kinderzimmer ging die Liebelei auch gleich los. Ein bisschen knutschen, ein bisschen schmusen, wie man das halt so macht bei Mädchen, dann hat sie auch schon von selbst den Hintern gehoben. Wir benutzten einen Pariser. Sie hatte sofort gefragt: »Hast du einen Gummi?« Hatte ich! Als ich mit meinen Eltern in der Wirtschaft zum Kegeln gewesen war – das machten wir regelmäßig –, hatte ich mir drei Pariser für eine Mark gezogen. Das war viel, damals gab's ja nur drei Mark Taschengeld in der Woche. Ich hatte mir vorher schon mal einen übergezogen und geguckt, wie das funktioniert. Meine Brüder hatten mir aber auch schon den ein oder anderen Tipp gegeben.

Wir waren gerade so richtig zugange, als wir ein metallisches Klicken hörten. Jemand drehte den Schlüssel im Schloss um. Meine Eltern! Starr vor Schreck hörten wir auf. Mein Zimmer war zwar im ersten Stock, aber mein Vater wäre trotzdem schnell bei uns. Wir schauten uns kurz an, dann ging alles blitzschnell. Irmgard zog ihren Rock runter, ich meine Hose hoch. Sekunden später saßen wir brav wie die Messdiener nebeneinander auf der Couch – sie allerdings ohne Unterhose. Die hatte sie gerade noch unters Bett pfeffern können. »Was macht ihr denn hier?«, war das Erste, was mein Vater sagte, als er ins Zimmer polterte. Ich bekam eine Standpauke, Irmgard musste gehen. Das Problem war aber nun, dass sie ja keine Unterhose anhatte. Ohne die konnte sie aber nicht nach Hause. Sie musste sich eine Stunde lang an unserem Haus herumdrücken. Erst dann war die Luft rein und ich konnte sie ihr runterbringen.

Das war mein erstes Erlebnis, in der Sache eher unspektakulär, durch die Begleitumstände dafür umso denkwürdiger. Für Frauen scheint das erste Mal ja ein Weltereignis zu sein, das ist bei uns Männern überhaupt nicht so. Man hatte es hinter sich und gut war's. Angst, dass etwas schiefgehen könnte, hatte ich nicht. Durch das Fummeln war man schon so warmgelaufen, dass man es jetzt auch endlich erleben wollte und sich reinstürzte. Dass es dem Mädchen beim ersten Mal wehtun könnte, wusste ich nicht. Woher auch? Bei Irmgard war das aber nicht so, zumindest habe ich nichts gemerkt. Für mich war im entscheidenden Moment nur eins wichtig: Die Irmgard wollte es auch. Das hat sie deutlich gezeigt. Sie war richtig mit Freude dabei, das merkte ich an ihrem Gehabe.

Weil ich sie nach der Aktion nicht mehr mit nach Hause bringen durfte, suchten wir uns andere Orte, einen Park in Gladbeck etwa. Da konnte man bei Dunkelheit schon mal was machen. Es gab schöne, versteckte Nischen, wo man sich austoben konnte. Schließlich wagten wir uns aber doch ins Haus. Wir hatten einen schönen Keller mit einem 15 Meter langen Gang. Bis da einer gekommen wäre, hätten wir die Hosen schon längst wieder angehabt. In einer Ecke lagerten die Einkellerungskartoffeln in großen Säcken, im Regal das Gemüse, außerdem noch zwei Tonnen Kohle für den Ofen. Die Kartoffelsäcke nutzten wir bei unseren Stelldicheins immer als Unterlage.

Als Irmgard mal ihre Tage nicht bekam – hin und wieder haben wir es auch ohne Pariser gemacht –, geriet ich in Panik und fragte Günter um Rat. Meine Eltern hätten mich erschlagen. »Was passiert, wenn die Frau ihre Tage nicht kriegt? Bekommt sie dann ein Kind oder bekommt sie kein Kind?«, fragte ich ihn. Ich hatte wirklich null Ahnung. »Ihr braucht keine Angst zu haben«, beruhigte mich seine Frau, »das passiert bei mir auch manchmal, dass sich die Tage verschieben.« Sie erklärte es mir dann auch. Zum Glück für uns kamen Irmgards Tage kurz danach.

Ich hatte damals noch lebhaft den Fall von Maria, einer Klassenkameradin, in Erinnerung. Als sie ein Kind bekam, war das ein handfester Skandal. Jeder zeigte mit dem Finger auf sie: »Guck mal, die!« Und Marias Eltern waren die Bösen. Sie hatten an einen jungen Mann ein Zimmer vermietet, um ein bisschen Geld hereinzubekommen. Kostgänger nannte man das damals. Er war 23, Maria 13. Sie war ein kreuzbraves Mädchen, spielte nicht mit uns, ging nie raus. »Mit der können wir nichts anfangen«, sagten wir immer. Irgendwann kam sie nicht mehr zur Schule. Dass sie schwanger war, erfuhren wir durch unsere Eltern. Marias Vater hatte es dem Nachbarn erzählt. »Der Kostgänger hat sie geschwängert«, sagte er wütend. »Entweder ich schlag dem den Schädel ein oder er tut sie heiraten.« Was er auch tat, als Maria 16 war. Und es hat sogar gehalten: Die zwei sind heute immer noch verheiratet. Er ist 77, sie 67.

Mit 16 hatte ich auch noch ein anderes erstes Mal – im Puff. Da war ich zwar schon mit der Irmgard zusammen, ein schlechtes Gewissen hatte ich aber nicht. Es war ja keine Liebe im Spiel. Ich habe sie nicht betrogen, ich habe mich einfach abreagiert: rein – raus, rein – raus, fertig. Wenn das die Irmgard gemacht hätte, wäre ich natürlich böse gewesen.

Herbert fragte eines Tages, ob ich mal mitkommen wolle, das würde mir bestimmt gefallen. Auf seiner Maschine ging's dann nach Bochum. Wir marschierten da einfach rein. Es war so eine verbaute Straße wie die Herbertstraße in Hamburg. Als ich die Mädchen in den Fenstern sah, die ihre Möpse raushängen ließen, wurde mir aber etwas mulmig: »Herbert, bleib bloß hier. Lass mich nicht allein!« Eh ich michs versah, rief schon die Erste nach mir: »Mensch, Kleiner, komm mal!« »Herbert, die will was von mir!« »Na, dann geh doch mal rein.« »Nee, da geh ich nicht rein.« »Hier haste zehn Mark, ich spendier sie dir und jetzt machste deine erste Nummer.« Er hatte zu dem Zeitpunkt keine Freundin und ging regelmäßig in den Puff, der Stromer. Er hat ja als

Maurergeselle auch schon ordentlich Geld verdient. Ich war noch in der Ausbildung, lernte Schlosser. »Junge, komm mal!«, rief die Nächste. »Und?«, fragte Herbert. »Nee, bei der will ich nicht.«

Wir liefen noch ein bisschen weiter. Schließlich fand ich eine, die mir gefiel. Sie grinste lüstern: »Komm rein!« Prompt wurde mir wieder flau im Magen. »Nö.« »Jetzt geh doch!«, drängte mich Herbert. Er hat mir schließlich auf Deutsch gesagt einen Tritt gegeben und mich reingeschubst. Vorhang auf, Tür auf, dann war ich drin. Der Raum war dunkel und ungepflegt. Es gab eine Pritsche, einen Stuhl und einen Tisch, auf dem die Pariser lagen. Sonst nichts. Ein grauer Vorhang teilte den Raum. Mir wurde ganz anders, als ich das sah. Auf der anderen Seite ging dann wohl eine zweite Nutte ihrem Geschäft nach. Es war aber gerade kein anderer Kunde da. Ein Glück, sonst hätte ich das Gestöhne von drüben mitbekommen.

»Na, Jungchen«, gurrte die Nutte und schaute mich herausfordernd an. Sie war mehr als doppelt so alt wie ich, um die 35, hübsch und hatte Riesendinger. »Zieh dich mal aus«, sagte sie. Ich tat wie befohlen. »Haste Geld?« »Ja, hier sind zehn Mark.« Sie verlor keine Zeit. »Dann leg dich mal hin.« Die Angst, die ich in dem Moment vor dieser Frau hatte, die Aufregung, der Nervenkitzel – das war herrlich, das war wie ein Krimi. Sie fragte nicht, was ich wollte, sondern kam gleich zur Sache, zog mir einen Pariser über und spielte ein bisschen herum, bis was passierte. Es ging auch schnell, zwar nicht so gut, weil ich so nervös war, aber es klappte. Kaum war ich drin, war ich auch schon wieder draußen. »So, Junge, anziehn und raus.« Das Ganze dauerte vielleicht eine Minute.

Als ich wieder auf der Straße stand, schaute ich mich um. Mein Bruder war nicht mehr da, er war wohl bei der Nächsten drin. Kaum war er draußen, fragte er auch schon neugierig: »Und, wie war's?« »Kurz«, sagte ich nur. »War's schön?« »Na ja, war nix Besonderes.« Mit einer Freundin war es natürlich schöner, da hatte man mehr Zeit, bekam Streicheleinheiten. Bei der Nutte durfte ich nicht viel anfassen. Lange rummachen gab's nicht, küssen ging erst recht nicht. Aber das ist ja jetzt auch noch tabu.

Mit 18, inzwischen war ich Geselle und verdiente richtig Geld, bin ich öfter in den Puff gegangen, meistens mit mehreren Kumpels. Wir fuhren mit Motorrädern und Mopeds hin, fünf, sechs Mann, und dann ist jeder mal rein. Da haben wir schon 20 Mark bezahlen müssen, aber da war's auch schöner. Ich bin dann anders rangegangen. Man unterhielt sich mal mit der Frau, handelte mit ihr, konnte auch schon mal mehr machen. Und deshalb machte es eben auch mehr Spaß.

Vor kurzem war ich in der Herbertstraße in Hamburg, als ich mit meiner Frau Bekannte besucht habe. Ich wollte mir das mal angucken. Sie blieb draußen vor dem Tor, ich bin mit meinem Bekannten Dieter in die Straße reingegangen. Jetzt sind das Welten für mich, ich bin ja kein Bürschchen mehr. Als eine winkte, bin ich zu ihr hin. »Was willste denn haben?«, fragte ich sie. »100 Euro.« »Und was gibt's dafür?« »Halbe Stunde, Blasen, Verkehr, ein bisschen anfassen, aber ohne Knutschen.« »Ah, danke schön«, sagte ich und drehte mich zum Dieter um. Der war aber weg. Abgehauen. »Ich komm nachher noch mal wieder«, meinte ich und ging zum Ausgang. Meine Frau erwartete mich schon grinsend. Dieter hatte ihr erzählt, dass ich mit einer geredet hatte. »Ich steh hier draußen und du verhandelst mit einer Nutte. Das hätte ich ja gerne mal geknipst«, meinte sie trocken. »Na ja, ich muss ja wenigstens mal wissen, was das heute so kostet«, konterte ich. Da hat sie sich natürlich totgelacht.

Mit 19 hatte ich die Nase voll von Gladbeck, der Siedlung und meinem Elternhaus, alles war mir zu eng. Meine Brüder waren schon lange weg, jetzt wollte ich auch was von der Welt sehen und ordentlich Geld verdienen. Deshalb entschloss ich mich, auf Montage zu gehen. Meine Eltern wollten mich zwar erst nicht gehen lassen. Vor allem meine Mutter wehrte sich mit Händen und Füßen dagegen. Mein Vater redete aber noch mal in Ruhe mit ihr, sagte, ich müsste mir die Hörner abstoßen.

Zuerst bin ich in Hannover gelandet, wo ich mit an einem Heizkraftwerk baute und im Stahlhochbau arbeitete. Mit 20, 1962, kam ich an die Schiersteiner Rheinbrücke, die ich mitbaute. Die Zeit zwischen 20 und 30 war meine sexuell aktivste Zeit. Da war ich am vitalsten, konnte immer, zu jeder Tages- und Nachtzeit. Ich hatte damals auch viel Geld, 1500 Mark netto, das war eine ganz schöne Stange Geld. Für die Baracken unter der Brücke, wo wir Arbeiter während des Baus lebten, mussten wir nur 30 Mark pro Monat zahlen. Da blieb natürlich jede Menge übrig, und das haben wir mit vollen Händen ausgegeben. Die Weiber sind uns regelrecht nachgerannt, vor allem die leichten Mädchen. Sie gingen von Baracke zu Baracke, da kam jeder mal dran.

In den sechziger Jahren lernte ich auch meine erste Frau kennen. Wir heirateten 1968, aber nicht aus Liebe, sondern aus Trotz. Immer wenn ich meine Eltern mit ihr besuchte, gab es Stress, weil sie nicht damit klarkamen, dass wir nicht verheiratet waren. Außerdem lagen mir auch die Schwiegereltern auf der Pelle. Ende der achtziger Jahre ging die Beziehung kaputt.

Da lernte ich dann meine jetzige Frau Monika kennen. Ihre Ehe war zu dem Zeitpunkt auch schon am Ende. Ich saß mit zehn Bowlingfreunden an einem Tisch unserer Stammkneipe, als sie mit ihrem Mann reinkam. Die zwei setzten sich an den Nebentisch. Und wie das in meiner Runde so war, holte ich sie später an unseren Tisch. Noch etwas später schlug ich vor, in eine neue Disco zu fahren. Ihr Mann hatte keine Lust, er war müde. Sie kam noch mit. So haben wir uns kennengelernt und verabredet, noch mal und noch mal getroffen. Nach sechs Monaten trennten wir uns von unseren Partnern. Jeder packte von heute auf morgen seine Koffer und nahm nur das Nötigste mit. Noch nicht mal die Zahnbürsten haben wir eingepackt. Wir fingen quasi wieder ganz von vorne an.

Ich hatte und habe ein schönes Leben. Ich habe immer gut verdient, hatte die schönsten Autos, war gesund. Jetzt habe ich zwar Diabetes, aber das macht nichts, den habe ich durch Sport und gesunde Ernährung gut im Griff. Und mit Monika komme ich prima aus. Sie ist eine tolle Frau, wir passen in jeder Beziehung zusammen. Sie trinkt den gleichen trockenen Wein wie ich, sie isst genauso gerne Lachs wie ich und sie macht genauso gerne Liebe mit mir wie ich mit ihr. Sie ist genauso offen und entspannt wie ich, hat auch schon mal in eins meiner Pornohefte mit reingeguckt. Aber sie schaut sich ja auch gerne mal einen Mann an. Und da sind Kerle dabei ... Ich dachte immer, ich sei ganz gut gebaut, aber wenn man die sieht, wird man blass.

Die Hochzeit der Pornografie war vor rund fünfzehn Jahren. Da wollte jeder in meinem Bekanntenkreis den besten Sex haben und jeder hatte einen Stapel Pornohefte und -filme: Teresa Orlowski, Dolly Buster und wie sie alle heißen. Ich brachte regelmäßig welche auf die Arbeit mit, meistens richtig knallharte. Die hatte ich aber nicht gekauft, ich bekam sie von einem Müllfahrer. Er sollte tonnenweise Hefte, die einen Knick hatten oder sonst wie beschädigt waren, entsorgen. Einen Zentner hat er aber immer für sich selbst behalten und das meiste weiterverteilt.

Als die Potenzprobleme losgingen, wollte ich das erst nicht wahrhaben und suchte immer irgendwelche Ausreden, um mit meiner Frau nicht intim werden zu müssen. Zum Glück ließ sie nicht locker. Schließlich redete ich mit ihr und ging zum Urologen. Er fragte mich, ob ich Lust hätte, bei einer Studie für eine neue Pille mitzumachen. Ich dachte mir: Warum nicht? Ich bin ja offen für alles. Ich nahm nicht nur das neue Mittel, sondern zum Vergleich auch ein anderes, das schon auf dem Markt war. Da ging mir aber so die Pumpe, dass ich es mit der Angst zu tun bekam. Es war zu stark. Mit der anderen Pille dagegen komme ich prima klar.

Seit 2002 mache ich Werbung für die Herstellerfirma. Neulich war ich mit meiner Frau auf einem Riesenplakat zu sehen, das gleich gegenüber meinem Stammlokal hing. Prompt wurde ich überall angesprochen. »Ich kenn Sie doch«, meinte einer, als er auf der Straße an mir vorbeilief. »Ja, ich bin der auf dem Plakat«, sagte ich stolz. Da blieb er stehen und fragte mich aus: »Was nehmen Sie denn und wie viel und wie wirkt das Mittel?« Wir standen eine halbe Stunde lang auf dem Bürgersteig und redeten. Als mich letztens ein Arbeitskollege in der Sauna traf, rief er mir zu: »Karl-Heinz, deine Pillen sind spitze!« Wenig später sah ich seine Frau und fragte sie: »Na, Frau Polte, sind Sie zufrieden mit Ihrem Mann?« Sie lächelte schelmisch: »Ihr Tipp war prima, unser Liebesleben ist wieder fast wie früher.« Auch mein Bruder Günter wollte die Pille schon haben, aber das habe ich kategorisch abgelehnt. Er hatte bereits einen Schlaganfall, ist auf einer Seite gelähmt, die linke Hand kann er nicht mehr benutzen. Außerdem hat er hochgradig Zucker.

Dass es nicht mehr so läuft wie in jungen Jahren und ich eine Pille brauche, stört mich inzwischen nicht mehr. Man wird ja generell ruhiger. Für den Sex wie für den Alkohol gilt: Nicht die Quantität zählt, sondern die Qualität. Man macht es einfach nicht mehr so oft und auch nicht mehr spontan. »Komm, wir gehen in die Kiste«, das macht man als 25-Jähriger, aber nicht mehr mit Ende 60. Da ist Genießen angesagt. Meine Frau und ich jedenfalls bereiten uns viel mehr darauf vor und lassen uns Zeit. Wir machen eine schöne Flasche Wein oder einen teuren Sekt auf und kuscheln erst mal ausgiebig.

Als ob ein riesiger Dampfkessel platzt

Klaus, 65, Industriekaufmann
Erstes Mal 1965 mit 18 Jahren

Es passierte während eines Jugendaustausches in einem Hotel einer französischen Kleinstadt. Und wie das oft so ist mit Traum und Realität: Es lief anders ab als in meiner Vorstellung – es ging viel zu schnell. Vorher hatte ich mir immer gewünscht, dass ich das Ganze genießen kann so wie ein Eis, das einem langsam auf der Zunge zergeht. Das hat aber nicht geklappt, auch die nächsten Male nicht.

Bis es dazu kam, hat es sehr lange gedauert: Brigitte und ich kannten uns schon knapp ein Jahr. Aber damals war alles noch ein bisschen anders als heute. Wir hatten zwar viele Gelegenheiten, übereinander herzufallen. Ich hätte mich aber überhaupt nicht getraut. Aus Angst, jemand könnte uns erwischen. Aus Angst, irgendetwas falsch zu machen, sodass am selben Abend wieder Schluss ist. Aus Angst, ich könnte sie schwängern. Damals hatte man ganz schön viele Ängste im Hinterkopf. Wir waren von der Zeit und ihren moralisch-erzieherischen Zwängen geprägt. Zwei Kernsätze, die man immer und immer wieder hörte, waren »Was sollen die Nachbarn denken?« und »Müßiggang ist aller Laster Anfang«. Fragte man nach einer Erklärung, wurde die rüde abgeblockt.

Ich bin in einem sehr katholischen Elternhaus aufgewachsen. Der Kirchgang am Sonntag war Pflicht, und zwar morgens und nachmittags. Die einzigen Bücher, die es zu Hause gab, waren die Bibel und ein Gesangbuch. Von der Kirche übernahmen meine Eltern auch eins zu eins Lebens- und Erziehungsempfehlungen. Es war zum Beispiel nur erlaubt, Bücher aus der Pfarrbücherei zu lesen. Da gab es zwar Winnetou, aber wir lasen auch gerne *Tarzan*- und *Tom-Prox*-Heftchen. Das war allerdings von der katholischen Kirche gebrandmarkte Schundlektüre. Heftchen waren grundsätzlich schlecht, nur Bücher waren was Ordentliches. Das predigte der Pfarrer sogar von der Kanzel. Ich musste deshalb immer aufpassen, dass mein Vater die Hefte nicht fand. Passierte das, wanderten sie sofort ins Feuer. Damals hatten wir noch einen großen Ofen in der Küche.

Strenge Regeln, viele Verbote, harte Strafen – in dieser Atmosphäre wuchsen wir damals auf. »Es gibt den lieben Gott, der beobachtet dich überall, und wenn du böse bist, dann kommst du in die Hölle« – das stand immer im Raum. Deshalb wurde man auch andauernd zum Beichten geschickt. Den Sinn dahinter habe ich nie verstanden und irgendwann den Text auch nur noch runtergeleiert: »In Demut und Reue bekenne ich meine Sünden … Meine letzte Beichte war …«, so fing man immer an. Und der Pfarrer endete mit: »Ich spreche dich los von deinen Sünden …« Aber was hatte man als Kind schon begangen? Das waren kleine Sündchen, wenn überhaupt. Komischerweise fühlte man sich danach aber doch irgendwie erleichtert.

Meine Mutter war zwar eine Sanfte, aber sie war schon immer sehr kränklich. Ich muss fünf oder sechs gewesen sein, meine beiden jüngeren Geschwister gab es noch nicht, da fuhr sie schon regelmäßig zu einem Augenspezialisten. Sie war am Star erkrankt und das verschlimmerte sich nach und nach. In den sechziger Jahren war sie schon fast blind. Mein Vater wiederum war aufgrund seines Berufes – er war selbstständiger Handwerksmeister

– ziemlich eingespannt und hatte keine Zeit für mich. Neun, zehn Stunden war er täglich unterwegs, samstags wurde auch gearbeitet. Trotzdem war nie genug Geld da. Ich bekam oft mit, dass meine Mutter ihn um Geld für den Haushalt anbettelte.

Was mich im Nachhinein am meisten gestört hat, ist aber, dass mein Vater mich so gut wie nie in den Arm genommen hat oder mir mal gesagt hätte, dass er mich liebt. Meine Mutter war zwar ab und an liebevoll zu mir, aber doch überwiegend mit ihrer Krankheit und dem täglichen Überleben beschäftigt. Ich habe noch nicht einmal gesehen, dass mein Vater meine Mutter mal umarmt, geschweige denn geküsst hat. Liebevolle Gesten gab es nicht, es ging nur ums Funktionieren, alles lief sehr sachlich ab.

Ich nehme mal an, dass mich die Situation in meinem Elternhaus sehr belastet hat. Mit sechs oder sieben habe ich jedenfalls ordentlich gestottert. Mein Vater, dem das unangenehm war, kommentierte es, wenig hilfreich, mit »Red vernünftig!« oder »Du Stotterbock«. Das war nicht normal, also durfte es das nicht geben und wurde ausgeblendet.

Mein Vater war der »Strafer« bei uns, meine Mutter konnte das nicht gut. Wie es früher so üblich war, bekam ich als Zehnjähriger auch schon mal was mit dem Kochlöffel ab. Zu der Zeit fing ich an, aufzubegehren gegen die Restriktionen zu Hause. Eines Tages bin ich mal ausgerissen, weil ich die Faxen dicke hatte. Als Ältester – inzwischen waren meine zwei Geschwister auf der Welt – hatte ich viele Aufgaben und Pflichten, darunter auch das Schuheputzen für die ganze Familie.

Einmal, als ich mal wieder keine Lust hatte, cremte ich aus Frust die kleine graue Mauer von einem Meter Höhe, die um unser Haus herumlief, mit schwarzer Schuhwichse ein. Die Strafe folgte auf dem Fuße: Ich bekam die Peitsche ab, ein Holz, an dem vier, fünf Lederriemen hingen! Daraufhin bin ich weggelaufen, zur Schwester meines Vaters, die in einem anderen Ort wohnte. Sie hat mich nur deshalb wieder nach Hause gebracht, weil mein

Vater ihr am Telefon hoch und heilig versprach, mich nicht wieder so zu verprügeln.

So streng es zu Hause zuging, so ausgelassen tobten wir draußen. Wir legten schon mal Steine auf die Schienen und stahlen Beeren, Äpfel und Birnen aus den Gärten. Dummejungenstreiche halt. Am liebsten aber kickten wir mit anderen um die Wette. Wenn ich auf meine kleinere Schwester aufpassen musste, habe ich sie zum Torpfosten bestimmt. Ich war schon immer ein praktischer Mensch und dachte mir: So habe ich sie am besten unter Kontrolle. Das klappte auch, denn sie traute sich nicht, sich zu bewegen.

Einmal die Woche traf ich mich mit Messdienern. In dieser Gruppe habe ich mich besonders wohlgefühlt, denn da waren viele Gleichaltrige. Im Grunde genommen war das Messedienen das Einzige, was ich richtig gut fand an der Kirche. Wenn man vorne am Altar stand, fühlte man sich wie auf einer Bühne.

Nach vier Jahren, mit 14, flog ich leider unehrenhaft raus. Ich hatte mit einem Kumpel bei der Jahresschlussandacht am 31. Dezember gedient. Danach haben wir in den noch glimmenden Weihrauchkessel, der in der Sakristei hing, einen Schweizer Kracher gelegt. Wir waren kaum draußen, da flog der Kessel auch schon mit einem gewaltigen Knall durch die Sakristei. Was wir nicht bedacht hatten, war, dass viele Leute in der Kirche waren, die den Krieg noch miterlebt hatten. Die dachten, jetzt hätte ihr letztes Stündlein geschlagen. Kein Wunder, dass der Küster uns gleich rechts und links eine scheuerte. Damit war der Spaß vorbei.

Ich habe öfter mal über die Stränge geschlagen. Heute denke ich, dass es wohl daher kam, dass ich Aufmerksamkeit brauchte. Es war nichts anderes als eine Art Hilferuf. Ich wollte gemocht werden. Bei meiner Mutter wusste ich es zwar, aber sie zeigte es kaum. Sie war ja auch schwach, hatte keine Kraft. Bei meinem Vater wiederum hatte ich das Gefühl, er sorgt dafür, dass ich ein Bett, ein Dach über dem Kopf und was zu essen habe, aber sonst tut er nicht viel für mich. Da war keine Wärme, ich hatte nicht das Gefühl, dass ich akzeptiert und geliebt wurde. Wahrscheinlich war er durch den Krieg sehr traumatisiert. Schade, dass wir nie darüber geredet haben.

Längere Gespräche gab es zu Hause nicht. Wenn ich mal wieder was ausgefressen hatte, wurde geschimpft. Das war's aber auch schon. Natürlich gab es auch kein Mutter-Sohn-, geschweige denn ein Vater-Sohn-Gespräch zum Thema Aufklärung. Undenkbar damals! Weder in der Schule noch zu Hause wurden wir aufgeklärt. Und von der Kirche wurde einem ohnehin nur ein schlechtes Gewissen gemacht. Alles, was nicht der Zeugung von Kindern diente und nicht in der Ehe stattfand, war unrechtmäßig, schlecht, böse.

So indoktriniert, glaubte man als Jugendlicher auch selbst, dass Sexualität etwas Unanständiges war. Etwas, das sich nicht gehörte und das man deshalb nicht tat. Ich weiß noch, dass mein Vater mich mit 13 mal beim Onanieren erwischt hat. »Das ist eine Sauerei!«, schrie er und gab mir ein paar Ohrfeigen. Er hätte ja sagen können: »Das gehört zur Entwicklung deines Körpers und deiner Persönlichkeit.« Aber nein, es hieß nur lapidar: »Das ist was Schlechtes.« Obwohl man natürlich ein fürchterlich schlechtes Gewissen bekam, hat man aber trotzdem weitergemacht.

Da von den Eltern nichts Brauchbares kam, holte man sich die Informationen eben woanders, zum Beispiel aus den *St.-Pauli-Nachrichten*. Wenn *Akim*, *Tarzan* und Co. schon Schundblätter waren, dann waren die der Gipfel. Da gab es sehr eindeutige Bilder von Paaren zu bestaunen. Irgendwann blätterten bei uns auf dem Jungengymnasium quasi über Nacht alle in den Erotikheftchen, oft in der langweiligen Lateinstunde. Das war natürlich auch deshalb sehr aufregend, weil es verboten war. Nur die Deutschstunde war ganz unterhaltsam, da gab's auch über den Pulten was zu gucken: Wir hatten nämlich eine Lehrerin mit sehr großen Brüsten. Die legte sich beim Unterrichten immer mit dem Oberkörper so auf ihren Tisch, dass wir alle einen guten Einblick hatten. Wir diskutierten oft, ob sie das wohl mit Absicht machte.

Mit 13 hat man einfach alles aufgesogen, was mit Erotik und Sexualität zu tun hatte. In dem Alter kamen auch pubertäre Diskussionen über den größten, kleinsten, dicksten und dünnsten Schwanz auf – der übliche Wettbewerb bei Jungs. Als ich auf der Straße zum ersten Mal das Wort »ficken« hörte, war es natürlich kein Wunder, dass ich dachte: Hey, hier kriegst du Informationen, die du haben willst, hier kannst du öfter nachhören. Habe ich dann auch: Durch diesen »Straßen-Freundeskreis« habe ich mich »weitergebildet«. Man bekam mit, wie Kinder entstehen und dass man durch Präservative verhüten kann. Eins kostete eine Mark. Man konnte sie aus Automaten ziehen, die in etwa die gleiche Größe hatten wie Bonbon- und Kaugummiautomaten.

Wie alle anderen habe ich natürlich auch immer mal wieder den Quatsch gehört, dass ein Mädchen vom Küssen schwanger werden kann. Oder vom Fummeln, wie wir damals das Petting nannten. Man war ständig im Zwiespalt, was Sex betraf. Die jungen Leute hoben ihn in den Himmel, von denen hörte man schon mal: »Am liebsten machen wir es jeden Tag«, die Alten verdammten ihn, wüteten: »Das ist Schweinerei!« Immer und überall stand die unausgesprochene Drohung der Erwachsenen im Raum: »Komm du mir nicht mit einem Kind nach Hause! Dann wird dir das Fürchterlichste passieren, was dir in deinem Leben überhaupt passieren kann.« Einerseits war man mehr und mehr sexuell interessiert und wollte etwas ausprobieren, andererseits saß einem die Angst vor den angedrohten Folgen im Nacken. Die meisten zogen deshalb lieber die Handbremse, als Gas zu geben.

In diese verwirrende Zeit fiel mein erster Kuss. Es war im Sommer 1962, ich war 16. Damals haben wir die unglaublichsten Partys gefeiert, oft in einem Sarglager. Der Vater einer Freundin war Bestatter. Brigitte habe ich auf so einer Party kennengelernt. Wir mochten uns auf Anhieb, tanzten oft zusammen, zu viel mehr kam es lange nicht. Denn auch, wenn das heute keine große Sache mehr ist: Damals war ein Kuss das höchste der Gefühle und es dauerte,

bis man sich getraut hat. Manchmal war man auf einer Tanzver-
anstaltung schon ganz dicht dran, wagte es aber doch nicht, weil
zu viele Leute drum herum waren oder irgendwas anderes nicht
passte. Es gab tausend Gründe, warum es nicht zustande kam. Die
Moralapostel aus Kirche, Schule und Elternhaus mit ihren ewig
gleichen Litaneien hatten uns so fest im Griff wie ein Schraubstock.

Eines Tages aber setzte ich mich selbst unter Druck. Heute sollte, heute musste es einfach mal passieren. Ich hatte mir auch schon
genau überlegt, wie ich es anstellen wollte. Von meinem Elternhaus zu einer Kleingartenanlage schlängelte sich ein schmaler,
kurvenreicher Weg, der von außen nicht einsehbar war, weil er
auf beiden Seiten von einer rund zwei Meter hohen Hecke umgeben war. Ich nahm mit Brigitte bewusst diesen Weg für einen
Spaziergang, weil ich jetzt endlich mein ganzes Herz in die Hände
nehmen und sie küssen wollte.

Wir gingen also Händchen haltend den Weg entlang, ich war
gespannt wie ein Flitzebogen und je weiter wir kamen, desto
schneller drehte sich in meinem Kopf das Gedankenkarussell:
Nehm ich sie jetzt in den Arm? Küss ich sie einfach? Jetzt aber!
Nee, lieber nicht, da vorne geht's wieder um die Kurve und wenn
dann plötzlich einer um die Ecke kommt ... Und vielleicht sogar
noch einer, der dich kennt. Bloß nicht!

Ich verschob es immer und immer wieder und mir wurde wärmer und wärmer. Wie es dem Mädchen ging, wusste ich nicht. Ob
sie darauf wartete oder völlig arglos neben mir herlief, weiß ich bis
heute nicht. Ich war einfach zu sehr mit mir selbst beschäftigt. Auf
einmal war der Weg zu Ende, weit und breit erstreckte sich nur
noch freies Feld. Da ging es natürlich gar nicht. Was also machte
ich? Ich drehte mich um und ging denselben Weg wieder mit ihr
zurück. »Warum gehen wir jetzt den Weg wieder zurück?«, fragte
Brigitte folgerichtig.

Das war das Signal: Jetzt oder nie! Ich blieb abrupt stehen, zog
sie in meine Arme und küsste sie. Und sie ließ es zu! Mein Gott,

da fiel mir vielleicht ein Stein vom Herzen: dass erstens keiner kam, dass ich zweitens keine geknallt kriegte, dass drittens der Kuss sogar erwidert wurde und dass ich viertens auch noch hörte: »Och, das war ja ganz schön.« Wir liefen Händchen haltend zurück. Ich küsste sie nur noch einmal. Mehr wagte ich nicht. Die Angst, entdeckt zu werden, saß mir ständig im Nacken. Schließlich war es heller Tag, Sonntagnachmittag.

Die beiden Zungenküsse waren ein richtiger Höhepunkt für mich, im wahrsten Sinne. Denn es fand eine unglaubliche innere Explosion dabei statt – mit einer Erektion und einem Erguss. Was natürlich auch daran lag, dass man früher überhaupt nichts durfte und sich daher viel in einem aufstaute.

Beim nächsten Mal küssten wir uns auf einer Party. Wie alle anderen verdrückten wir uns in eine Ecke, damit uns möglichst keiner sehen konnte. Allerdings war man letzten Endes doch nicht wirklich allein, weil ja alle anderen auf dieselbe Idee kamen. Von 20 Leuten auf einer Party waren oft nur noch sechs oder sieben im eigentlichen Partykeller, alle anderen huschten durch die anderen Kellerräume. Man musste schon aufpassen, denn meistens waren Mütter oder Väter zur »Bewachung« eingeteilt. Eine Mutter war besonders schlimm. Sie passte auf wie ein Luchs und wenn sie welche in einer Ecke knutschend erwischte, schickte sie sie ohne Diskussion sofort nach Hause. Sie hat uns auch mal beim Nacktbaden erwischt. Während einer dieser Partys sind wir ins Grüne gezogen und haben 400 Meter vom Haus entfernt an einem Bach weitergefeiert. Brigitte war auch dabei. Dummerweise waren wir wohl zu laut. Die Alte roch Lunte und sprengte die ganze Gesellschaft.

Mehr als küssen lief mit Brigitte nicht. Ich hätte schon gerne mit ihr geschlafen, es ergab sich aber einfach keine Gelegenheit. Ich hätte damals allerdings auch nicht gewusst, wo und wie ich es anfangen sollte. Na, und dann saß einem ja auch die Angst im Nacken, was dabei passieren könnte. Ich glaube, weder die

Jungs noch die Mädchen hatten mit 16 schon mal mit jemandem geschlafen. Wenn das so gewesen wäre, hätte der ein oder andere sicher was gesagt. So ein Erlebnis für sich zu behalten war damals nicht so einfach.

Ein Jahr nach Brigitte startete ich die nächste Kuss-Attacke. Rita war eine ganz süße Engländerin. Ich habe noch ein Foto von ihr: Sie trägt ein geblümtes Kleid, eine schicke Hochsteckfrisur und steht lächelnd vor einem britischen Vauxhall. Mit ihr bin ich auch den Geheimpfad entlanggelaufen. Danach verging wieder ein Jahr.

Die Auflehnung gegenüber Kirche und Elternhaus wuchs immer mehr. Unsere Helden und Tröster, das waren zu dieser Zeit Elvis, Bill Haley und natürlich auch die Beatles. Wir tanzten zu ihrer Musik und trugen die Haare wie sie. Für unsere Eltern war das Provokation pur.

Ich habe viel geschwoft und geschmust in der Zeit, aber nicht mehr richtig geküsst. Bis 1964 die zweite Brigitte kam, sah und siegte. Sie war zwei Jahre jünger als ich und ging auf ein Gymnasium in einer Nachbarstadt, 15 Kilometer von meinem Heimatstädtchen entfernt. Irgendjemand hatte sie mal zu einem Treffen für einen internationalen Jugendaustausch mitgebracht, eine Jugendbewegung, die sich für die Völkerverständigung in Europa einsetzte. Die Fahrt fand 1964 statt und ging mit dem Reisebus in eine Kleinstadt nach Nordfrankreich.

Brigitte war ebenfalls dabei. Sie gefiel mir auf Anhieb mit ihren langen roten Haaren, die sie oft der Mode entsprechend hochgesteckt trug, ihren leuchtend grünen Augen und dem schönen, ansteckenden Lachen. Erst auf der Rückfahrt haben wir uns ein bisschen angenähert. Auf der Hinfahrt saßen wir weit auseinander und ich traute mich noch nicht, auf sie zuzugehen. Und in Frankreich hatte ich keine Gelegenheit mehr dazu. Wir wurden gleich auf verschiedene Familien verteilt. Die Jungs kamen zu Familien mit gleichaltrigen Jungen, die Mädchen zu Gasteltern mit Mädchen. Und dann waren wir verstreut, sahen uns nur noch zu offiziellen Anlässen.

Im Verlauf der Rückfahrt nahm ich all meinen Mut zusammen und suchte ihre Nähe. Ich weiß gar nicht mehr, ob wir nebeneinander saßen, aber ich habe es sicherlich versucht. Dass sie keinen Freund hatte, habe ich schon relativ schnell abgecheckt. Damals stand sie kurz vorm Abi und war, wie ich nachher merkte, auch sehr liebesbedürftig, weil sie bei einer alleinerziehenden Mutter aufwuchs. Der Vater hatte sich von ihr getrennt, was Anfang der sechziger Jahre alles andere als normal, eher schon ein kleiner Skandal war.

Ich ließ nicht locker und bat sie, mich doch mal zu Hause zu besuchen. Das tat sie zu meiner Freude auch. Natürlich blieb sie nur tagsüber, abends nahm sie meistens den vorletzten oder letzten Bus, der gegen halb zehn fuhr. Ich habe sie auch öfter mal mit zu einem Freund genommen. Er hatte hin und wieder sturmfreie Bude und feierte ausgelassene Partys.

Wir haben uns oft schon nachmittags um halb vier bei ihm getroffen. Er hatte einen Plattenspieler und wir hörten immer diese kleinen Single-Platten und tanzten dazu. Das Schöne war: Da konnten wir auch mal ins Nebenzimmer gehen und allein sein. An so einem Nachmittag bei Hartmut küssten wir uns zum ersten Mal. Für mich war das immer noch sehr aufregend. Zwar wusste man schon, wie ein Zungenkuss geht, aber es lag immer noch eine unglaubliche Spannung in der Luft. Irgendwie war doch wieder alles neu: Es war ja ein ganz anderes Mädchen. Vielleicht war es mit ihr ja völlig anders, nicht so schön. Vielleicht fand sie es auch nicht so gut wie die anderen und reagierte ganz anders. Mit anderen Worten: Der Druck war immer noch groß.

Meine Angst war aber unbegründet. Wir küssten uns und es fühlte sich wieder genauso toll an wie bei der ersten Brigitte. Ich wäre auch gerne weiter gegangen, aber ich traute mich nicht. Tja, und dann sind wir fast ein Jahr lang miteinander gegangen, wie man so schön sagt. Sie war ja auch erst 16, als wir uns kennenlernten. Petting machten wir zwar, aber zu mehr kam es nicht. Wie gesagt: Ich habe mich einfach nicht getraut. Vor allem aus Angst, ich könnte das Mädchen schwängern. Es gab zwar Kondome, aber damit konnte ich mich nicht richtig anfreunden.

Dazu kam aber auch, dass ich es nicht gewagt hatte, mit einem Mädchen im Haus eines Freundes zu schlafen, womöglich noch im Schlafzimmer seiner Eltern. Und Sex zu haben im Stehen oder auf einem Tisch oder wo auch immer, das gab es in meiner Vorstellung überhaupt nicht. Meine Vorstellung war im Bett oder auf dem Sofa und in der Missionarsstellung. Punkt. Man hatte zwar in den *St.-Pauli-Nachrichten* immer mal Varianten gesehen, aber das spielte sich in einer anderen Welt ab, war mehr abstrakt denn praktikabel. Die Pärchen mit ihren Stellungen, das waren für mich eher Zirkus- und Artistennummern.

Über Sex gesprochen haben wir nicht, zumindest so lange nicht, bis wir ihn hatten. Ich wusste daher nicht, ob sie die Erfahrung schon gemacht hatte oder nicht. Ich hätte mich aber auch nicht getraut, sie zu fragen. Im Nachhinein erfuhr ich, dass ich nicht ihr Erster war, sie schon mal mit einem Mann geschlafen hatte.

Knapp ein Jahr nach unserem ersten Treffen passierte es endlich. Es war kurz vor meinem 19. Geburtstag, Ostern 1965. Wir machten wieder die Tour nach Nordfrankreich. Und dieses Mal war uns das Glück hold: Ich wurde nicht bei einer Familie untergebracht, sondern in einem Hotel. Man hatte nicht genug Gastgeber gefunden. Mein Freund Adolf und ich teilten uns in einem zentral gelegenen Hotel ein Zimmer. Wir bekamen noch unser Programm – und waren dann nicht mehr zu kontrollieren. Wir hatten ja keine Aufpasser in Form von Gasteltern mehr. Et voilà: Da schaffte ich es – ich glaube, sogar schon am zweiten Nachmittag –, Brigitte mit aufs Zimmer zu schmuggeln.

Erst wusste ich nicht so recht, wie ich es anstellen sollte. Man konnte den anderen ja nicht so einfach fragen: »Kommst du mit aufs Zimmer? Ich möchte gern mit dir schlafen …« Also sagte ich nur: »Ich muss noch mal auf mein Zimmer. Gehst du mit?« Ich stand unter einer ziemlichen Spannung und dachte: Hoffentlich geht das nicht schief, hoffentlich sagt sie nicht Nein oder reagiert sonst irgendwie komisch … Doch zu meiner Überraschung klappte es und sie ging mit. Hinterher meinte sie schmunzelnd, ihr sei schon klar gewesen, worum es ging.

Ich kann mich nicht mehr an Details erinnern. Ich weiß nur noch, dass alles rasend schnell ging, dass wir uns beide flugs entkleideten, dass wir im Bett lagen, dass wir miteinander verbunden waren, und ja, das war dann für mich, um es bildhaft zu beschreiben, als ob ein riesiger Dampfkessel platzt. Es war ein absoluter Rauschzustand! Ich habe in meinem Leben nie Rauschmittel zu mir genommen, aber so muss es sich anfühlen. Anders gesagt: Ich war in diesem Moment in einem völlig anderen Film. Es hatte mit einem Kuss angefangen und dann ergab sich das andere wie von selbst. Ich wusste instinktiv, was zu tun war. Wahrscheinlich, weil ich es unbedingt wollte. Aber es ist wohl auch irgendwo in einem angelegt. Es ist, als ob man aufs Fahrrad steigt und dann geht's los.

Wir lagen noch eine Weile verschlungen da. Und ganz allmählich ebbte die Ekstase ab und die Realität hatte mich wieder. Damit kamen leider auch die Schreckensszenarien zurück. »Was, wenn du jetzt ein Kind bekommst?«, fragte ich sie. Wir hatten ja nicht verhütet. Da gestand sie mir, dass ich nicht ihr Erster gewesen sei und dass ich mir keine Sorgen machen müsse. Sie würde genau wissen, wann sie ihre fruchtbaren Tage hätte. Sie war von ihrer alleinerziehenden Mutter schon ganz gut aufgeklärt worden. Da ist sie ganz anders groß geworden als ich. Wir haben später auch über den Sex geredet und noch so einiges ausprobiert. Es war mit ihr immer sehr entspannt und offen.

Obwohl ich zu Adolf kein Sterbenswörtchen sagte, bemerkte er es. Er war etwas älter und hatte schon Erfahrung. Wir waren aber auch nicht sehr vorsichtig mit den Handtüchern umgegangen. Jedenfalls moserte er herum, was diese Sauerei solle, ich solle gefälligst meine eigenen Handtücher nehmen. Peinlich war mir das komischerweise überhaupt nicht. Im Gegenteil. Ich war ja jetzt wer, ein anderer! Jetzt fing eine neue Zeitrechnung an. Ich dachte: Jetzt kann ich mitreden! Jetzt bin ich ein Mann! Ich war endlich komplett in der Welt angekommen. Vorher hatte irgendwie noch ein Stück gefehlt. Ich durfte schon rauchen und Alkohol trinken, ein eigenes Konto haben, aber Sexualität hatte noch keine Rolle gespielt. Ich meinte also völlig entspannt zu Adolf: »Mensch, jetzt stell dich nicht so an. Lass uns ein Bier trinken gehen. Geht auf mich.«

Nach dieser Fahrt war alles ganz anders. Es war klar: Wir gingen zusammen und wir schliefen jetzt auch miteinander. Das hat sie in die Hand genommen, indem sie mir ganz klar gesagt hat »Jetzt können wir« oder »Jetzt können wir nicht«. Und ich verließ mich darauf. Wir haben nie ein Kondom benutzt. Im Nachhinein betrachtet hatten wir ganz schön Glück, dass nichts passiert ist. Ein Jahr später, ich war mittlerweile bei der Bundeswehr, fuhr mir der Schreck in die Glieder. »Ich mache mir etwas Sorgen, weil die Dame mit dem roten Hut schon zu lange auf sich warten lässt ...«, schrieb Brigitte. Ich wusste sofort, was sie meinte, und bekam Panik. Am Wochenende bin ich deshalb sofort zu ihr gefahren. Das war damals noch eine lange Bahnfahrt. Ich blieb von Samstagnachmittag bis Sonntagmittag bei ihr, lag eigentlich nur im Bett und auf der Couch und redete mit ihr. Ein paar Tage später gab sie zum Glück Entwarnung.

Danach haben wir es auch mal mit Kondom probiert. Das war aber überhaupt nicht schön. Wenn man als junger Mann im wahrsten Sinne des Wortes unter Druck steht und in der Situation ein Kondom auseinanderrollen und das Ganze auch noch passend anrichten muss, ist das ziemlich anstrengend. Wenn man Pech hat, ist der Spaß dadurch schnell wieder vorbei. Das hat mein ganzes Leben geprägt. Kondome habe ich gehasst.

Überraschenderweise arrangierten sich meine Eltern mit unserer Beziehung. Sie durfte sogar bei uns übernachten, allerdings erst nach einigen heftigen Diskussionen. Und natürlich auch nicht in meinem Zimmer, wo ich mit meinem jüngeren Bruder schlief, sondern im Wohnzimmer auf einer Klappcouch. Nachts schlich ich zu ihr rüber. Wir machten aber nichts weiter, kuschelten nur, aus Angst, entdeckt zu werden. Zum Glück hatten wir bei ihr oft sturmfreie Bude. Ich habe ihre Mutter, die damals Anfang 40 gewesen sein muss, nur ein einziges Mal gesehen. Ich weiß nicht, wo sie gearbeitet hat. Vielleicht war sie im Schichtdienst. Vielleicht hatte sie selbst einen Freund. Vielleicht wollte sie ihrer Tochter auch einfach mal ein bisschen Privatsphäre gönnen. Sie war ja um einiges entspannter als meine Eltern.

Wir waren bis Ende 1966 zusammen, gute zwei Jahre. Ich habe Schluss gemacht, als ich zufällig mitbekam, dass sie sich auch mit anderen traf. Ich weiß noch genau, wie ich es erfuhr. Wir waren mit Freunden in einer Kneipe. Die Mädels gingen auf die eine Toilette, wir Männer auf die andere. Keinem war aufgefallen, dass die Mauer zwischen den Toiletten nicht bis ganz oben reichte. So hörten wir die Mädels miteinander reden. Sie machten sich ein bisschen über uns lustig. Von meiner Brigitte musste ich hören, dass sie, während ich beim Bund und damit weit weg war, trotzdem ausging, tanzte und auch andere Männer dabei kennenlernte. Die Freundin äußerte sich ähnlich. Ob sie wirklich etwas mit anderen gehabt hat, weiß ich nicht. Ich habe es so interpretiert.

Daraufhin habe ich die Beziehung ohne viel Federlesens beendet. Es war im Arbeitszimmer meines Vaters. Wir standen beide am Fenster und heulten fürchterlich. Aber ich war so in meiner Ehre verletzt, so gekränkt, dass ich nicht anders konnte. Mein Freund hat mit seiner Freundin zwar auch Schluss gemacht, kurz darauf waren die beiden aber wieder zusammen und haben zwei Jahre sper sogar geheiratet. Sie sind bis heute ein Paar.

Ein einziges Mal habe ich Brigitte noch wiedergesehen: drei Jahre später, 1969, während des Düsseldorfer Karnevals in einer Kneipe. Ich tanzte mit einigen anderen ausgelassen auf einem Tisch, als sie plötzlich vor mir stand. Es war ein unglaubliches Gefühl, sie wiederzusehen. Da sie aber in Begleitung war, haben wir uns nicht lange unterhalten.

Ich habe noch oft an sie denken müssen. Sie war ja die erste Frau in meinem Leben und damit schon etwas Besonderes für mich. Immer wenn ich beruflich in den Ort in Nordfrankreich kam, habe ich die Zeit damals noch mal Revue passieren lassen. Und ich war oft da, weil ich lange in einer französischen Firma gearbeitet habe. Meistens habe ich sogar im selben Hotel übernachtet wie damals während der Jugendfahrt. Einmal habe ich sogar in demselben Zimmer geschlafen wie wir beide damals. Obwohl – vielleicht habe ich mir das auch eingeredet, weil es schön gewesen wäre.

Ich hatte noch lange Angst davor, ein Mädchen zu schwängern. Gleichzeitig aber, und das ist eigentlich überhaupt nicht nachvollziehbar, tat ich nichts für die Verhütung. Ich verließ mich einfach darauf, dass die Frau das schon im Griff hatte. Bei meiner ersten Frau, inzwischen Exfrau, lernte ich dann die Pille kennen. Das war 1967. Später, als inzwischen zweifacher Vater, ließ ich mich sterilisieren.

Mit meinen beiden Söhnen war ich sehr offen. Ich habe mit ihnen ganz bewusst gesprochen, als sie in die Pubertät kamen. In der Schule hatten sie das Thema in biologischer Hinsicht schon abgehandelt. Meine Art von Aufklärung bestand darin, ihnen zu erklären, dass die Pubertät ein fürchterliches Durcheinander mit einem macht, dass Onanieren etwas ganz Normales ist, solche Sachen. Ich weiß noch, ich sagte: »Hey, wir müssen mal reden ... « Darauf meinte mein älterer Sohn nur trocken: »Papa, ich weiß schon alles.« Ich habe mich trotzdem mit ihm hingesetzt. Mit den beiden Söhnen meiner zweiten Frau habe ich sogar noch mehr und noch freier über das Thema geredet.

Je reifer ich werde, umso lockerer bin ich. Zweimal die Woche helfe ich Grundschülern bei den Hausaufgaben. Als ich vor kurzem mal wieder dort war, schrieb am Ende der Stunde einer der Zwerge an die Tafel: »Vick Dich, Alexander.« Er hatte wohl Ärger mit diesem Jungen. Meine Kollegin, die auch Hausaufgabenaufsicht macht, war geschockt und drohte mit einer Strafarbeit. Ich regelte das anders: »Wenn du meinst, du musst das schreiben, dann schreib es richtig: mit ›f‹. Aber das ist Mist. Das wird nicht geschrieben und das muss man auch nicht sagen. Punkt! Kapiert?« Klare Ansagen statt nebulöser Verbote. Das Thema nicht totschweigen, sondern ansprechen. Das hätte ich mir in meiner Jugend auch von Eltern und Lehrern gewünscht.

Danach fühlten wir uns wie die Kings

Jürgen, 62, Sozialpädagoge
Erstes Mal 1963 mit 15 Jahren

Spießbürgerlich ohne Ende, politisch schwarz wie die Nacht – in diesem Umfeld erlebte ich Anfang der sechziger Jahre meine Pubertät. Ich bin in einer nordrhein-westfälischen Kleinstadt mit rund 10.000 Einwohnern groß geworden. Die Frauen führten sonntags ihre Nerzmäntel in die Kirche aus, danach ging's zurück an den Herd. Die Männer zogen erst mal in die Kneipe, wo Zigarren geraucht und Bierchen gezischt wurden.

Meine Familienverhältnisse waren alles andere als ideal, um entspannt aufzuwachsen. Geboren wurde ich 1948 im sächsischen Frankenberg. Meine Eltern lernten sich in einem Krankenhaus kennen. Mein Vater fuhr einen Notarztwagen, meine Mutter arbeitete als Masseurin. Ihre Beziehung war nicht einfach. Als ich vier war, ist mein Vater in den Westen, nach Berlin, abgehauen. Ohne uns. Ich glaube, er wollte uns loswerden. Etwas später, es war um Weihnachten herum, fuhr meine Mutter ihm dann aber mit mir und meiner sieben Jahre älteren Halbschwester hinterher.

In Berlin angekommen, erwartete sie eine böse Überraschung: Mein Vater wohnte schon mit einer anderen Frau zusammen. Wir durften eine Nacht in ihrer Wohnung bleiben – ich weiß noch, dass ich auf zwei zusammengestellten Stühlen schlafen musste –, am anderen Morgen schmiss sie uns raus. Meinen Vater allerdings auch. Er hatte ihr natürlich nicht erzählt, dass es im Osten noch eine Familie gab, die er für sie verlassen hatte.

Von Berlin aus wurden wir nach Hannover ausgeflogen, wo wir in ein Auffanglager kamen. Mein Vater blieb bei uns, er fühlte sich seiner Familie wohl verpflichtet. Nach einer Odyssee durch weitere Lager wurden wir schließlich am Niederrhein sesshaft, wo wir zunächst drei Jahre lang auf dem Land lebten, auf einem heruntergekommenen Bauernhof. Dort kam mein jüngerer Bruder auf die Welt und damit war die Familie komplett.

Um ihre Beziehung zu legalisieren, heirateten meine Eltern. Dass mein Vater mit dem Herzen dabei war, glaube ich aber nicht. Für ihn war es eine Verpflichtung. Auch der Sex war für beide wohl eher eine Pflichtübung. Sie waren ja, wie wahrscheinlich die meisten damals, extrem verklemmt. Meine Mutter erzählte mir mal in einer stillen Stunde, dass sie mit 21 noch dachte, vom Küssen würde man schwanger. Das ist schon faszinierend.

Vom Land ging es in die eingangs erwähnte stockkonservative Kleinstadt, wo wir in einer Dreizimmerwohnung lebten. Wir Kinder schliefen alle in einem Zimmer, meine Schwester und ich in einem Etagen-, unser jüngster Bruder im Kinderbett. Ich weiß noch, ich war dort gerade den dritten Tag in der Schule, als ich schon die erste Liebesbotschaft bekam. Ein Mädel, zehn wie ich, hatte auf meine Tafel geschrieben. Ich war der Einzige, der noch eine Tafel hatte, die anderen hatten schon Hefte. Aber ich kam ja auch vom Land. »Ich finde dich nett. Wo wohnst du?« stand da in kindlicher Schrift.

Aufklärung gab's weder in der Schule noch zu Hause. Ich habe aber auch nichts gefragt. Ich hätte ja gar nicht gewusst was. Das Allergröbste bekam man zwar von den anderen Kindern und Jugendlichen auf der Straße mit. Das waren aber alles Dösköppe, die in Straßensprache Halbwissen und Fantasien von sich gaben.

Mit den Wörtern, Satzfetzen und Sprüchen konnte man nicht viel anfangen. Ich weiß noch, dass mich mein Vater irgendwann im Auto mal fragte: »Was willst du denn später werden?« »Ich studiere Popologie und Lochkunde«, sagte ich. Das hatte ich auf der Straße mal gehört. Mein Vater scheuerte mir sofort eine. Dass er keinen Unfall baute, war reines Glück. Ich war total verdattert. Ich dachte, ich hätte was ganz Normales gesagt, wusste gar nicht, was das eigentlich bedeutete.

Er hat die Sache einfach auf sich beruhen lassen, anstatt mir mal etwas zu erklären. Aber so war das damals: Sexualität war in dieser ganzen kleinstrukturierten, bürgerlichen, hochgradig spießigen Gesellschaft überhaupt kein Thema. Alles wurde unterm Deckel gehalten. Deshalb wusste ich vor meinem ersten Mal auch so gut wie nichts. Ich wusste, was die Frau für den Mann bedeutet, dass da ein großer Reiz besteht, dass das irgendwie zusammengehört. Ich wusste, dass man sein Geschlechtsteil bei der Frau reinsteckt. Wie Kinder entstehen, was es mit den Geschlechtsorganen auf sich hat, dass man verhüten muss – das kam alles erst viel, viel später.

Mit 13 habe ich zum ersten Mal einen nackten Busen gesehen. Ich habe durchs Schlüsselloch gelinst, als meine Mutter gerade badete. Ich hatte ambivalente Gefühle dabei. Einerseits fand ich's toll, spannend, faszinierend. Gleichzeitig hatte ich aber ein furchtbar schlechtes Gewissen und schämte mich: Wie kannst du deine Mutter beobachten? Das geht doch gar nicht. Das ist ganz schlimm. Solche Gedanken durchfuhren mich später in meinem Zimmer. Ich hatte etwas überreizt, eine Schwelle übertreten. An dem Abend habe ich es noch ein paar Mal gemacht, dann war das Thema für mich aber durch. Die Scham siegte.

Ein Jahr später hatte ich meinen ersten Samenerguss. Am nächsten Abend lag ein Waschlappen neben meinem Kopfkissen. Kein Wort, keine Erklärung, warum, wieso, weshalb, nur dieser Lappen. Ich brachte den Lappen zwar in Zusammenhang mit meiner nassen Schlafanzughose. Was das genau gewesen war, wusste ich allerdings nicht. Ich wusste nur eins: Diesen irren Traum und dieses Wahnsinnserlebnis, das ich dabei hatte, das wollte ich immer wieder haben. Das war ein Riesengefühl. Unbeschreiblich.

Mein erstes Mal hatte ich dann mit 15, im Frühling 1963. Es hat sich einfach ergeben. Es war die reine Gier nach Sex, es war kein anderes Gefühl im Spiel. Es ging nur um den Geschlechtsakt. Zu dieser Zeit zog ich immer mit meinem besten Freund Uwe durch die Gegend. Samstags trafen wir uns in einem Eiscafé. Eines Tages waren zwei Mädchen da, die wir nicht kannten. Sie kamen aus einem anderen Ort, waren Krankenschwestern und ein paar Jahre älter als wir. Im Nachhinein glaube ich, dass sie mich und Uwe gezielt aussuchten und nur aufs Bumsen aus waren. Sie dachten sich wohl, wir fahren mal woandershin, wo uns niemand kennt ...

Wir sahen beide damals aber auch ganz gut aus. Ich war groß und wirkte älter. Und ich sah auch anders aus als die meisten: Ich hatte die Beatles-Haare schon vor den Beatles. Alles, was länger als zwei Zentimeter war, galt damals als Revoluzzertum. Uwe, ein richtiger Frauentyp, hatte ähnliche Haare wie ich. Wir waren damals ständig zusammen. Auch heute haben wir noch Kontakt. Alle zwei Jahre meldet er sich mal.

Uwe und ich haben erst eine Weile mit den Mädchen geredet, dann wollten sie spazieren gehen. Irgendwann war uns klar, worauf das hinauslaufen würde. Aber wo sollten wir hin? Die Rückbank eines Autos wäre gut gewesen. Aber ein Auto hatten wir nicht. Wir wussten uns aber zu helfen: Etwas außerhalb der Stadt lag ein Jugendzentrum der Zeugen Jehovas. Sie hatten eine große Scheune umgebaut. Nach acht Uhr abends war das Haus zwar geschlossen, aber ein Fenster war immer auf Kippe und wir wussten, wie es aufging. Das war schon aufregend, da war jede Menge Nervenkitzel dabei.

In dem Gebäude gab es viele Sitzecken mit alten Sofas. Jedes Pärchen suchte sich eine Ecke und machte es sich gemütlich. Erst haben wir rumgeknutscht, dann ging es weiter. Sie war die Aktive. An den Akt an sich, die genauen Umstände und Details, kann ich mich nicht mehr erinnern. Aber ich denke, sie hat da schon mitgeholfen. Mir war zwar klar, wo was hingehört, aber wie das in der Praxis abläuft, wusste ich nicht. Dass ich wieder dieses tolle Gefühl dabei bekam, dieses irre Lustgefühl, das ich mir nicht erklären konnte, war das Größte. Das wollte ich immer und immer wieder haben.

Verhütet haben wir nicht. Ich wusste zwar so ungefähr, wie ein Kind entsteht, aber nicht, wie man verhütet. In dem Moment habe ich aber auch überhaupt nicht daran gedacht. Wir sind ja mehr oder weniger verführt worden. Die beiden waren die Aktiven, wir haben einfach mitgemacht.

Danach fühlten wir uns wie die Kings. Wahrscheinlich sind wir an dem Abend auch breiter durchs Dorf gelaufen als noch einen Tag vorher. Wir redeten auch darüber, aber nur auf einer oberflächlichen Ebene, wie Männer sich über so was eben unterhalten. Aber es war ja auch gar keine Gefühlsebene dabei gewesen. Es ging um die Brustgröße der beiden, wie sexy sie waren, und man redete im »Hey, geil!«-Jargon.

Wir waren einfach so auseinandergegangen, hatten nicht verabredet, uns wiederzusehen. Aber Uwe und ich hofften natürlich, dass wir die beiden noch mal treffen würden. Und tatsächlich, am nächsten Samstag kamen sie wieder in die Eisdiele. Zwei, drei Monate lang ging das mit den beiden. Fast den ganzen Sommer über. Wir saßen jeden Samstag in der Eisdiele auf heißen Kohlen und fragten uns aufgeregt und voller Vorfreude: »Kommen die zwei heute oder kommen sie nicht?« Wir verabredeten uns nie, ließen immer alles auf uns zukommen. Manchmal warteten wir vergeblich. Aber wenn sie kamen, war es das Größte für uns. Dann gingen wir spazieren, stiegen heimlich ins Jugendzentrum ein – und waren wieder für einen Abend die Kings.

Irgendwann kamen sie nicht mehr. Wir waren zwar enttäuscht, aber es war okay. Es war ja keine ernste Sache gewesen. Die Begegnungen waren wirklich in erster Linie schwanzgesteuert. Ich kann deshalb heute auch nicht mehr sagen, wie das Mädchen aussah, mit dem ich mein erstes Mal hatte. Die paar Erinnerungen, die ich habe, sind rein animalischer Art.

Danach lief es mit den Mädchen ganz klassisch: Man lernte sich kennen, ging zusammen weg, aus Engtanzen wurde Schmusen, man knutschte, entwickelte Gefühle, freute sich, sie am anderen Tag wiederzusehen. Und dann hatte man vielleicht irgendwann Sex oder aber auch nicht. Das war dann jedenfalls etwas ganz anderes als die Sache mit dem ersten Mal. Das war eine rein körperliche, sexuelle Geschichte gewesen.

Im gleichen Jahr, mit inzwischen 16, zog ich von zu Hause aus. Ich legte in einem Lokal mit angrenzendem Tanzsaal Platten auf, im Gegenzug ließ mich der Wirt in seinem Hotel wohnen. Obwohl meine Eltern diese Konstellation natürlich überhaupt nicht toll fanden, waren sie insgeheim bestimmt nicht unglücklich, dass ich weg war. Zumindest mein Vater dürfte aufgeatmet haben. Er wollte seine Familie ja von Anfang an nicht. Er wollte die Frau nicht, mich nicht, die beiden anderen Kinder nicht.

Kurz vor meinem Auszug hatte ich ein Erlebnis mit ihm, das ich nie vergessen werde: Wir saßen im Wohnzimmer, als er anfing, mich zu kritisieren. Ich weiß nicht mehr, worum es genau ging, aber es ging mir total gegen den Strich. »Was willst du altes Arschloch von mir?«, schleuderte ich ihm entgegen. Er stand auf, kam drohend auf mich zu – er arbeitete inzwischen als Schließer im Knast – und wollte mir eine scheuern. Er tat es dann aber doch nicht. Von dem Tag an war das Thema »Vater« für mich erledigt. Er hätte mir eine scheuern sollen, dann hätte ich ihm vielleicht Respekt entgegengebracht. So aber war er für mich eine Lusche, ein Weichei, ein Versager.

Im Grunde kannte ich ihn ja gar nicht. Es gab nur einmal ein Gespräch mit meinem Vater für zwei Stunden in einer Kneipe, da hatte ich das Gefühl, ein bisschen was von ihm erfahren zu haben.

Als er 1982 mit nur 66 Jahren starb, bekam ich dann eine Ahnung von seinem Leben und konnte mir ausmalen, wie er wurde, was er war: Ich bekam Unterlagen über seine Kriegsgeschichten. Er hatte mit Ende 20 in Russland in der 6. Armee gekämpft, dort eine Niere verloren, war in Gefangenschaft geraten. Als er meine Mutter kennenlernte, war er wohl schon ein gebrochener Mann. Ich hatte immer das Gefühl, dass er schon früh im Leben, mit 30, resigniert hatte, und nahm mir vor, nie so zu werden wie er. Vielleicht war ich deshalb auch immer ein bisschen unangepasster als andere und habe immer das gemacht, was ich wollte.

Kaum war ich weg von zu Hause, lebte ich auf: keiner, der mich kontrollierte, schief anguckte oder wegen irgendetwas meckerte. Jetzt konnte ich endlich machen, was ich wollte. Die Idee mit der Diskothek kam von mir und sie schlug ein wie eine Bombe: Der Laden war immer voll. Natürlich hatte ich als DJ Schlag bei den Frauen. Einmal hat mich die Barfrau auf der Toilette vernascht. Sie war eine große, kräftige Frau um die 40. Ich mag den Begriff nicht, aber sie war so etwas wie eine Nymphomanin. Sie hat es mit jedem gemacht. Nachdem sie mich auf die Toilette geschleift hatte, fuhr sie mit einem anderen nach Hause.

In meiner DJ-Zeit fuhr ich auch oft mit Freunden, die ein Auto hatten, ins 20 Kilometer entfernte Holland. Da war mehr Bewegung, da ging mehr ab, alles war fortschrittlicher: eine völlig andere Welt und genau das, was wir damals brauchten. Hier hatten die Jugendlichen auch längere Haare, sie waren progressiv und lehnten sich gegen das Spießbürgertum auf. Es gab Gruppen wie die »Outsiders« und ab 1965 die »Provos«, eine anarchistische Protestbewegung, die das Establishment durch gewaltlose Aktionen provozierte.

In Mode und Musik orientierten sich die Holländer eher an England. Ich weiß noch, dass wir dort immer einen illegalen Radiosender hörten, einen sehr progressiven Sender, der für damalige Verhältnisse wirklich heftige Musik gespielt hat, die Stones zum Beispiel. Heute kann man das nicht mehr nachvollziehen. Aber die Stones waren für die Spießer damals »die dreckigen Jungs aus England«.

Wir fuhren auch oft an die See, wo wir rumhingen, Mädels trafen und in den Dünen übernachteten. Sex war für uns inzwischen schon gang und gäbe. Allerdings wussten wir immer noch nicht viel über die weibliche Sexualität, die Mädels auch nicht viel über die männliche. Dass man mit Kondomen verhüten kann, wussten wir inzwischen aber.

Als ich mit der Schule fertig war und die mittlere Reife in der Tasche hatte, war ich endlich wirklich frei. Mit Uwe trampte ich erst mal nach Gibraltar. Wir waren ein halbes Jahr lang ohne Geld unterwegs, lebten von dem, was uns die Leute, etwa Obstverkäufer und Brötchenausfahrer, zusteckten. Wir waren das, was die Alten »Gammler« nannten: lange Haare, keine Lust auf Arbeit, überall und nirgends zu Hause. Wir waren in Marbella, Nizza, Cannes, schliefen an Stränden und in Parks.

Als ich nach dem Trip zurück in die Kleinstadt kam, fühlte ich mich dort überhaupt nicht mehr wohl. Ich hatte zu viele andere Städte, Leute und Leben gesehen. Dieser Spießbürgermief war für mich jetzt noch unerträglicher, er war der Tod. Ich brauchte Energie, Spannung, Bewegung. Der einzige Ort, wo es das damals gab, war Berlin. Hier brodelte es politisch und gesellschaftlich, hier fanden sich die Unangepassten, Progressiven und Revoluzzer zusammen. Hier war das Auge des Hurrikans. Und ich war schnell, mit gerade mal 17, mittendrin.

Ich kam als Proletarier an die Uni, ich hatte ja nur die mittlere Reife. Doch damals war gerade das sogenannte Begabtenabitur eingeführt worden. Die überwiegend linken Professoren verlangten vor allem, dass man Marx, Engels, Rosa Luxemburg und Karl Liebknecht aus dem Effeff kannte. Ich hatte damit keine Probleme, bestand das Abi und schrieb mich danach für Sozialpädagogik an der Pädagogischen Hochschule ein.

Die Professoren hatten lange Haare und gingen auf Demos, genau wie ihre Studenten. »Sex, Drugs and Rock 'n' Roll« und »Trau keinem über 30« – nach diesen Parolen lebten wir. Ich ging wie alle anderen zu den Sit-ins, Go-ins, wie die Demos damals so hießen. Wenn die Pädagogische Hochschule bestreikt wurde, war auch unsere Frau Roth, jetzt bei den Grünen, dabei. Das waren die ganz Wilden. Berlin, das war damals Bambule. Als der Student Georg von Rauch bei einer Demo umkam, haben Freunde und Autonome ein Haus besetzt und nach ihm benannt. Auch die Haschrebellen, eine Gruppe Anarchisten, ärgerten die Polizei immer wieder.

Ich wohnte mit drei anderen Männern in einer WG. Wir kochten zusammen, diskutierten nächtelang. Es gab auch immer Mädels und wir lebten uns sexuell aus. In Berlin, der Hochburg der freien Liebe, war das damals leicht. Man lernte sich in Kneipen, an der Uni, auf Demos kennen, hatte spontanen Sex, ohne groß nachzudenken. An Herpes und Syphilis dachte man nicht, Aids gab es noch nicht. Eine Sexattacke im Fahrstuhl, da würde heute im Aidszeitalter doch jeder zurückzucken. Als ich Ende der siebziger Jahre auf Kongressen und Tagungen unterwegs war, hat sich auch hin und wieder mal was Spontanes ergeben. Anfang der achtziger Jahre, als Aids aufkam, ließ man sich dann schon nicht mehr leichtfertig auf irgendwas ein, sondern überlegte zweimal: Willst du das wirklich? Brauchst du das jetzt? Lohnt sich das?

Im Berlin der 68er-Bewegung war die freie Liebe vor allem ein Politikum. Die Frauen wollten selbstbestimmt leben, sich befreien, nicht mehr Heimchen sein nach dem Motto »Kirche, Kinder, Küche« und dazu gehörte, dass sie sich ihre Sexpartner nach Lust und Laune aussuchten. Aber es war auch oft mit sehr viel Krampf verbunden. Denn wenn die ganze Gefühlsebene, Kennenlernen, Tanzen, Schmusen, wenn das alles weg ist, dann ist es eine relativ kalte Sache. Natürlich gab es in der Praxis auch andere Probleme mit der freien Liebe. Wenn eine Beziehung oder Ehe bestand, wurden die Männer damit nicht fertig. Sie tönten zwar:

»Wir brauchen die sexuelle Freiheit«, irgendwann hatte ich aber das Gefühl, dass sie nur sich selbst meinten. Sie wollten herumbumsen, aber wehe, die Frau nahm sich das Recht heraus. Dann sah man ihnen an, dass sie damit überhaupt nicht klarkamen.

Irgendwann in meiner wilden Berliner Zeit zog es mich wieder für eine Stippvisite nach Hause. Nach den Erfahrungen, die ich inzwischen gemacht hatte, kam mir die Kleinstadt vor wie ein anderer Planet. Ich machte mir einen Spaß daraus, aufzufallen, schlenderte zum Beispiel mal in einem weißen Anzug oder lila Samthosen durch die Stadt. Die guckten mich alle an wie einen Pfingstochsen, tuschelten und dachten wohl: Was für ein Spinner! Ich fand's amüsant und habe es in vollen Zügen genossen.

Nach zwei längeren Beziehungen lernte ich mit 22 meine Frau kennen, eine gebürtige Stuttgarterin, die in Berlin ihre Ausbildung zur Physiotherapeutin machte. Als ihre Mutter krank wurde, wollte sie zurück. Ich war inzwischen seit fünf Jahren in Berlin, hatte drei Jobs, unter anderem als Drogenberater in einem Jugendzentrum, und hing auch noch politisch überall mit drin. Alles ging bei mir durcheinander und ich dachte, ein bisschen Ruhe könnte nicht schaden. »Ich geh für ein Jahr mal mit«, sagte ich. Es wurden fast 20 daraus. Als Astrid mit unserer Tochter schwanger war, heirateten wir. Dann kam noch ein Sohn dazu.

Da ich mir vorgenommen hatte, es bei meinen Kindern anders zu machen als meine Eltern bei mir, haben meine Frau und ich sie früh, schon im Kindergartenalter, aufgeklärt. Damals gab es ein sehr gutes Buch für Kinder: *Zeig mal!* Meine Frau hat unsere Tochter, ich habe unseren Sohn aufgeklärt. Als Alt-68er war ich natürlich in vieler Hinsicht entspannter als andere Eltern. Für unsere Kinder war es völlig normal, dass wir nackt in der Wohnung herumliefen. Ich trage auch heute noch keinen Schlafanzug. Ich denke mal, wir haben es beide ganz gut gemacht. Meine Tochter hat inzwischen auch zwei Kinder. Sie ist seit ein paar Jahren verheiratet und scheint glücklich zu sein.

Dieser Schritt aus der Spießbürgergesellschaft von damals, geistig, politisch und auch sexuell, hin zur jetzigen, das war schon ein Riesenschritt und er war auch notwendig. Wenn es die 68er-Bewegung nicht gegeben hätte, wer weiß, wo wir heute stünden. Wir fangen ja inzwischen leider schon wieder an zurückzugehen. Und vieles, etwa die Gleichberechtigung der Frau, ist längst nicht so konsequent umgesetzt worden, wie wir uns das damals vorgestellt hatten.

Heute lebe ich mit meiner zweiten Frau in München. Sie stammt aus derselben Stadt wie ich und hat auch Ähnliches mit den Spießbürgern dort erlebt. Wir sind uns kurz nach meiner Scheidung von Astrid in einer Kneipe unserer Heimatstadt über den Weg gelaufen. Heute verläuft mein Leben in ruhigen Bahnen, und das ist gut so. Ich habe mich in jeder Hinsicht ausgelebt, ich hatte Spaß, ich bereue nichts. Es war ein wildes Leben. Manchmal, wenn ich heute zurückschaue, muss ich über mich schmunzeln und denke: Irgendwie hattest du ja schon einen Knall.

Bei Frauen fehlte
mir immer etwas

Heinrich, 58, Besitzer eines Landhotels
Erstes Mal 1968 mit 16 Jahren

Mein Brokeback Mountain liegt im Harz. Wir kamen uns auf einer Pfadfinderfreizeit im Sommer 1968 näher. Ich war 16, er 19. Aufgrund der Situation im Camp hatte es sich so ergeben, dass wir ein Zweimannzelt teilten. Es war nichts Großartiges, es war, wie Sex unter Männern so läuft. Es passierte einfach, war kurz, aber intensiv. Ich habe ihm einen geblasen. Er hat es auf seine, ich auf meine Art genossen. Ich fand ihn damals unglaublich attraktiv, weil er ein sehr maskuliner Typ war: groß, mit starkem Bartwuchs und Haaren auf der Brust. Gesprochen haben wir nie darüber und es blieb leider auch bei dieser einen Begegnung. Für mich war sie der Einstieg in die Sexualität. Davor, das waren alles pubertäre Spielchen, die nicht weiter von Belang waren.

Erst sieben Jahre später, während meines Politikstudiums in Gießen, hatte ich wieder Sex mit einem Mann. Dieses Mal mit Analverkehr und allem Drum und Dran, das ganze Paket. Dazwischen und noch viele Jahre danach war ich mit Frauen zusammen. Ich habe nie darüber nachgedacht, ob ich schwul, hetero, bi oder sonst was sein könnte. Das war für mich nicht wichtig. Mir hat allerdings in den Partnerschaften mit Frauen immer etwas gefehlt. Was das war, konnte ich lange nicht klar definieren. Erst mit 34 gestand ich mir ein: Ich will einen Kerl und sonst gar nichts.

Dass ich erst so spät mein Coming-out hatte, hängt auch mit meiner Herkunft zusammen. Ich komme aus einem kleinen Dorf in Niedersachsen, einer stockkonservativen, katholischen Ecke. Überall bei uns im Haus hingen Kreuze, mittags und abends wurde das Tischgebet zelebriert, vor dem Zubettgehen wurde noch mal gebetet, der Kirchgang am Sonntag war Pflicht. In diesem Kosmos hatten Männer Beziehungen zu Frauen. Partnerschaften zwischen Männern waren unvorstellbar. Das Wort »schwul« war mir lange überhaupt kein Begriff.

Wir waren sechs Kinder zu Hause: vier Brüder und zwei Schwestern. Ich bin einer der Mittleren. Der Älteste ist fünf Jahre älter als ich, der Jüngste fünf Jahre jünger. Wir waren den ganzen Tag über draußen unterwegs, spielten und tobten auf Wiesen, Feldern oder unserem Hof. Meine Eltern betrieben Landwirtschaft. Unsere Mutter war emotional gesehen für alle die stärkere Bezugsperson. Sie hat mit vorsichtiger Dominanz den Haushalt gemanagt. Sie war diejenige, bei der alle Fäden zusammenliefen, die alles in der Hand hatte, eine Macherin. Unser Vater war von uns zwar akzeptiert, aber wir spürten auch seine Schwächen und Wehwehchen. Er war ein Pessimist, hat mit vielem gehadert.

Weil ich nicht der Bravste, sondern ein ziemlicher Draufgänger war, habe ich immer wieder irgendwelche Dummheiten gemacht. Oft war ich mit einem gleichaltrigen Nachbarsjungen unterwegs. Einmal zündelten wir und machten mitten zwischen Heu und Stroh ein kleines Feuerchen. Zum Glück kam meine Mutter dazu, die uns panisch einen Eimer Wasser über den Kopf schüttete. Wir klauten auch gerne die Eier aus dem Hühnerstall und machten damit Zielwerfen. Oder wir wickelten einen Pflasterstein in Papier ein, befestigten ein dünnes Seil daran und legten ihn auf die Straße. Wenn einer danach griff, zogen wir den Stein weg.

Hin und wieder gab es auch mal Schimpfe zu Hause. Wenn es ganz heftig wurde, rutschte den Eltern die Hand aus und wir bekamen den Hintern versohlt. Meist wurde aber nur gedroht, das reichte schon. Es gab ein bestimmtes Strafritual bei uns. Wenn einer mal wieder Blödsinn gemacht hatte, rief ihn unser Vater zu sich und sagte auf Platt zu ihm: »Geh mal in den Busch und hol eine Pietsch« – eine Peitsche. Dann wusste man, jetzt setzte es was. Die Strafe war, dass man selbst losgehen und einen Stock holen musste. Wir, gar nicht doof, trödelten aber so lange draußen herum, dass manchmal ein, zwei Stunden vergingen. Und wenn wir zurückkamen, war meist alles vergessen und das Ding wanderte nach oben auf den Küchenschrank. Kurz danach schnappte einer von uns sie sich und warf sie weg. Beim nächsten Donnerwetter hieß es dann: »Wo ist die Pietsch?« Und das Spielchen begann von Neuem: Einer wurde wieder losgeschickt.

Als ich fünf war, habe ich mit den Nachbarsmädchen eine Zeit lang Doktorspiele gespielt. Wir haben uns, typisch für das Alter, gegenseitig befummelt und dachten uns nichts weiter dabei. Einmal erwischten uns meine beiden älteren Schwestern im Schweinestall. Sie machten deutlich, dass das »bäh« und »böse« sei und dass sie das den Eltern sagen würden. Das war mir aber ziemlich egal.

Mit dem Nachbarsjungen lag ich oft im Graben auf der Lauer und passte unseren Nachbarn ab. Er war im Alter meines Vaters. Wenn er vorbeikam – er fuhr immer mit dem Fahrrad zur Arbeit –, riefen wir ganz laut auf Plattdeutsch: »Der Gert hat 'nen langen Stert!« Das bedeutet: »Der Gert hat 'nen langen Schwanz.«

Einmal versuchte der Nachbarsjunge, mich zu vögeln. Wahrscheinlich hatte er seine Eltern mal dabei erwischt oder ein anderes Paar gesehen. Bei den Tieren haben wir das zwar auch mitbekommen, aber das haben wir nicht automatisch übertragen. Weil ich neugierig war, habe ich auch mitgemacht. Ich fand es nicht komisch oder eklig, sondern spannend und interessant.

Ein paar Jahre später, mit zehn, fing ich an zu onanieren. Zwar hörte man von den Erwachsenen, vor allem vom Pfarrer, dass man das nicht tun solle, weil es schädlich fürs Rückenmark sei und krank mache. Das hat mich aber nicht so stark beeindruckt, dass ich es bleiben ließ. Es war eher so, dass ich dachte: Wenn die meinen, dass du das nicht machen solltest, dann musst du eben einen Weg finden, es trotzdem zu tun.

Manchmal, wenn ich mich dafür aufs Klo verzogen hatte, beschlich mich allerdings ein ungutes Gefühl und ich fragte mich: Ob die Oma mich jetzt beim Onanieren sehen kann? Meine Vorstellung war, dass sie vom Himmel herunterschaut und alles sieht – ein Bild, das einem durch die katholische Erziehung im Kopf war. Hoffentlich guckt die gerade nicht hierher, dachte ich bei mir. Sie war sehr streng gewesen. Meine Mutter erzählte oft von der Zeit, als sie nicht genug Milch für meinen ältesten Bruder gehabt hatte. Die Oma, ihre Schwiegermutter, hätte dann den Brotschrank abgeschlossen mit der Bemerkung, sie hätte ihre Kinder auch alle satt bekommen, sie solle sich mal nicht so anstellen. Ich sehe sie noch vor mir: von Kopf bis Fuß in Schwarz gekleidet, aufrecht im Lehnstuhl sitzend, der neben dem Ofen stand. Wenn wir anfingen zu streiten, haute sie energisch mit ihrem Stock auf den Tisch.

1964, mit knapp zwölf, kam ich auf ein 150 Kilometer entferntes Gymnasium. Es war ein katholisches Jungeninternat, das von Padres geleitet wurde. Meine Eltern wollten, dass ihre Kinder eine bessere Schulbildung als sie selbst bekamen. Mein Vater hätte schulmäßig gerne mehr gemacht, vielleicht im Anschluss sogar studiert, er musste aber gleich nach dem Krieg den Hof seiner Eltern übernehmen. Dass ich auf ein Internat kam, hatte mit einer anderen Erfahrung meiner Eltern zu tun: Meine ältere Schwester war schon nach dem ersten Gymnasiumjahr sitzen geblieben. Meine Eltern glaubten, es hätte daran gelegen, dass sie zu wenig Zeit gehabt hatten, sich um Hausaufgaben und dergleichen zu kümmern. Ein Internat war deshalb aus ihrer

Sicht das Beste für mich. Es kostete sie auch kaum etwas. Der Orden hatte es sich zur Aufgabe gemacht, die ländliche, ärmere Bevölkerung zu fördern. Im Gegenzug rekrutierte er aus den Jungen seinen Nachwuchs.

Für mich war es kein Problem, auf ein Internat zu gehen. Im Gegenteil, ich war begeistert. Mit elf hat mich alles, was mit der Kirche zu tun hatte, fasziniert. Der Pomp beim Gottesdienst, die knallroten Gewänder, die ganzen Rituale, dass man als Messdiener mit dem Weihrauchfass rumschwenken durfte, das hatte schon was. Damals wollte ich unbedingt Missionar werden, um den armen afrikanischen »Negerkindern«, wie die Erwachsenen sie damals nannten, zu helfen. Wir wurden ständig angehalten, an die benachteiligten Kinder zu denken. Zur Kommunion, 1961, das vergesse ich nie, bekam ich von meiner strengen Großmutter eine Bibel in einem roten Einband und von den Verwandten Geld. Davon sah ich aber nichts, denn das kassierte gleich der Pfarrer ein – für ein armes Heidenkind in Afrika. Das wurde dafür getauft und bekam meinen Namen.

Das Internat war im Vergleich zu meinem entspannten Leben auf dem Land eine völlig andere Welt. Anfangs fand ich es noch toll, doch das rigide Regiment dort war schon heftig. Alles war reglementiert, der ganze Tag durchgeplant, von morgens bis abends wurde gebetet. Um halb sechs wurden wir geweckt, dann mussten alle Mann in die Kirche, erst im Anschluss gab's Frühstück. Vor dem Essen wurde wieder gebetet, vor dem Unterricht auch und mittags noch mal. Nach dem Mittagessen hatte man ein, zwei Stunden Auslauf. Das war die einzige Zeit des Tages, in der man sich ein bisschen bewegen konnte, ohne permanent unter Kontrolle zu sein. Danach ging es wieder weiter: Beten in der Kapelle, Schularbeiten unter Aufsicht im großen Lernsaal, Kaffeetrinken, Abendandacht, Abendessen. Um acht war Schicht im Schacht. Da mussten wir im Schlafsaal antreten, alle in gestreiften Pyjamas, uns waschen, dann wurde das Licht ausgemacht.

Kaum waren die Padres draußen, wurde es allerdings wieder unruhig in den Betten. Irgendeiner knipste eine Taschenlampe an, ein Zweiter fing an, mit Gummis oder Papierkügelchen zu schießen, ein Dritter zog einem anderen die Bettdecke weg. Entweder ärgerten die Größeren die Kleineren oder umgekehrt. Natürlich war das mit Lärm verbunden, sodass irgendwann plötzlich das große Licht anging und ein Padre polternd in der Tür stand. Wir mussten alle barfuß auf dem Gang antreten und wenn es um irgendwas Bestimmtes ging, kam sofort die Frage: »Wer war das?« Da nie einer petzte, alle dichthielten, gab es eine Kollektivstrafe: eine Stunde lang strammstehen. Wenn die Padres Einzelne erwischten, bekamen die vor allen anderen eine saftige Ohrfeige. Es setzte schon bei Kleinigkeiten was – wenn man sich mal mit einem Mitschüler gestritten oder geprügelt hatte oder wenn jemand schmutzige Witze erzählte und die Padres das mitbekamen.

Mit 14, 15 fingen wir mit den üblichen pubertären Spielchen an: zeigten uns, was wir schon hatten, wie die Haare sprossen, wie groß er war. Das war natürlich moralisch zweifelhaft, aber das hat mich nicht tangiert. Wir sind auch weiter gegangen, verdrückten uns in irgendwelche Ecken und befummelten uns gegenseitig. In der Phase hatten wir ja keine Gelegenheit, mit Mädchen zusammenzukommen.

Bei mir war das nur der Fall, wenn ich zu Hause bei meinen Eltern war, meist jedes dritte Wochenende. Abends zog ich dann oft mit meinen Geschwistern los. Discos gab es zwar Ende der sechziger Jahre noch nicht, aber viele Dorfbands spielten neben der Tanzmusik auch Lieder von angesagten Bands wie den Stones. Bei solchen Veranstaltungen traf man sich dann. Ich knutschte auch mal mit einem Mädchen, weil das alle machten, mehr war aber nicht.

Mein erstes richtiges sexuelles Erlebnis hatte ich im Alter von 16 mit einem drei Jahre älteren Mann. Er wirkte auf mich ungeheuer anziehend, weil er so männlich-markant war. Er war auch in dem Internat. Ich hätte mich aber nie getraut, ihn anzusprechen. Wir waren zusammen auf einer Pfadfinderfreizeit, übernachteten in einem kleinen Zelt. An dem betreffenden Abend tranken wir mit mehreren in einer Kneipe ein Bier und liefen danach alle zusammen zurück zum Zeltplatz. Es war ein relativ langer Fußweg, rund vier Kilometer. Irgendwann schlang er einen Arm um mich. Die anderen haben das bestimmt mitbekommen, aber da wir eine reine Männergesellschaft waren, war das nicht fremd, es war selbstverständlicher. Wenn man einen getrunken hatte, sowieso. Denn dann fielen viele Hemmschwellen.

Obwohl es, so wie es ablief, ein eher beiläufiges Erlebnis war, stellte es für mich eine Zäsur dar. Ich erlebte Sex zum ersten Mal als das, was es ist: mehr als eine technische Angelegenheit. Es war eine Chemie da, gegenseitige Anziehung, Verlangen, Lust. Das Spannende für mich war auch, dass ich auf Typen abfahren konnte, und das ganz ohne Moral und schlechtes Gewissen. Ich habe das deshalb auch nie problematisiert.

Im selben Jahr hatte ich das starke Bedürfnis, von der Schule wegzukommen. Den strengen Umgang empfand ich zunehmend als Einengung und Drangsalierung. Immer, wenn ich zu Hause war und sah, wie meine Geschwister lebten, merkte ich, was an mir vorbeiging. Ich hatte fest vor, nach der zehnten Klasse abzugehen, habe es letztlich aber doch nicht gemacht und bis zum Abitur durchgehalten. Das hing auch mit unserer häuslichen Situation zusammen. Alle anderen Geschwister machten meinen Eltern Sorgen. Mein fünf Jahre älterer Bruder wollte den Hof nicht mehr machen. Er lag über Kreuz mit meinem Vater, ein typischer Generationenkonflikt. Auch meine ältere Schwester war auf dem Sprung. Mein jüngster Bruder klaute, trank und wurde ein paar Mal sturzbetrunken von der Polizei aufgefunden. Ich war für meine Eltern der einzige Hoffnungsschimmer nach dem Motto »Vielleicht kommt ja wenigstens einer durch«. Deshalb habe ich mich schließlich überreden lassen, dortzubleiben.

Von da an suchte ich mir im Internat meinen Weg, wie ich dort überlebte. Das hieß vor allem: Ich baute mir heimlich Wege nach draußen. Wir hatten ein ausgeklügeltes System, wie wir ungesehen entwischen konnten. Wir taten abends so, als ob wir schliefen, und kaum waren die Padres weg, stiegen wir durch ein Fenster aus und kletterten auf zum Teil abenteuerlichen Wegen die Hauswände runter. Und weil die Padres auf ihren nächtlichen Kontrollgängen die Fenster immer wieder schlossen, hatten einige von uns den Auftrag, nachts noch mal aufzustehen, die Fenster aufzumachen und anzulehnen, damit wir anderen wieder reinkamen.

Draußen trafen wir uns mit den Schülerinnen der benachbarten Mädchenschule – entweder in Kneipen oder an den Wochenenden bei ihnen zu Hause. Mit einer war ich mal ein Jahr lang enger befreundet, außer Knutschen spielte sich aber nichts ab. Es war zwar wunderbar und schön mit ihr, aber das Bedürfnis, sexuell mit ihr zusammen zu sein, war nicht da. Ich hatte das diffuse Gefühl, dass mir irgendetwas fehlte, ich habe aber zu dem Zeitpunkt noch nicht weiter darüber nachgedacht.

Nach unserer Trennung hatten wir eine Weile nichts mehr miteinander zu tun. Kurz nach meinem Abi, 1972, kamen wir aber noch mal kurz zusammen und hatten in dieser Phase dann Sex. Es war normal, in einer ernsthaften Beziehung auch Sex zu haben. Außerdem war in meiner damaligen Welt Sex mit Frauen die »Normalität«. Eine schwule Welt kannte ich ja gar nicht. Meine ältere Schwester überließ uns dafür an einem Wochenende ihre Wohnung. Es klappte zwar, so richtig war es aber nichts. Es war jedenfalls ganz anders als das Erlebnis im Pfadfinderlager, krampfiger und unsicherer. Das kann aber auch daran gelegen haben, dass es so geplant ablief. Unvergesslich war das Ereignis für beide nur deshalb, weil das Bett dabei zusammenkrachte.

Ich brachte sie noch am selben Abend nach Hause und da schien auch noch alles in Ordnung zu sein. Ein paar Tage später allerdings bekam ich einen Brief von ihr, in dem sie schrieb, es sei alles aus und vorbei. Keine Begründung. Noch nicht mal ein erklärender Satz. Gar nichts. Ob es mit der verkorksten Situation zu tun hatte oder mit etwas anderem, habe ich nie herausgefunden. Das hat mir richtig zugesetzt.

25 Jahre später sahen wir uns wieder. Sie hatte mich angeschrieben. Ich arbeitete zu dem Zeitpunkt für eine große Organisation, bei der sie Mitglied war. Sie hatte wie alle anderen ein Infoschreiben bekommen, das ich als Verantwortlicher unterzeichnet hatte. So war sie auf mich aufmerksam geworden. Mittlerweile war sie geschieden, hatte erwachsene Kinder und lebte in Bonn, wo ich öfter beruflich zu tun hatte. Als ich wegen eines Termins dort war, trafen wir uns. Es war eine komische Situation, wir waren beide etwas reserviert, denn so richtig hatten wir uns nichts zu sagen. Umso überraschender war, dass sie sich wieder in mich verknallte. Sie schrieb Karten, rief oft an und irgendwann fragte sie am Telefon, ob es denn mehr werden könnte. Ich antwortete ihr, dass von meiner Seite kein Interesse da sei und ich auch gar nicht mehr mit Frauen, sondern Männern zusammen sein wolle. Da machte es am anderen Ende »klick«. Sie hatte aufgelegt.

Während meines Studiums in Gießen fing ich an, meine Sexualität auszuleben. Im Uni-Umfeld bekam man die Ausläufer der 68er-Bewegung mit: unkonventionelle Wohngemeinschaften, politische Zirkel, offene Beziehungen – das gehörte zur Normalität. Eine meiner ersten Freundinnen dort lernte ich über eine politische Gruppe kennen, in der wir beide aktiv waren. Sie hatte nebenher noch einen Freund, was damals aber an der Tagesordnung war. Man hatte Liaisons, obwohl man in einer Beziehung war. Individuelle Besitzansprüche galten als spießig. Doch die Theorie ist die eine Sache, die Praxis eine andere. Wenn ein Nebenbuhler da war, gab es fast immer Stress in Beziehungen. Das war auch bei uns so. Das Dreiecksverhältnis, das wir rund zwei Jahre lang lebten, war oft ein ziemlicher Krampf. Um 1974 herum, als viele anfingen, Kinder zu zeugen und Kleinfamilien zu gründen, brach unsere

Beziehung auseinander. Ich kann aber nicht sagen, dass mich das sehr gequält oder emotional weggerissen hätte.

Während des Studiums, mit 23, hatte ich meinen ersten richtigen Sex mit einem Mann. Es war zwar auch ein flüchtiges Erlebnis, schwuler Sex ist ja oft ganz flüchtig, es war aber viel intensiver als meine erste sexuelle Erfahrung. Vor allem deshalb, weil es mehr Elemente enthielt, auch Analverkehr. Spätestens da merkte ich, dass ich auf diese Art das bekam, was mir bei Frauen gefehlt hatte. Es ging dabei nicht nur um den Sex. Ich habe aber immer noch nicht darüber reflektiert, ob das bedeuten könnte, dass ich schwul bin, sondern es einfach abgetan.

Von da an hatte ich immer wieder Affären mit Männern, zum Teil parallel zu den Beziehungen mit Frauen. In der Zeit war das nichts Ungewöhnliches. Doch obwohl es für mich das Spannendste überhaupt war, neue Männer zu treffen, kennenzulernen, sexuell anzumachen und zu schauen, was passierte, habe ich zu mir selbst und zu den Partnerinnen – einigen hatte ich von den Affären erzählt – gesagt: »Ich mache das, um meinen Marktwert zu testen.« So definierte ich meine schwulen Abenteuer und gab den Frauen damit zu verstehen: »Das ist aber nichts Ernstes.«

Mit Ende 20, ich studierte längst nicht mehr, hatte ich die letzte längere Beziehung zu einer Frau. Sie war auch die letzte Frau, die ich als Sexualpartnerin hatte. Wir kannten uns seit einem Jahr, waren noch nicht zusammen, da führten wir eine spannende Diskussion über sexuelle Orientierung. Zu dem Zeitpunkt hatte ich mir bereits eingestanden, dass ich die Beziehung zu einem Mann, auch sexuell, brauchte, weil mich das eher befriedigte. Sie erzählte mir, dass es ihr mit Frauen ähnlich ging. Obwohl es vor diesem Hintergrund völlig grotesk schien, passierte es: Wir verknallten uns ineinander. Was folgte, war ein jahrelanges intensives Verhältnis. Da sie gleichzeitig noch einen anderen Mann in Frankreich hatte, kam es hin und wieder zu problematischen Situationen. Einmal trampte ich ihr nach Frankreich hinterher, wo ich mir wie ein

Fremdkörper vorkam. Ich habe aber auch meine Männerliaisons weiter gepflegt und ihr das auch nicht verheimlicht.

Jahre später, 1987, lernte ich in Köln, wo ich aus beruflichen Gründen gerade hingezogen war, einen Mann kennen und verknallte mich. Da war das Verhältnis zu der Frau aber noch nicht abgeschlossen und ich entschied mich, reinen Tisch zu machen. An einem Samstag Ende April – das weiß ich noch so genau, weil es ein einschneidendes Erlebnis für mich war – trafen wir uns im Lüneburger Bahnhof und redeten. Als ich ihr von dem Mann erzählte, dass ich mich in ihn verliebt hatte und mit ihm zusammenziehen wollte, gestand sie mir ihrerseits, sie hätte sich in eine Frau verguckt. Dieser Tag war der Abschluss meiner Liaisons mit Frauen auf sexuellem Gebiet. Da war für mich klar: Ich will einen Kerl und sonst gar nichts.

Heute ist mein Leben von damals ganz weit weg für mich, es kommt mir vor wie von einem anderen Stern. Ich hatte später zwar beruflich noch ein paar Mal die Situation, dass sich Frauen in mich verguckten. Da war aber für mich immer ganz klar: Nein, das will ich nicht, damit kann ich nichts mehr anfangen, ich bin schwul. Männer sprechen mich einfach ganz anders an. Riechen, fühlen, schmecken – alles ist anders. Bestimmte Sachen lassen sich auch einfacher kommunizieren.

Die große Liebe habe ich noch nicht erlebt. Vielleicht bin ich dafür auch gar nicht gemacht. Manche Dinge funktionieren bei mir einfach anders. Ich lasse mich nur ganz selten mit Haut und Haaren auf jemanden ein, verliere mich emotional nie völlig, versuche immer, mich und die Situation unter Kontrolle zu halten. Da kommt für den anderen natürlich ein Stück weit Distanz auf, das ist mir schon klar. Ich fühle mich so aber wohler.

Nur einmal gab es einen Mann, den ich sehr nah an mich herangelassen habe. Er war Arzt, hatte in der Lüneburger Heide, wo ich Mitte der achtziger Jahre beruflich zu tun hatte, eine eigene Praxis. Ich lernte ihn auf einer Silvesterparty kennen, wo ich mit der Freundin war, die ich als letzte Sexualpartnerin hatte. Ich sah diesen Mann und hatte den ganzen Abend lang nur noch Augen für ihn. Es war aber ein denkbar ungünstiger Zeitpunkt, um mit jemandem anzubändeln. Meine Freundin eröffnete mir nämlich auf der Party, dass sie schwanger sei. Weder sie noch ich konnten damit etwas anfangen, sie hat das Kind dann auch nicht bekommen. Gleichzeitig zerrte an dem Abend noch eine zweite Frau an mir herum, die unsterblich in mich verknallt war. Das machte es nahezu aussichtslos, an ihn ranzukommen. Irgendwann schaffte ich es zwar in seine Nähe, wurde aber von meiner Freundin weggezerrt. Sie wollte die Party verlassen, was wir dann auch taten.

Bei irgendeiner Gelegenheit begegneten wir uns ein Jahr später wieder und sofort war ich wieder hin und weg. Doch das Timing war auch dieses Mal schlecht, denn ich hatte wieder die Situation, eine Frau an der Hand zu haben. Ein weiteres Jahr später, ich war gerade nach Köln gezogen, traf ich ihn in einer Kneipe in Lüneburg, wo ich übers Wochenende Freunde besuchte. Ich kam rein, sah ihn und war wieder völlig fertig. Ihm ging es ähnlich und so kamen wir ins Gespräch und verabredeten uns für den nächsten Tag. Da haben wir dann einen wunderschönen Spaziergang gemacht. Es war eine unheimlich schöne Situation, wir redeten, küssten uns, waren völlig ineinander verknallt und hatten an dem Abend auch Sex. Es war unser erstes und einziges Mal.

Ich fuhr danach zurück nach Köln – und entschied mich gegen eine Beziehung mit ihm. Ich weiß nicht, ob ich es damals anders hätte machen sollen. Aber zu der Zeit wollte ich unbedingt weg aus der Lüneburger Ecke und hatte Angst, dass ich da kleben bleiben könnte. Also habe ich sehr cool, sehr nüchtern die Entscheidung gegen ihn getroffen. Für ihn brach eine Welt zusammen, er hat fürchterlich darunter gelitten.

Eine ganze Weile später haben wir uns wieder berappelt und wurden gute Freunde. Es war intensiv und kommunikativ, aber blieb rein platonisch. Irgendwann hatte er wieder einen Partner, das hat aber unsere Freundschaft nicht tangiert. Er starb sehr jung, mit Ende 30. Da habe ich mir dann schon gesagt, ich hätte den Kopf vielleicht doch weniger einschalten, mehr Nähe zulassen, mich mehr auf ihn einlassen sollen. Vielleicht hätten wir noch ein paar sehr intensive Jahre gehabt.

Der ideale Partner für mich ist jemand, der ähnlich stark ist wie ich und genau weiß, was er will. Das würde zwar auch nicht reibungslos ablaufen, aber das wäre ja genau das Spannende. Bisher habe ich immer in Partnerschaften gelebt, in denen der eine stärker und der andere schwächer war. So richtig befriedigend finde ich das nicht.

Das Moped kam
noch vor dem Sex

Jost, 56, Industriekaufmann
Erstes Mal 1972 mit 17 Jahren

Zwischen meinen ersten Erfahrungen und dem, was ich heute sexuell lebe, liegen Welten. Die ersten Male liefen noch sehr verkrampft ab, alles war ein vorsichtiges Antasten. Kein Vergleich zu später, wenn man sich schon mal völlig vergaß, sich gegenseitig die Klamotten vom Leib riss, mit Leidenschaft bei der Sache war.

Heute haben die meisten Teenies ja schon viele Filmszenen gesehen und wissen, worum es geht und was alles gehen kann. Wir dagegen wussten Anfang der siebziger Jahre überhaupt nicht, was auf uns zukommt und wie wir uns verhalten sollen. War es richtig, dass man drängte, oder sollte man eher zurückhaltend sein? Was will sie eigentlich? Und danach stellte man sich die Frage: Fand sie das jetzt gut? Von den Mädchen kam oft keine Reaktion, geschweige denn, dass man darüber sprach. In den allermeisten Fällen hatte man die Zeit zum Reden auch gar nicht. Ehe man sichs versah, war schon wieder ein Erwachsener im Anmarsch und man musste sehen, dass man die Hose wieder hochbekam. Man hatte keinen Plan, keinen Ort und daher auch keinen schönen Sex.

Damals wusste ich gerade mal, wie Kinder entstehen. Dass es verschiedene Praktiken gibt, etwa Oralverkehr, erfuhr ich erst später. Kondome waren was Abstraktes für mich, ich hatte noch keins in der Hand gehabt. Einen Orgasmus kannte ich aber schon. Ich habe mit zwölf angefangen zu onanieren. Ich weiß noch, dass ich an dem Abend mit meinen Eltern einen Western geschaut habe. Eine Farmerin trug eine weite Bluse, die eine Schulter und viel von ihrem Busen freigab. In einer Szene küsste sie auch jemanden. Diese Frau erregte mich so, dass es nachher in meinem Bett zu einer Erektion mit einem Samenerguss kam. Das geschah aber nicht bewusst, sondern passierte einfach durch Reibung der Beine. Ich war zwar irritiert, weil ich darauf nicht vorbereitet war, aber da es sich gut anfühlte, setzte sich bei mir fest, dass das nichts Schlechtes sein konnte. Danach habe ich es natürlich ganz gezielt herbeigeführt.

Ich wuchs in einer ländlich geprägten Kleinstadt im Norden als Einzelkind auf. Mein Vater war Tierarzt, meine Mutter kümmerte sich um den Haushalt. Aufklärung gab es nicht. Es war ja eine prüde Zeit. Alles, was mit Sexualität zu tun hatte, wurde in der typisch deutschen Standardfamilie nicht an-, geschweige denn besprochen. Und in der Schule wurde nur übers Rauchen aufgeklärt. Die *Bravo* gab es zwar schon, aber die las ich nicht. Hätte ich zu einem Kumpel gesagt: »Ich kauf mir 'ne *Bravo*«, hätte der mich völlig entgeistert angeschaut und gefragt: »Wie bist du denn drauf?« Das war eine Mädelszeitschrift. Wenn wir zufällig eine in die Hand bekamen, rissen wir uns vielleicht mal einen Starschnitt von jemandem aus, den wir gut fanden. Aber selbst das passierte heimlich und danach wanderte die Zeitung ungelesen in den Müll.

Wir erfuhren damals viel durch ältere Jungs auf der Straße. Als ich zehn war, stifteten mich Spielkameraden dazu an, Mädchen und Frauen, die vorbeikamen, zuzurufen: »Willst du mal mit mir ficken?« Ich hatte keinen blassen Schimmer, was damit gemeint war, fragte bei den Jungs aber komischerweise auch nicht nach. Ich tat wie mir geheißen und sagte mein Sprüchlein auf. Wie die Reaktionen waren, weiß ich nicht mehr. Die ein oder andere komische wird aber dabei gewesen sein, denn später fragte ich meine Mutter, was das denn bedeutet. Sie gab mir keine richtige Antwort, lachte nur verschämt. Und da ich kein Typ war, der nachbohrte, gab ich mich damit zufrieden.

Vielleicht dachte meine Mutter auch, dass ich das im Großen und Ganzen durch die Arbeit meines Vaters schon mitbekommen würde. Als Tierarzt hatte er viel mit Landwirten zu tun. Ich war häufig mit von der Partie, wenn er auf die Höfe fuhr, beobachtete dort die Besamung der Kühe oder bekam mit, wenn sie »gelegt wurden«, das heißt zum Bullen geführt wurden. Auch Geburten erlebte ich schon früh mit.

Mit 13, 14 fing ich an, mich für Mädels zu interessieren, wollte sie beeindrucken und cool rüberkommen. Auf einem Jahrmarkt, der einmal im Jahr bei uns stattfand, standen wir Jungs zu der Zeit immer auf der einen Seite des Autoskooters und beobachteten das Mädelsgrüppchen auf der anderen. Damals gab es Schuhe für den Alltag, komische Latschen, und welche für sonntags. Ich hatte gerade Wildlederschuhe als Sonntagsvariante bekommen, mit denen ich eines Nachmittags unbedingt zum Autoskooter wollte. »Wo willst du hin?«, fragte mich meine Mutter. »Ich fahr zum Markt«, meinte ich. Prompt kam: »Zieh mal eben die anderen Schuhe an.« Ich gehorchte, ließ aber, als ich aus dem Haus ging, die Tür angelehnt. Kaum war meine Mutter in der Küche verschwunden, schlüpfte ich wieder rein und zog die schicken Schuhe an. Mit denen stand ich später am Autoskooter und kam mir sehr cool vor.

In dem Alter ging ich mit meiner Mutter noch Klamotten kaufen. Einmal war ich mit ihr im Kaufhaus unterwegs, als mir ein junges Mädchen auffiel, das mich anstrahlte. Es war das erste Mal, das mich ein Mädel wirklich anzog. Ich konnte gar nicht mehr weggucken, so fasziniert war ich. Ich traute mich aber nicht zu ihr zu gehen, war unsicher und gehemmt – auch deshalb, weil es mir unangenehm war, dass meine Mutter mir noch die Klamotten aussuchte.

Auch in der Schule legten wir allmählich los und knüpften die ersten Kontakte zu Mädchen. Da unser Gymnasium eine reine Jungenschule war, liefen wir in den großen Pausen immer rüber zum Mädchengymnasium, um mit denen ein bisschen anzubändeln. Das war ein erstes Abtasten und Abchecken. Eine andere, noch bessere Möglichkeit, Mädchen kennenzulernen, waren die Klassenfeten. Samstagabends durften wir die Klasse ein bisschen auf Disco trimmen mit schummrigem Licht und Musikanlage. Da kam man sich natürlich noch näher, unterhielt sich, schwofte, flirtete.

Bei einer dieser Feten lernte ich ein Mädchen kennen, das ich in einer dunklen Ecke später auch küsste. Ich verliebte mich Hals über Kopf und ging am nächsten Tag in die Stadt, um ihr ein kleines Geschenk zu besorgen: einen Seidenschal. Den überreichte ich ihr in der großen Pause. Leider kam nicht die Reaktion, die ich mir erhofft hatte. Sie sagte doch glatt zu mir, ich sei zwar ein netter Kerl, als Freund wolle sie mich aber nicht. Das war ganz schön frustrierend. Zu Hause erzählte ich meiner Mutter davon. Die hatte aber überhaupt kein Verständnis für meine Liebesprobleme.

Ein Jahr später folgte die zweite Niederlage. Im Konfirmandenunterricht kabbelte ich mich immer mit einem Mädchen, das hinter mir saß. Wir machten ständig Späßchen. Wenn sie mich zwickte, knuffte ich zurück. Eines Tages stand eine Feier im Tennisverein an, in dem wir beide Mitglied waren. »Kommst du auch?«, fragte sie mich. »Natürlich«, antwortete ich. Es war auch so eine Samstagabend-Fete mit Musik. Ich freute mich total, putzte mich stolz raus, ging voller Erwartungen hin und dann das: Sie würdigte mich den ganzen Abend lang keines Blickes, hatte nur Augen für die beiden älteren Jungs, mit denen sie gekommen war. Ich war völlig fertig, schlich zu Tode betrübt nach Hause. Zu der Zeit war ich noch sehr scheu und zurückhaltend. Ich hatte auch lange das Problem, dass ich jünger aussah, als ich wirklich war. Während bei den anderen schon leichter Bartwuchs zu sehen war und sich männliche Züge herausbildeten, hatte ich noch ein Babyface.

Weil ich auf dem Gymnasium sitzen blieb, musste ich dort schließlich den Abgang machen und kam in die letzte Klasse der Realschule. In diesem Jahr, ich war inzwischen 14, passierten viele Dinge gleichzeitig: Ich lernte Martina, meine erste richtige Freundin, kennen, fing mit dem Alkohol und dem Rauchen an – und eine Mitschülerin wurde schwanger. Naturlich war ihre Schwangerschaft, nach einigen Monaten konnte man es auch sehen, in der Schule Gesprächsthema Nummer eins. Eltern und Lehrer verloren allerdings kein Wort darüber. Dabei wäre das die Gelegenheit gewesen, uns mal ein bisschen aufzuklären.

Die Anwesenheit von Mädels in der Schule veränderte die Stimmung und das Verhalten der Jungs. Auf dem Gymnasium hatten wir, weil wir unter uns waren, viel mehr Mist gebaut, uns oft gekloppt und Sachen herumgeschmissen. Die Mädels aber sagten schon mal was, wenn wir Theater machten. Und da hielt man sich ein bisschen zurück, je nachdem natürlich, von wem die Rüge kam. War es eins der »hässlichen Entlein«, interessierte das weniger. War es eine, der man gefallen und imponieren wollte, hörte man auf sie.

Eines Tages stand eine Klassenfahrt nach Berlin an. In der Jugendherberge wurden die Mädels auf die eine Seite des Flurs, die Jungs auf die andere gesteckt. Abends traf man sich heimlich auf irgendeinem Zimmer, gar nicht mal mit Hintergedanken, sondern um ein bisschen herumzualbern. Da wir aber schon eine Schwangere in der Klasse hatten, passten die Lehrer auf wie die Luchse. Irgendwann erwischten sie ein paar Jungs in einem Mädchenzimmer und es gab ein großes Donnerwetter. Ich wurde auch erwischt – mit einer Zigarette. Auch das war ein Unding. Zur Strafe durften alle, die etwas ausgefressen hatten, abends nicht mit in eine Disco gehen, die ganz toll sein sollte. Das ärgerte mich zwar, beeindruckte mich aber auch nicht derart, dass ich mit dem Rauchen aufgehört hätte. Auch mit dem Alkohol ging es in dem Schuljahr los.

Wir hatten ganz blöde Unterrichtszeiten: mal vier Stunden Schule, dann eine Freistunde, anschließend noch ein Fach. In einer Freistunde kamen wir mal auf die Idee, uns einen hinter die Binde zu gießen. Wir schickten einen, der schon älter aussah, zum Kiosk, um eine Flasche Wermut zu kaufen, und verdrückten uns mit der Pulle anschließend aufs Klo, wo jeder ein Schlückchen nahm. Einem, der vorher wohl noch nie Alkohol getrunken hatte, ging's in der anschließenden Englischstunde richtig schlecht, so schlecht, dass er plötzlich wie ein Chamäleon die Farbe wechselte und voll über den Tisch kotzte. Obwohl es stark nach Sprit stank, schien der Lehrer nichts zu merken oder tat zumindest so. Als wir wie wild losgrölten, reagierte er jedenfalls ganz cool: »Was gibt's denn da zu lachen? Holt mal einen Lappen und wischt das weg.«

Weil irgendjemand die Flasche auf dem Klo liegen gelassen hatte, fand der Hausmeister sie später und am nächsten Tag gab's Theater. Schnell waren die Schuldigen ausgemacht, aber die Lehrer wussten nicht so recht, was sie mit uns machen sollten. Auch weil das noch nie vorgekommen war. Es wuchs sich zu einem regelrechten Skandal aus. Erst wollten sie uns von der Schule werfen, dann bekamen wir aber doch nur einen strengen Verweis. Auch die Eltern wurden informiert. Mein Vater war natürlich völlig aus dem Häuschen.

Zu dem Zeitpunkt kannte ich Martina schon. Sie war in der Parallelklasse. In den Pausen hatten wir uns immer mal wieder gesehen und beäugt. Sie hatte lange braune Haare, große Augen, war sehr schlank und trug oft lässige braune Wildleder-Stiefeletten mit Fransen an der Seite.

Lange Haare waren Anfang der siebziger Jahre auch bei Jungs in Mode. Das war aber ein ständiger Kampf zu Hause. Wenn mein Vater mal wieder den Sieg davontrug, weil er irgendwelche ultimativen Androhungen gemacht hatte, trottete ich zum Friseur. Mit dem Ergebnis, dass dann zwar zu Hause wieder Ruhe war, ich aber in der Schule komisch angeguckt wurde. Zu kurz ging gar nicht, das galt als ultraspießig.

Irgendwann ging es auch mit den sogenannten Matratzenpartys los, entweder in einer Garage oder einem Keller. Über die Lampen hängte man rote Tücher, damit man ein gedimmtes, gemütliches Licht bekam, auf dem Boden wurden alte Matratzen ausgelegt. Da hockte man dann drauf, trank ein bisschen was und hörte Hardrock. Es dauerte nicht lange, da hielten die Ersten Händchen, andere knutschten. Martina und ich auch. Ich weiß gar nicht mehr, wer da den ersten Schritt gemacht hat. Wir saßen erst nebeneinander, rückten näher und näher zusammen, irgendwann küssten wir uns.

Sie lebte im selben Ort, nicht weit weg von mir. Ich ging bei ihr zu Hause bald ein und aus. Ihre Eltern hatten allerdings ein bisschen was gegen mich. Ich gehörte zur Fraktion der Rocker, hatte eine Lederjacke an und eben die langen Haare. Damit hatte ich was Rebellenhaftes und war alles andere als der ideale Schwiegersohn. Die andere Gruppe, die es damals noch gab, waren die Popper. Die sahen geschniegelt aus und waren eher bieder.

Zu der Zeit war für uns Jungs das Moped das Allerwichtigste. Ich hatte mit 14 auf einem Mofa angefangen, zwei Jahre später stieg ich aufs Moped um. Eigentlich war alles andere zweitrangig. Das Moped kam noch vor dem Sex.

Nach der Schule saßen wir mit unserer Clique oft am Hafen und rauchten eine Tüte. Einige meinten zwar, sie wären davon richtig high geworden, ich hatte das aber nie. Martinas Freundin ging noch weiter, schluckte Tabletten, dann AN1, eine Art Aufputschmittel. Das und Captagon wurden damals auch gerne mal vor Prüfungen genommen. Ich hatte immer ein bisschen Angst, Martina könnte da auch reinrutschen, und bat sie, vorsichtig zu sein. Einmal, als sie nicht zu finden war – ihre Mutter hatte nur gesagt, sie wäre mit ihrer Clique unterwegs –, stieg ich wutentbrannt aufs Moped und suchte unseren Ort ab. Es dauerte nicht lange, da sah ich die beiden. Ich fuhr mit vollem Tempo auf den Bürgersteig und rief: »So, du kommst jetzt mit!«, und zu ihrer Freundin: »Lass Martina endlich in Ruhe!« »Du altes Arschloch, was willst du überhaupt?«, keifte die Freundin zurück. »Ich mach dich noch mal fertig«, schrie ich. Kurz darauf bekamen meine Eltern einen Brief von ihrem Alten: Ich hätte seine Tochter in aller Öffentlichkeit beleidigt und damit seine ganze Familie bedroht. Wenn ich mich nicht entschuldigen würde, würde er Anzeige erstatten.

Das erste Mal fand weder bei mir noch bei ihr zu Hause statt, sondern auf der Matratzenparty eines Freundes. Sie war auch noch Jungfrau. Das ließ sie irgendwann mal fallen, sonst unterhielten wir uns aber nicht groß über Sexuelles. Das war früher nicht so, man machte es einfach. Auch unter den Kumpels unterhielt man sich über so was nicht, das mache ich auch heute selten. Wenn ich mit einem Freund, der immer noch sehr viele Affären hat, über Sexualität sprechen will, das heißt es mal tiefer gehen soll, klappt das nicht. Er blockt meistens ab.

Die Party fing schon nachmittags an. Am frühen Abend, als wir in einem Nebenraum kurz allein waren, nutzten wir die Gunst der Stunde und versuchten auf die Schnelle, Geschlechtsverkehr zu haben. Es war aber mehr der erste Versuch als das erste Mal. Zum richtigen Verkehr kam es nicht, von einem Höhepunkt ganz zu schweigen. Wir hatten die Klamotten noch an, waren in Habachtstellung, falls jemand reinkommen würde. Einschneidend war das Erlebnis nur, weil ich mich dabei verletzte: Ich riss mir die Vorhaut ein und blutete. Danach waren wir beide erst mal bedient.

Es war schwer in dieser Zeit, die ersten sexuellen Erfahrungen zu machen. Entweder war man nicht alleine oder man musste mit Situationen vorliebnehmen, die nicht besonders günstig waren. Wir trafen uns immer bei ihr. Zu mir konnten wir nicht gehen, mein Vater mochte Martina aus irgendwelchen Gründen nicht. In ihrem Zimmer ging es zwar, aber auch nur mehr schlecht als recht. Es lag direkt neben dem Wohnzimmer, in dem ihre Eltern abends auf dem Sofa saßen. Ich kam oft gegen sieben, dann legten wir eine Platte auf, meist was Langsames von Led Zeppelin, knipsten das Licht aus und kuschelten. Wenn Schlafenszeit war, klopften ihre Alten von drüben. »Martina, Jost!« »Ja?« »Wir gehen gleich ins Bett!« Das war das Signal für mich, auch in die Hufe zu kommen und aufzubrechen. Eigentlich. Ich antwortete zwar immer mit »Ja, ich geh gleich«, tat es aber oft nicht. Dann versuchten wir nämlich, es zu machen. Das war aber nichts Halbes und nichts Ganzes. Man konnte sich ja nicht richtig ausziehen, musste immer sehen, dass man die Hose schnell wieder ankriegte, falls einer reinkam. Was auch immer mal wieder passierte. Wenn man jemanden hörte, dauerte es nicht lange, dann ging auch schon die Tür auf und einer fragte: »Alles in Ordnung?« Es war wirklich schade, dass wir nie Zeit und Gelegenheit hatten, das so richtig zu zelebrieren.

Nur einmal war es sehr schön. Das würde ich auch als mein richtiges erstes Mal bezeichnen. Martinas Eltern waren an dem Tag nicht da, das war natürlich die Gelegenheit. Sie rief mich an, ich kam. Im doppelten Sinne. Es war entspannt, weil wir uns mehr Zeit lassen konnten. Allerdings bekam sie danach ihre Regel erst mal nicht, was uns in Aufregung versetzte. Die einzige Verhütung, die ich zu dem Zeitpunkt außer der Pille kannte, war, vor dem Glockenläuten aus der Kirche rauszugehen. Das war ein Ausdruck für: den Penis kurz vor dem Samenerguss rausziehen.

Wir überlegten, wie wir künftig auf Nummer sicher gehen könnten. »Kannst du deine Eltern nicht fragen, ob du die Pille bekommen kannst?«, bat ich sie. Ein paar Tage später nahmen wir die Sache gemeinsam in Angriff, gingen hin und fragten. »Macht ihr erst mal euren Realschulabschluss!«, wetterte mein »Schwiegervater«. Dass er so reagieren würde, hätte ich nicht gedacht. Wir gerieten uns in die Haare mit dem Ergebnis, dass er mich des Hauses verwies. Ein paar Tage später vertrugen wir uns zwar wieder, die Pille bekam Martina aber trotzdem nicht. Kondome waren für mich komischerweise gar keine Option. Ich hätte auch gar nicht gewusst, was ich damit machen sollte. Damals gab es ja auch noch keine Werbung dafür, das war ja noch lange vor Aids.

Meinem Sohn – er ist jetzt 22 – habe ich früh signalisiert, dass er mit mir reden kann. Als er die ersten Freundinnen hatte, sprachen wir ab und zu mal über das Thema. Die Jugendlichen heute wissen zwar durch Schule und Medien schon das meiste, trotzdem sollte man sich als Eltern aber verantwortlich fühlen und signalisieren, dass man jederzeit ansprechbar ist. Vor gar nicht langer Zeit hatte er eine Freundin, die erst 16 war. Da sagte ich zu ihm dann schon »Wenn es ein Problem gibt, helfen wir dir« und »Denk an Kondome!«. Ich selbst habe bis heute noch keins benutzt, einfach deshalb, weil ich noch nie auf eine Frau getroffen bin – ich war mit rund einem Dutzend zusammen –, die nicht mit der Pille verhütete.

Bis ich Geschlechtsverkehr wirklich genießen konnte und ihn als etwas Besonderes erlebte, dauerte es noch zwei, drei Jahre. Dann hatte ich meine eigene Bude, keiner störte mehr und das Zusammensein mit einem Mädchen war wirklich entspannt. Es dauerte auch noch sehr lange, bis ich mit einer Partnerin über Sex geredet habe. Das kam erst bei meiner ersten Frau. Aber auch nicht von Anfang an, das entwickelte sich erst im Laufe der Beziehung.

Mit Martina war ich ein Jahr lang zusammen. Eine richtige Trennung gab es eigentlich gar nicht. Früher sprach man vom Miteinandergehen, wenn man zusammen war. »Ich geh jetzt mit der«, hieß es. Das war nicht unbedingt was Festes, eher eine lockere Geschichte. Und irgendwann sagte man halt: »Du, ich hab keine Lust mehr.«

Auf diese Beziehung folgten erst mal ein paar Liebeleien, kurze sexuelle Geschichten, alles mehr ein Ausprobieren und Austesten. In die Zeit fiel mein negativstes sexuelles Erlebnis. Ich hatte mich in einer Diskothek in ein Mädel verguckt und wollte mehr. Ein

Kumpel merkte das: »Du bist heiß auf die, oder?« Ich: »Ja.« Er: »Möchtest du mal gerne?« Ich: »Ja.« Darauf er: »Ich arrangier das.« Irgendwann kam er mit ihr an und sagte: »Komm, wir fahren.« Wir stiegen in sein Auto und fuhren los, das Mädchen und ich auf der Rückbank, mein Kumpel am Steuer. Es dauerte nicht lange, da fingen wir schon an zu knutschen und versuchten auch, miteinander zu schlafen. Versuchten, weil es nicht zum richtigen Verkehr kam. Ich schaffte es nicht, auf Deutsch gesagt: Ich kriegte keinen hoch.

Als ich das Mädchen zufällig wieder traf, entschuldigte ich mich für die ganze Aktion: »Das war völlig scheiße.« Ich hatte mich eigentlich schon während dieser Aktion scheiße gefühlt, war aber nicht mutig genug gewesen, es zu sagen. Der Kumpel war wesentlich älter und hatte mir das so aufs Auge gedrückt. Im Grunde hatte ich es nur deshalb durchgezogen, weil ich nicht als Feigling dastehen wollte. Das Mädchen guckte mich an wie ein Auto. Die wusste gar nicht, wofür ich mich da entschuldigte. Ich glaube, die war nicht ganz helle.

Die sexuell verrücktesten Sachen passierten bei der Bundeswehr. Nach der Ausbildung zum Industriekaufmann verpflichtete ich mich für zwei Jahre. In der Anfangszeit verguckte sich die jüngere Schwester meines Gruppenführers in mich. Sie war ganz heiß auf mich und lud mich eines Abends zu sich nach Hause ein. Ihre Freundin war auch gerade da – und ebenfalls scharf auf mich. In der Nacht schliefen wir alle in einem Bett und da ergab es sich, dass ich mit beiden nacheinander Geschlechtsverkehr hatte. Es war aber keine Sexorgie, eher verhaltener Sex. Später traf ich die Freundin bei Freunden wieder, da hatten wir noch mal Sex. Das dauerte zwar auch nicht sehr lange, war aber sehr intensiv.

Einmal war ich mit den Jungs in einem Puff in Eindhoven. Dort gab es einen großen Straßenstrich. Jeder schleppte begeistert ein Mädel ab. Mir war das Ganze nicht geheuer. Ich weiß nicht, wovor, aber ich hatte Angst. Ich ging schließlich doch mit einer mit und in eine Kneipe rein, wo ich bei einem schmierigen Typen 40 Gulden abdrücken musste. Ich fühlte mich aber überhaupt nicht wohl, die Zuhälteratmosphäre war mir unheimlich.

Die Tür zum Zimmer war kaum zu, da zog sie mir auch schon die Hose runter. Ich stand wie angewurzelt da und ließ sie machen. Weil nichts passierte, fragte sie: »Hast du viel getrunken?« Ich glaube, ich habe überhaupt nicht reagiert. Ich war wie paralysiert, steif wie ein Brett – zumindest oben rum. Sie versuchte alles, aber in den unteren Regionen tat sich nichts. Aus Verlegenheit brachte ich schließlich einen ganz blöden Spruch: »Oder wollen wir ein bisschen reden ...?« Sie schaute mich mitleidig an. »Ich bin doch hier nicht zum Reden. Lass gut sein. Trink nächstes Mal nicht mehr.« Die anderen warteten draußen schon auf mich. »Na, wie war's?«, fragten sie. »Klasse!«, sagte ich.

Ein, zwei Jahre später war ich mit ein paar Arbeitskollegen noch mal in einem Puff. Es passierte aber nichts, ich ließ es gar nicht so weit kommen. Während sich die anderen oben vergnügten, unterhielt ich mich unten mit einem Mädel an der Bar. Ich fand sie so sympathisch, dass ich sie zum Essen einlud.

Während der Zeit beim Bund lernte ich auch meine erste Frau kennen. Zu dem Zeitpunkt war sie zwar noch in einer Beziehung, weil sie sich aber auch sehr in mich verliebte, trennte sie sich von ihrem Freund und wurde ein Jahr später meine Frau. »Warum machst du das denn?«, fragten mich viele, als ich von der Hochzeit erzählte. Ich wollte es damals unbedingt. Es war viel Nesttrieb dabei. Mein Vater war schon gestorben, eine richtige Familie gab es nicht mehr. Ich wollte mich wieder zu Hause fühlen, wollte ankommen.

Es hielt nicht sehr lange, drei Jahre. Vielleicht auch, weil wir noch so jung waren. Als die Ehe schon kaputt war, habe ich meine Frau mal betrogen. Ich hatte dabei aber im negativen Sinn Schmetterlinge im Bauch. Im Laufe der Jahre gab es zwar immer mal wieder Gelegenheiten, ich habe es aber nie wieder gemacht. Ich kenne Männer, die vögeln in der Weltgeschichte herum, obwohl sie liiert sind. Ich bin dafür nicht abgeklärt genug. Vielleicht liegt es auch einfach nicht in meinem Wesen.

Nach meiner ersten Frau kamen noch ein paar Liebeleien, da war aber nichts Erwähnenswertes mehr dabei. Mit Mitte 20 lernte ich meine jetzige Frau kennen. Wir stehen inzwischen kurz vor der Silberhochzeit. Sex finde ich heute nicht mehr ganz so wichtig, ich muss es nicht mehr so oft machen. Ich onaniere auch nicht mehr so viel wie früher. Auf einer Skala von 1 bis 10 würde ich die Wichtigkeit bei 5, 6 einordnen. Letztens habe ich im Fernsehen eine Sendung gesehen, in der es um folgendes Thema ging: Junge Leute sollten einen Monat lang jeden Tag Sex haben. Am Ende des Testes meinten alle übereinstimmend, dass der ständige Druck die Qualität erheblich beeinflusst hätte und die Lust dadurch den Bach runtergegangen wäre. Da einen festen Rhythmus reinbringen zu wollen, ist ja auch Schwachsinn. Am schönsten sind immer noch die spontanen Erlebnisse, wenn alles passt und beide es im selben Moment wollen. Wenn man sich in die Augen schaut und jeder spürt, der andere will es jetzt auch, und wenn man sich dann auch wirklich hingibt.

Gardine zu, Licht aus, Missionar

Uwe, 51, technischer Kaufmann
Erstes Mal 1985 mit 25 Jahren

Fünfzig Jahre, zwei Frauen – das ist verdammt wenig. Aber daran bin ich selbst schuld: Ich hatte viele Chancen, habe sie aber nicht genutzt. Das bereue ich bis heute. Mit meiner ersten Frau lief es sexuell so lala, mit Angelika, mit der ich jetzt verheiratet bin, ist es der siebte Himmel. Wir lieben Sex, schlafen auch mehrmals täglich miteinander – immer, wenn wir gerade Lust haben. Und wir haben oft Lust aufeinander. Angelika hat mich aus einem jahrelangen Dornröschenschlaf geweckt. Ich war 40, als ich sie traf, und dann ging sexuell die Post ab.

Meine Kindheit verbrachte ich bis zu meinem elften Lebensjahr auf dem platten Land, in einem kleinen Ort bei Bremen. Da war es behütet, das war eine ganz kleine Welt. Unglaublich, aber wahr: Mit elf war ich noch fest davon überzeugt, dass der Klapperstorch die Kinder brachte. Das hatte mir meine Mutter so erklärt, als sie mit meiner Schwester schwanger war. Da war ich sieben. Das Ammenmärchen ging so: Man legt Zucker auf die Fensterbank, den der Klapperstorch abholt und dann an derselben Stelle ein Baby ablegt. Ich habe das auch gemacht und als das Zuckerstück am anderen Morgen weg war, war für mich die Sache klar: Jetzt würde ein Baby kommen. Das war auch so. Die Geschichte hatte meine Mutter rechtzeitig eingetütet. Ich habe sie auch jahrelang nicht hinterfragt.

Ich kann mich nicht erinnern, mal gesehen zu haben, dass sich meine Eltern küssten oder zärtlich zueinander waren. Es war ein asexuelles Klima zu Hause. Ich habe die beiden auch nie nackt gesehen, das heißt, meinen Vater schon. Da wir zunächst kein warmes Wasser hatten – das musste erst im Kessel heiß gemacht werden –, sind mein Vater und ich öfter im Sportverein, wo wir beide Mitglieder waren, duschen gegangen. Allerdings waren da nur Männer. Eine nackte Frau habe ich erst mit 25 gesehen. Das muss man sich mal vorstellen! Mit Angelika mache ich heute sogar FKK, so locker und entspannt bin ich.

Als sich meine Eltern 1971 trennten – als Folge eines Bandscheibenvorfalls trank mein Vater, damals noch Maschinenschlosser, immer mehr –, zog meine Mutter mit mir und meiner Schwester nach Delmenhorst. Dort wohnten wir mit ihren Eltern in einem Reihenendhaus. Der Kontakt zu meinem Vater war von da an nur noch sehr sporadisch. Meine Großeltern verfügten, dass er nicht zu uns nach Hause kommen durfte. Erst Mitte der achtziger Jahre, inzwischen war er bei einer Alkohol- und Drogenberatung in Hannover als Suchtberater tätig, hatte ich wieder mehr Kontakt zu ihm. Da merkte ich erst, wie sehr ich ihn vermisst hatte.

Mit ihm konnte ich anders reden als mit meinen Großeltern, die eine ganz andere Generation waren. Sie gaben bei uns zu Hause den Takt vor, ermahnten uns Kinder ständig: »Sitz gerade!«, »Schlurf nicht so beim Gehen!«, »Lass dich nicht so hängen!« Im Grunde hat nicht meine Mutter uns erzogen, sondern unsere Großeltern. Meine Mutter brachte das Geld nach Hause, sorgte für das leibliche Wohl, aber da sie den ganzen Tag über arbeitete, erst spätabends zurückkam, waren Oma und Opa de facto die Erzieher. Vor allem in einer Hinsicht haben sie mich sehr beeinflusst. »Vom anderen Geschlecht lass die Finger, mach du erst mal eine Lehre!«, hieß es immer und immer wieder. Das wurde wie ein Mantra heruntergebetet und hat sich bei mir so eingeprägt, dass eine regelrechte Hemmschwelle entstand und ich mich jahrelang nicht richtig rangetraut habe an die Mädchen.

Delmenhorst war in jeder Hinsicht eine völlig andere Welt für mich. Während es auf dem Dorf ruhig und gemächlich zuging, flogen an der Schule dort die Fetzen. Da ich mir aber nichts gefallen ließ, hat es in der ersten Woche gleich richtig gehagelt: Ich habe mir mit Ellbogen und Fäusten Respekt verschafft und dann war die Sache klar und sie ließen mich in Ruhe. Die Jungs, die untereinander in zum Teil sehr deftigem Deutsch redeten, spielten auch in Sachen Aufklärung in einer anderen Liga. Für die war längst klar, wie's läuft. Entweder hatten sie ältere Brüder und Schwestern, die das weitergesagt haben, oder sie horten es von Kumpels auf der Straße. So bekam ich dort auch vieles mit. Außerdem kam das Thema wenig später, in der sechsten und siebten Klasse, im Biologieunterricht auf den Tisch.

Mit meiner Mutter konnte ich darüber nicht reden. Die Aufklärung hat sie der *Bravo* überlassen. Sie arbeitete als Einzelhandelskauffrau in einem großen Kaufhaus in Bremen und brachte sie immer eingerollt in einer *Hörzu* mit. Durch Dr. Sommer wurden zwar einige Fragen beantwortet, das reichte aber nicht. Gerade in dieser Zeit fehlte der Vater schon sehr. Ihm hätte ich die ein oder andere Frage stellen können. Aber ich habe ihn damals nur in den Sommer- und Herbstferien gesehen und da kam es nicht zu Männergesprächen.

Mit 15 hat man schon mal den ein oder anderen mit einem Mädel gesehen. Den hat man dann neidisch angeguckt. Einer – er galt mit seinen angesagten Klamotten und langen Locken als besonders cool – erzählte, dass er schon mal mit einem Mädchen geschlafen und das ganz klasse gefunden hätte. Den haben wir anderen Jungs natürlich bewundert. Für mich war das zu dem

Zeitpunkt aber noch ganz, ganz weit weg. Ich hatte zwar Kontakt zu Mädels, aber der blieb rein kumpelhaft.

Obwohl ich sonst keiner war, der stets brav gemacht hat, was ihm gesagt wurde – wenn es um Mädchen ging, habe ich auf meine Großeltern gehört: »Lass die Finger davon, mach erst mal die Schule fertig«, das hallt mir heute noch in den Ohren.

In der Schulzeit gab es nur ein einziges Mädchen, an das ich mich rangetraut habe: Elsa, eine Klassenkameradin. Und es war auch nicht ich, der den ersten Schritt gemacht hat. Sie hat mich gefragt, ob wir uns nach der Schule mal treffen wollen. Abends ging sie immer mit ihrem großen Rottweiler Gassi und kam oft zu mir an die Haustür. Dann sind wir in die Stadt gegangen, haben geredet, Eis gegessen. Mit ihr habe ich zum ersten Mal Händchen gehalten. Zur Begrüßung gab es immer ein Küsschen auf den Mund, das war aber nur ein ganz leichtes, unschuldiges Bussi. Und es wurde auch eher verstohlen gemacht, damit es keiner mitbekam.

Kurz bevor ich 1977, mit 16, meine Schlosserlehre bei der Bahn anfing, zogen wir wieder um. Meine Großeltern bezogen eine eigene Wohnung, meine Mutter gründete mit uns Kindern einen Haushalt in derselben Straße. Der Einfluss von Oma und Opa auf mich war aber nach wie vor groß. Da meine Mutter erst abends nach Hause kam, war ich oft bei ihnen. Wenn ich Berufsschule hatte, habe ich immer bei Oma zu Mittag gegessen. Und da hörte ich natürlich wieder die gleiche Litanei: »Mädchen sind nichts für dich!«

Als die Discozeit anfing, ging es los mit Biertrinken, Tanzen und Rauchen. In Delmenhorst gab es damals einen Szeneclub, wo man sich traf. Der stand im Zeichen von Reggae und Rauschgift. Die Bude war regelrecht blau, so wurde da gequarzt. Einige meiner Kumpels haben auch das ein oder andere Kraut probiert. Ich habe allerdings die Finger davon gelassen. Vielleicht auch deshalb, weil mein Vater inzwischen als Suchtberater in Hannover arbeitete, wo er sich um die Szene am Hauptbahnhof kümmerte.

1978, mit 17, hätte ich den ersten großen sexuellen Kontakt haben können, habe es aber vermasselt. Ich habe mit zwei Lehrkumpels und zwei Skatfreunden an der Costa Blanca Urlaub gemacht. Jeden Abend zogen wir zusammen durch die Reggae-Discos, tanzten, rauchten, amüsierten uns. Da ging ganz schön die Luzie ab. Natürlich waren auch immer viele Mädels um uns herum.

Eines Abends pirschte sich eine an mich ran. Sie hatte sich auch mit meinen Kumpels unterhalten, war aber ganz auf mich fixiert. »Willst du mit mir an den Strand kommen?«, raunte sie mir zu. Mein Blutdruck stieg und weil ich neugierig war, ging ich natürlich mit. Sie war sechs Jahre älter als ich, auch Deutsche. Warum sie gerade mich erkoren hatte, weiß ich bis heute nicht.

Im Nachhinein betrachtet passte alles. Es war herrlich warm, die Wellen rauschten, irgendwo lief ein Bob-Marley-Song. Und was tat ich? Nichts. Jedenfalls nichts, was über Zungenküsse hinausging. Ich wusste einfach nicht, wie ich's anfangen sollte. Deshalb habe ich mich schließlich auch frustriert getrollt. Echt schade. Das würde mir jetzt nicht mehr passieren.

Es war schon kurios: Wenn es um Mädchen ging, hatte ich ein Brett vor dem Kopf, da war total tote Hose. In anderer Hinsicht schoss ich dagegen schon mal übers Ziel hinaus. Manchmal war ich sogar richtig renitent. Mit 17 zum Beispiel hatten ein Skatkumpel und ich ausbaldowert, dass wir, wenn wir schon zur Bundeswehr mussten, wenigstens Geld verdienen wollten. Das hieß: Zeitsoldat für zwei Jahre. Mein Kumpel wurde gleich ganz ausgemustert, mich wollten sie zumindest als Zeitsoldat nicht. Daraufhin wollte ich verweigern. Das war damals aber richtig schwierig, deshalb bin ich doch gegangen. Allerdings habe ich mir alles Mögliche einfallen lassen, um ausgemustert zu werden. Ich trat jeden Morgen im Jogginganzug an, meldete mich ab in den Sanibereich wegen Schmerzen in den Knien, im Rücken oder wer weiß wo. In der siebten Woche wurde ich bis zur Entlassung freigestellt.

Das zweite Mädchen, bei dem ich eine echte Chance hatte, die ich aber auch verspielte, war die Schwester zweier Jungs, mit denen ich Motorrad fuhr und Doppelkopf spielte. Da hatte ich bereits ausgelernt, war 19 und schon Geselle. Sie hatte eine tolle Figur, war hochgewachsen mit einer schönen Oberweite, ein echter Hingucker. Das Bild, wie sie auf ihrem Pferd ritt, habe ich noch deutlich vor Augen: dunkle Haare, weiße Bluse, stolzer Blick. Nur einen Tag nach unserem ersten Treffen knutschten wir schon. Wir hatten uns auf irgendeiner Feierlichkeit wiedergesehen, wo wir uns beim Tanzen näherkamen.

Sie brachte mich mit ihrem Auto nach Hause. Es war klar, dass sie partout wollte. Und es passte auch wieder alles. Sie war sehr süß, es war eine lauwarme Nacht, es begann vielversprechend. Erst knutschten wir wild im Auto, waren dann auf der Motorhaube zugange, es kam aber nicht zum Äußersten. Ich machte erneut einen Rückzieher. Da war einfach eine innere Sperre, gegen die ich nicht ankam. Ich konnte die Handbremse nicht lösen. Es ging einfach nicht. Kurz danach hat ein anderer seine Chance besser genutzt, ein Bekannter, der auch eine Zeit lang mit ihr zusammen war.

Es gab als Steigerung noch eine dritte Geschichte dieser Art, die man sich auf der Zunge zergehen lassen muss: Im selben Jahr lernte ich während eines Chiemsee-Urlaubs mit meinen Skatkumpels eine Studentin kennen. Sie war zwei Jahre älter und die Tochter unseres Wirts. Sie war etwas draller als das Pferdemädchen, aber auch sehr attraktiv, genau mein Typ. Aber auch mit ihr bin ich über Küssen und ein bisschen Petting auf der Gartenbank nicht hinausgekommen. Auch sie hat natürlich den ersten Schritt gemacht. Als sie merkte, dass ich noch unerfahren war, hat sie mir die Hand geführt. Sie war sehr einfühlsam, das muss ich schon sagen.

Wir schrieben uns Briefe, ich fuhr auch noch zweimal zu ihr nach München, wo sie studierte. Doch auch beim dritten Anlauf klappte es nicht. Und das, obwohl ich schon mit dem Gedanken dahin gefahren, eigentlich darauf fixiert gewesen war und wir alles schön gestaltet hatte. Sie hat dann schweren Herzens Schluss gemacht.

Im Nachhinein betrachtet und mit der Erfahrung von heute kann ich mich dreimal in den Hintern beißen, dass ich solche Hemmungen hatte. Bei allen drei Frauen war der Weg frei und ich habe es nicht gemacht. Das ist schon beknackt.

Unter meinen Kumpels war Sex kein Gesprächsthema. Das wäre mir aber auch peinlich gewesen. Der ein oder andere von uns hatte zwar immer mal eine Freundin, aber darüber wurde nicht geredet. Das ist ja unter Männern auch gar nicht so üblich. Obwohl ich mir viele Gelegenheiten verschaffte, jemanden kennenzulernen, klappte es lange nicht. Ich habe zum Beispiel die Tanzschule absolviert. Bei uns in Delmenhorst gab es damals viele Veranstaltungen, zuhauf landwirtschaftliche Bälle, besonders beliebt waren aber die Weihnachtsbälle.

Auf einem kam ich schließlich zum Zug: Ich lernte Margit kennen, eine Landwirtstochter. Weil ihr Vater nebenher noch ein gut gehendes Versicherungsbüro hatte, machte sie eine Ausbildung zur Versicherungsfachfrau. Ich war schnell verliebt und dieses Mal lief es anders, ich fackelte nicht lange: Schon eine Woche nach unserem ersten Treffen hatten wir den ersten Verkehr – an Silvester 1985. Da war ich knapp 26. Bis dahin war ich Jungmann. Das ist schon unglaublich.

Margit hatte vor mir schon zwei, drei Freunde gehabt und fand es eigenartig, dass ich noch nicht hatte. Geredet haben wir darüber aber nicht weiter. Es passierte bei mir, nach einer Silvesterparty. Damals wohnte ich noch bei meiner Mutter. Als wir nach Hause kamen, schlief sie aber schon. Die Verhütungsfrage war schnell geklärt. Margit sagte, dass sie die Pille nehme. Damit stand dem großen Ereignis nichts mehr im Weg.

Schiss hatte ich nicht, ganz geheuer war mir die Sache allerdings auch nicht. Die Anatomie war mir bis dahin ja nur durch Bilder in der *Bravo* und der *Praline* – die hatte der ein oder andere

Arbeitskollege mal mitgebracht – ein Begriff. Ich hatte noch nie eine nackte Frau in natura gesehen. Im Schwimmbad hatte man zwar mal Mädels oben ohne begucken können, aber mehr auch nicht. Wie es da unten aussieht, wusste ich nicht. Das war für mich Terra incognita, unbekanntes Land.

Was mich am meisten störte, waren die vielen Haare. Das war gar nicht mein Fall, das fand ich komisch. Meine Exfrau hat sich auch später nie die Bikinizone rasiert. Angelika und ich stehen beide nicht auf Wildwuchs. Es muss ganz glatt rasiert sein.

Es klappte zwar sofort, lief aber unbeholfen und verklemmt ab nach dem Motto: Gardine zu, Licht aus, Missionar. Auch später haben wir nicht groß experimentiert. Unser Sexualleben war nicht besonders ausgeprägt, es blieb beim Standardrepertoire. Das störte mich aber lange Zeit nicht weiter, weil ich ja nichts anderes kannte.

Wir zogen erst nach zwei Jahren zusammen, das war aber auch eher behelfsmäßig: Margits Eltern gaben uns in ihrem Haus ein Zimmer. Da sie im über 150 Kilometer entfernten Münster arbeitete, sahen wir uns lange Zeit nur am Wochenende. Unter der Woche hatte ich mein Motorrad und meine Skatbrüder, freitagnachmittags kam entweder sie zu mir oder ich fuhr nach Münster.

1989, vier Jahre nach unserem Kennenlernen, heirateten wir. Heute sage ich: Es war das Erstfick-Syndrom. Dazu kam die anerzogene Einstellung, wonach die Frau, mit der man das erste Mal hat, auch die Ehefrau wird. Das wurde zwar nie explizit gesagt, stand aber im Raum und hat sich bei mir so manifestiert. Meinem Sohn habe ich deshalb stets mit auf den Weg gegeben: »Tob dich aus!« Ich hatte diese Offenheit damals zu Hause vermisst, was dazu geführt hat, dass ich die erste Frau vom Fleck weg heiratete. Das war grundlegend verkehrt. Damit mein Sohn das nicht erlebt, habe ich es bei ihm von Anfang an anders gemacht.

Als wir ein halbes Jahr nach der Hochzeit unser Haus gebaut haben, sollte möglichst schnell Nachwuchs her. Der Sex war deshalb oft sehr krampfig. Nach zwei Jahren klappte es endlich und nach der Geburt unseres Sohnes konzentrierte sich unser Eheleben dann auch erst mal voll und ganz auf ihn. Wir hatten zwar noch Sex, aber immer seltener. Oft hieß es, der Junge könnte ja was hören. Alles in allem war es meist nur das Standardprogramm, sehr inspirationslos und langweilig. Meistens war ich der Aktivere, wurde aber immer wieder ausgebremst. Geredet haben wir darüber lange Zeit nicht.

Erst als ich 2001, mit 40, eine Midlife-Crisis bekam, beschloss ich für mich, dass sich etwas ändern musste, und sprach meine Frau darauf an. Ich bat sie, sich mit mir zusammen in eine Eheberatung zu begeben. Das lehnte sie aber ab und die Beziehung wurde in der Folge immer schwieriger. Wir sprachen immer weniger miteinander. Schließlich zog ich den Schlussstrich und trennte mich von ihr. Zunächst lebten wir aber noch vier Monate lang unter einem Dach.

Ich arbeitete zu dieser Zeit schon in Hamburg und pendelte jeden Tag. Angelika, meine jetzige Frau, kannte ich bereits durch den Sportverein. Mittwochabends hatten wir Wirbelsäulengymnastik zusammen: sie, ihr damaliger Mann, ich und Nachbarskumpels. Zunächst haben wir uns aber nicht groß unterhalten. Das entstand erst nach unserem zufälligen Treffen auf dem Hamburger Hauptbahnhof im Herbst 2000. Wir warteten beide am selben Gleis auf den Zug. Es stellte sich heraus, dass sie auch in Hamburg arbeitete und jeden Tag pendelte. Sie fuhr sogar morgens und abends mit demselben Zug.

So konnten wir uns ganz allmählich, ganz entspannt kennenlernen und es zeigte sich mehr und mehr, dass es passte mit uns. Wir hatten viele Gemeinsamkeiten, konnten über Gott und die Welt reden, fühlten uns wohl miteinander. Erst saßen wir uns beim Erzählen gegenüber, dann haben wir uns nebeneinander gesetzt, irgendwann fing es an mit dem Händchenhalten. Ich weiß noch genau, wie wir uns zum ersten Mal gestanden haben, dass da mehr ist zwischen uns. Es war in einem Bremer Museum. Wir trafen uns auf einen Kaffee, plauderten angeregt, als sie plötzlich sagte: »Du, ich hab Schmetterlinge im Bauch.« Mir ging es ganz genauso.

Das erste Mal mit Angelika war eine ganz, ganz klasse Erfahrung, sehr intensiv und entspannt und – im Auto! Das war unser geheimes Domizil. Zu dem Zeitpunkt lebte ich zwar schon in Trennung, aber noch im selben Haus mit meiner Frau. Deshalb stahl ich mich ganz oft frühmorgens weg, setzte mich ins Auto und holte Angelika ab. Dann fuhren wir zu versteckten Parkplätzen, wo wir auf dem Rücksitz – bei laufendem Motor, damit es schön warm war – Sex in allen Stellungen hatten. Wir haben vielleicht Verrenkungen gemacht, mein lieber Scholli, das war klasse. Da merkte ich erst, wie viel Spaß Sex machen kann, fühlte mich wie ein Teenager.

Im Mai 2002 zog ich von zu Hause aus und nahm mir eine Wohnung. Das war der endgültige Befreiungsschlag. Angelika zog wenig später ins selbe Haus in die Wohnung unter mir. Ab da ging es natürlich richtig zur Sache. Wenn wir in den Urlaub fuhren, probierten wir alles aus, aber wirklich alles. Wir hatten Sex an allen möglichen und unmöglichen öffentlichen Orten, am Strand, im Schwimmbad, im Wald, da, wo jeden Moment irgendein Pilzsucher vorbeikommen konnte. Das Geilste war mal in einem Museumsdorf. Dass Leute um die Ecke kommen konnten, war gerade der Thrill. Einen gewissen Kick musste die Sache schon haben. Nur im Fahrstuhl haben wir es noch nicht probiert, aber wer weiß, vielleicht passt es irgendwann ja mal.

Mein Sexualleben ist in jeder Hinsicht überdurchschnittlich, qualitativ und auch quantitativ. Mehrmals am Tag, das ist für uns ganz normal. Wir machen es, wenn wir Bock haben, und wir haben regelmäßig Lust aufeinander. Ich weiß, was wir aneinander haben, und freue mich jeden Tag darüber, dass wir uns gefunden haben. Ich sage mal so: Früher hatte ich 08/15-Sex, heute habe ich galaktischen Sex: Lust durch totale Hingabe und Verschmelzung.

Guter Sex, das ist Freizügigkeit, Vertrauen, Genießen mit allen Sinnen: mit den Händen, den Augen, der Nase. Geschmack und Geruch sind wichtig, man muss sich von Kopf bis Fuß riechen können. Das habe ich mit Angelika.

In unserer wilden Anfangszeit habe ich oft gedacht: Mensch, warum habe ich das früher nicht gemacht, warum habe ich mich nicht ausgelebt? Die Anlage war immer in mir drin. Heute weiß ich, dass das früher eine verkümmerte Lebensweise war. Etwas hat mir gefehlt, es war mir aber nicht bewusst. Angelika hat mir geholfen, mich zu befreien. Ich behaupte heute, wer kein gutes Sexualleben hat, dem fehlt was. Man braucht diese Erfahrung. Sie ist ein wichtiger Baustein des Lebens, entscheidend für die Persönlichkeitsentwicklung.

Ich bin heute in jeder Hinsicht entspannter, freizügiger, offener. Vor ein paar Jahren habe ich mir zum Beispiel ein Ohrloch stechen lassen. Im Sommer trage ich auch schon mal einen Fußring und male mir ein, zwei Fußnägel an. Da kommen zwar manchmal schiefe Blicke, aber das ist mir egal. Wir haben beide dieses Andersdenken, dieses Anderssein verinnerlicht. Wir hinterfragen auch grundsätzlich die Schulmedizin, gehen den alternativen Weg. Schulmedizin, das sollen andere leben, wir nicht. Wir haben uns auch vom Keller bis zum Dach nach Feng-Shui eingerichtet. Esoterik ist einfach unsere Welt.

Wenn ich zurückblicke, den früheren Uwe mit dem von heute vergleiche, dann sehe ich wirklich zwei Menschen, zwei Persönlichkeiten. Uns trennen Welten. Ich bin heilfroh, dass ich jetzt das habe, was ich brauche, immer gebraucht habe. Angelika und ich haben schon oft gesagt: »Schade, dass wir uns nicht schon vor 20 Jahren kennengelernt haben.«

Kein Kondom?
Dann nix wie raus!

Ronald, 49, Gastronom
Erstes Mal 1979 mit 16 Jahren

Katjas Toilette – das ist das Erste, was mir einfällt, wenn ich an mein erstes Mal denke. Das heißt: erst Bett, dann Dusche, dann Toilette. Im Bett war es ein Krampf, in der Dusche haben wir uns abgekühlt, auf der Toilette lief's dann rund. Es war kurz vor meinem siebzehnten Geburtstag, im Sommer 1979. Ich saß auf dem heruntergeklappten Klodeckel, trocknete mir gerade die Füße und Beine ab, als Katja kam und sich auf mich draufsetzte. Vorher waren wir total angespannt gewesen, hatten schon alles Mögliche versucht. Jetzt lief es quasi von alleine. Das einzig Blöde war, dass ich sie rechtzeitig wegschieben musste, damit nichts passierte. Ein Kondom hatten wir nicht mehr. Das hatte unsere ersten Versuche nicht überlebt. Die sexuelle Verbindung, die wir hatten, hielt lange – 20 Jahre. Wir hatten immer wieder längere Pausen, in denen wir getrennt waren, ganz woanders lebten und andere Partner hatten, kamen aber immer wieder zusammen. Es war, als ob uns ein Gummiband irgendwie zusammenhielt. Wenn wir uns gesehen haben, hatten wir meistens auch Sex.

Meine erste bewusste Berührung mit dem Thema Nacktheit und Erotik hatte ich im Alter von sieben. Vielleicht war ich auch schon acht. Meine Mutter und ich – meinen Vater, einen Isländer, kannte ich nicht – wohnten zu der Zeit in Hannover. Wir sind ständig umgezogen. Sechs Jahre lang haben wir in Berlin gelebt, wo meine Mutter als Krankenschwester arbeitete. Dann ging die Reise los: Sie sprang von Job zu Job, von Fortbildung zu Fortbildung, von Stadt zu Stadt: Hannover, Bielefeld, irgendwelche Käffer. Allein in Hannover sind wir ein paar Mal umgezogen.

Dort hatte meine Mutter eine enge Freundin, Ulla. Ich fand sie in jeder Hinsicht klasse. Sie war witzig, sie war offen, sie sah gut aus, sie war toll. Wie alt sie war, weiß ich nicht. Vielleicht wie meine Mutter. Auf jeden Fall war sie eine erwachsene Frau. Es war am Morgen nach einer Party. Dort war viel Trubel, es war lustig und wir haben alle drei – Ulla, meine Mutter und ich – in einem Zimmer geschlafen. Als ich am anderen Morgen wach wurde – ob meine Mutter auch wach war, weiß ich nicht, ich hatte sie völlig ausgeblendet –, guckte ich geistesabwesend hoch und sah Ulla aus dem Badezimmer kommen, splitterfasernackt. Wow!

Ich lag unter meiner Bettdecke und schielte mit einem Auge neugierig zu ihr rüber. Es war das erste Mal, dass ich eine Frau nackt sah. Wenn du am Wannsee mal einen Busen hast blitzen sehen, dann war das damals schon richtig viel. Es war ja Ende der sechziger Jahre. Da ging das mit Kolle und Co. erst los. Ich kauerte unter der Decke und hoffte inständig, dass sie nicht wegging. Es war ein positiver Schock für mich, denn Ulla war ja jemand, den ich ganz toll fand. Ich glaube, das war damals so ansatzweise mein erstes feuchtes Erlebnis.

Von Hannover ging's weiter nach Bielefeld. Dieser Wechsel hat mir am meisten Schwierigkeiten gemacht. In Hannover ging ich die ersten vier Jahre auf die Waldorfschule, in Bielefeld kam ich auf eine normale Schule – und hatte von nix einen Plan. Ich war, typisch Waldorf, in Musik ganz vorne, in Sport, in Kunst, auch in Fremdsprachen – ich konnte Französisch und Englisch –, aber in allen anderen Fächern, Naturwissenschaften, Deutsch, fiel ich komplett durch.

Zeit zum Eingewöhnen hatte ich nicht, denn ein Jahr später zogen wir schon wieder um: Meine Mutter hatte einen Mann, meinen späteren Stiefvater, kennengelernt und ging mit ihm ins schwärzeste, erzkatholische Westfalen. Im Nachhinein war es für sie nicht die große Liebe, es war ihr Bedürfnis nach Sicherheit. Der Mann hatte Geld und er hat sie gewollt.

Auch hier hatte ich anfangs Probleme in der Schule. Kein Wunder, ich musste ja wieder ganz von vorne anfangen. Irgendein Schuljahr, das fünfte oder sechste, musste ich wiederholen. Andererseits hatte ich dort zum ersten Mal für längere Zeit, über zehn Jahre, ein festes Umfeld, und das tat mir gut. Meine Tage waren davon erfüllt, draußen zu sein. Ich fand bei uns in der Straße schnell Freunde, die auf meiner Wellenlänge waren. Wir haben Hockey gespielt, sind auf Bäume geklettert, haben geangelt. Alles Mögliche. Mädels waren da mehr oder weniger gleichberechtigt, wenn sie denn mithalten konnten.

Mein Stiefvater arbeitete als Steuerberater, war in der FDP und in unserem Ort ziemlich angesagt – ein echter Großmogul. Wir wohnten in einem schönen Haus, hatten sogar eine Haushälterin. Das war schon schick. Als Kind musste ich immer, wenn die Kunden meines Vaters – er adoptierte mich später – Geburtstag hatten, mit einem Blumenstrauß bei ihnen vorbeigehen und gratulieren. Wir fuhren dann mit seinem Auto vor, ich musste raus, den Strauß abgeben, bekam eine Mark und gut. Anfangs hat er sich den Arsch aufgerissen, mir mal einen kleinen Rolls-Royce im Verhältnis 1 : 40 geschenkt, das werde ich nie vergessen. Erst später wurde mir klar, warum er das gemacht hat, und da war unser Verhältnis dann nicht mehr besonders gut. Ich habe ihn nicht respektiert, er war mir egal.

In puncto Sex habe ich von den beiden relativ wenig mitbekommen, sowohl theoretisch als auch praktisch. Ich kann mich dunkel erinnern, dass ich sie mal gehört habe. Ihr Schlafzimmer lag ja direkt neben meinem. Aber ich konnte mir das nie vorstellen: er auf ihr drauf, wo auch immer, wie auch immer. Ich wollte es mir auch nicht vorstellen.

Aufklärung gab's nicht. Es hat sich jedenfalls keiner mit mir hingesetzt und etwas erklärt. Meine Mutter hat es zwar irgendwann getan, aber da war es eigentlich schon zu spät. In der Schule stand das Thema noch nicht auf dem Stundenplan. Wir haben auch kein Fernsehen geguckt und es gab noch keine Bilderbücher. Die *Bravo* hatten wir zwar schon, aber die war nicht unser Ding. Natürlich hat man sich die mal angeguckt, vor allem die Dr.-Sommer-Rubrik, aber eher unter dem – guck mal, hihi! – hämischen Aspekt.

Wie Kinder entstehen, das hatte ich mir schon mit neun zusammengereimt. Man hat ja auch immer mal was von Älteren aufgeschnappt. Mein bester Freund Rüdiger, unser Nachbar, war das jüngste von neun Kindern. Ich war oft bei ihm. Als einmal seine ältere Schwester mit einem dicken Bauch rumlief, da muss ich zehn gewesen sein, wusste ich jedenfalls schon, was das ist, das heißt, wie es dazu kam: Dass irgendwer seinen Penis bei ihr reingesteckt hatte.

Die erste behaarte Scheide habe ich bei meinen Eltern gesehen, in einem Buch, das bei uns im Regal rumstand. Ein Bildband mit Schwarz-Weiß-Motiven eines damals sehr angesagten Fotografen. Meine Mutter und auch ihre damalige Freundin Ulla kamen politisch beide aus der roten, progressiven Ecke. Das hat sich durch die Heirat mit meinem Stiefvater dann aber komplett gegeben. Sie hatte alle Ausgaben des *Kursbuchs* im Regal stehen. Das war die Hauspostille der 68er. Es ging vor allem um Kultur und politische Bildung. Zwischen den *Kursbüchern* stand auch das Buch mit den vielen Abbildungen von Geschlechtsteilen.

Ein anderes Mal bin ich auf dänische Pornos, Pornohefte, gestoßen. Die hatte mein Stiefvater im Nachtschrank versteckt. Da muss ich auch so um die zehn gewesen sein. Mir war gleich klar: Das passt nicht. Er war mit meiner Mutter zusammen und dann diese Dinger da drin, das passte nicht. Und da ich schon lange darauf aus war, ihm eins auszuwischen, nahm ich sie raus und legte sie mitten aufs Bett. Da hat er dann auch ganz schön Ärger bekommen.

Am selben Abend wurde es schon angesprochen. Ich durfte mit den beiden meistens zusammensitzen, bis um 20 Uhr die Nachrichten kamen. Dieses Mal nicht. Ich wurde schon vorher hinausexpediert und musste auf mein Zimmer. Erst kam von meiner Mutter die Nummer: »Was hast du überhaupt im Schlafzimmer gemacht?« Ich: »Nichts, ich war nicht im Schlafzimmer.« Es wurde natürlich nicht angesprochen, was die Frage beinhaltete. Ich hab einfach alles abgestritten. Mein Zimmer lag vis-à-vis von unserem Fernsehraum. Daher bekam ich mit, wie sie sich später unterhielten. Meine Mutter war ganz schön sauer auf ihn – und das freute mich diebisch.

Sexualität wurde erst ein paar Jahre später interessant für mich – durch Erika. Sie war drei Jahre älter als ich und spielte immer draußen mit uns. Es gab ein Gelände mit einem Bach und einem großen Baum nebst Seil. Damit konnte man sich übers Wasser schaukeln lassen. Erika machte immer mit. Sie war ein bisschen robuster als die anderen, auch als wir Jungs damals. Irgendwann waren Erika und ich ein Kick und ein Ei.

Sie war anders als alle Jungs und Mädchen, die ich bis dahin kannte. Genau genommen hatte sie eine ziemliche Macke. Sie hatte keine Mutter mehr, nur einen alten Vater und einen jüngeren Bruder. Für die zwei hat sie die Mutti gemacht. Ihr Vater war damals schon 80, irgendein prominenter Schriftsteller. Er saß den ganzen Tag über in seinem Riesenbüro, umgeben von Tausenden von Büchern, war blind und taub für seine Familie und seine Umwelt und hat wahrscheinlich nicht viel mitbekommen. Später hat Erika versucht, ihn mit Rattengift im Kaffee umzubringen.

Deswegen ist sie dann plötzlich verschwunden und ward nie wieder gesehen. Auch mit ihrem Bruder ist sie ziemlich brutal umgesprungen. Sobald er ihr in die Quere kam, gab's eine an die Backe. Sie hat ihn auch oft verprügelt. Er war noch jünger als ich und ein bisschen kleiner.

Zu mir war sie anders. Wir sind prima klargekommen. In dem Sommer, in dem ich 13 wurde, kam irgendwann die Situation mit dem ersten Kuss. Ich weiß, ich musste immer um acht zu Hause sein. Einmal sind wir, nachdem wir auf dem Gelände waren, noch zu Erika gegangen. Ich saß bei ihr im Zimmer auf einem Stuhl, sie mir gegenüber. »Küss mich!«, verlangte sie. Ich druckste rum, zierte mich wie eine Zicke am Strick: »Wieso? Nee, weiß nicht.« Ich traute mich einfach nicht, hatte tierisch Bammel.

Irgendwann hab ich's aber doch gemacht, ganz schnell auf den Mund, ohne dass was zu merken war, bin aufgesprungen und nach Hause gerannt. Dort hab ich tierischen Punk bekommen, weil ich eine Stunde zu spät dran war. »Ich war noch bei Erika«, meinte ich nur. Ich glaube, meine Eltern wussten ein bisschen, was da abging. Es gibt ja Gerüchte in einem kleinen Kaff. Ein Mädel mit einem uralten Vater und einem Bruder. Meine Mutter wollte nicht, dass ich Kontakt zu ihr habe. Sie konnte mich aber nicht davon abhalten. Erika faszinierte mich.

Nach dem ersten Kuss bin ich ein bisschen mutiger geworden. Nur zwei, drei Tage später küssten wir uns wieder. Es ging dann relativ schnell, weil ich den Großteil meiner Freizeit bei ihr verbrachte. Es war spannend für mich, denn jetzt passierte mir das, was ich bisher nur vom Hörensagen, von den Größeren, kannte. In der Schule sah man ja auch immer mal ein Pärchen knutschen. Und ich hatte auch Freunde, die älter waren und schon mit irgendjemandem gingen. Die Erfahrungen mit Erika haben mich damals extrem beeindruckt. Ich hatte noch nie eine Erektion gehabt, von einem Samenerguss ganz zu schweigen, und dann das: Sie empfing mich bei ihr zu Hause im Minirock mit nichts drunter und in einer

Bluse, durch die man durchgucken konnte! Sie hat das bestimmt in erster Linie für sich gemacht. Ich hatte ja nicht wirklich was davon. Ich war noch längst nicht so weit.

Wenn ich kam, hat sie erst mal ihren kleinen Bruder weggeschickt. Wollte der nicht freiwillig gehen, hat sie ihn die Treppe runtergeschubst. Dann wurde das Zimmer abgeschlossen und es ging los. Erst zog sie sich aus, dann zog sie mich aus, dann fasste sie mich von oben bis unten an. Irgendwann kamen Zungenküsse dazu. Obwohl es sich komisch anfühlte, plötzlich einen Fleischlappen im Mund zu haben, fand ich's nicht eklig. Es war aufregend. Wie überhaupt alles, was sie mit mir gemacht hat.

Wir haben viel experimentiert, das heißt eher sie mit mir. Die Initiative ging immer von ihr aus. Oft lagen wir zusammen nackt im Bett und sie streichelte mich zwischen den Beinen. Sie zu berühren, zu riechen und zu schmecken, das war sehr aufregend für mich. Es ist im Prinzip alles passiert bis auf Geschlechtsverkehr. Ich bin mir sicher, sie hätte auch gerne mit mir geschlafen. Ich glaube, sie hatte damals ihr erstes Mal auch noch nicht. Ich war aber schlicht und ergreifend körperlich noch nicht in der Lage: Wenn sie mich stimulierte, passierte bei mir nichts.

Weil ich von ihr meistens zu spät nach Hause kam, habe ich oft einen Höllenärger gekriegt. Ich fand halt kein Ende, weil's so schön und aufregend war. Der Kontakt, die Wärme, die Nähe, das war spannend und angenehm. Eineinhalb bis zwei Jahre ging das mit Erika. Es fand schließlich ein abruptes Ende, als ihr Vater ins Krankenhaus kam. Man stellte fest, dass er mit Rattengift im Kaffee »behandelt« worden war. Daraufhin wurde Erika in ein Heim, ihr Bruder zu irgendeiner Tante geschickt. Dann war das Haus verwaist und ich hörte nie wieder was von ihr. Sie hatte mit Sicherheit eine Macke. Erst viel, viel später habe ich mir Gedanken darüber gemacht, was damals eigentlich alles abgegangen ist. So krass, wie sie drauf war, hätte sie wahrscheinlich auch ihren Bruder totgeschlagen.

Ab dem Moment, als Erika weg war, hatte ich ein Stück weit eine normale Kindheit, wie man das so kennt – mit Auf-Bäume-Klettern und Draußen-Rumtoben. Ich war mittlerweile knapp 15, hatte in der Schule Fuß gefasst. Für meine Eltern wurde ich allmählich aber richtig schwierig, denn ich fing an, mich über geltende Konventionen hinwegzusetzen. Gerade bei uns zu Hause wurde, weil mein Stiefvater im Ort jemand war, besonders viel Wert auf Etikette gelegt. Es ging damit los, dass ich irgendwann sagte, ich hätte auf die ganze Blumenarie keinen Bock mehr. Dann ließ ich mir, als einer der Ersten im Ort, die Haare lang wachsen. Das ging gar nicht. Dass ich kiffte, wusste allerdings niemand. Das habe ich meiner Mutter erst vor ein paar Jahren erzählt. Da ist sie fast hintenübergefallen.

Ich habe mit meinen Kumpels viel Mist gebaut. Einmal haben wir nachts den Auspuff eines Mofas abgebaut. Es gehörte einem Mitschüler. Zwei Tage später, am Montag, kam er in die Schule und jammerte wie blöde, dass irgendwelche Arschlöcher ihm den Auspuff geklaut hätten. Wir meinten, wir hätten noch einen – und verkauften ihm seinen eigenen. Er hat ihn nicht erkannt, Auspuff ist ja Auspuff. Wir waren schon eine ziemliche Bagalutentruppe, Landjugend halt.

In der Schule war ich auch keine große Leuchte. Ich habe mich aber auch nicht besonders angestrengt, immer nur gerade so viel gemacht, dass meine Versetzung nicht gefährdet war. Meine Eltern bekamen viele blaue Briefe, einmal wegen Rauchens in der Schule. Die Aktion, die sie daraufhin brachten, werde ich nie vergessen: Als ich an dem Tag nach Hause kam, saßen beide am Tisch, vor sich was Leckeres zu essen, ich glaube, Königsberger Klopse. An meinem Platz stand allerdings kein Teller, sondern ein Glas mit Zigaretten. Ich fand das wenig witzig und machte auf dem Absatz kehrt.

Als ich 15 war, ging es mit dem Musikmachen richtig los. Angefangen habe ich schon mit zehn, als ich ein Schlagzeug geschenkt bekam. Als Teenager trat ich dann in einer Band auf. Wenn wir auf der Bühne abrockten, flogen uns die Frauenherzen nur so zu. Da fing ich an, mich ernsthaft für Mädchen zu interessieren. Es gab viele, die versucht haben, mit einem von uns anzubändeln. So lernte ich Katja kennen. Bei ihr hatte ich zum ersten Mal dieses besondere Gefühl, dieses »Du siehst sie und irgendwie tut dir alles weh«-Gefühl. Das ging uns beiden so. Das hat sie mir auch gesagt.

Sie kam zu einem unserer Konzerte in einer speziellen Kneipe, für damalige Verhältnisse eine Freak-Kneipe: Wirt und Wirtin hatten lange Haare, alle trugen »Pali-Tücher«, die damals angesagten Palästinensertücher, alle kifften. Es war ein erbärmliches Konzert, denn es kamen nur sieben Leute. Trotzdem haben wir alles gegeben. Katja stand ganz vorne. Sie guckte mich an, ich guckte sie an. Sie war ein Jahr jünger als ich, bildhübsch, hatte eine dunkelblonde lange Lockenmähne und eine damals sehr angesagte goldene Nickelbrille, wie John Lennon sie trug.

Bis zu dem Tag hatte ich sie noch nie gesehen, weil sie nicht aus unserem Ort kam und weder bei mir auf der Hauptschule noch auf dem Gymnasium nebenan war. Sie wohnte sieben Kilometer entfernt in einem anderen Dorf. Als das Konzert vorbei war, kamen wir ins Gespräch. Wenn wir Lust hätten, meinte sie, könnten wir mal zu ihr kommen. Das haben wir auch gemacht.

Wir saßen alle zusammen in ihrem Zimmer: ich, einige meiner Musikkollegen, Freundinnen von ihr. Dann kam die übliche Geschichte: Patschuli-Duftkerzen und Räucherstäbchen, wir tranken Tee, hörten Cat Stevens und unterhielten uns, zum Beispiel über die Schule. Irgendwann waren urplötzlich alle weg, nur Katja und ich saßen noch da. Es war sehr spät und ich hatte schon überlegt: Mensch, wie kommst du denn jetzt noch nach Hause?

Als wir dann so zusammensaßen, kamen wir uns irgendwann näher und knutschten. Es war völlig anders als mit Erika. Damals wusste ich gar nicht, was mit mir geschieht. Ich machte mir Gedanken über Speichel, kam mir mit dem vollen Mund ein bisschen vor wie beim Zahnarzt, wenn der einen Gebissabdruck nahm. Mit Katja dagegen war es einfach nur schön. Wir haben wie zwei Legosteine aufeinandergepasst. Auch alles andere passte. Wir hatten die gleichen Interessen, hörten die gleiche Musik. Sie war auch ein Einzelkind, ein spätes Nesthäkchen.

Bis wir gesagt haben, jetzt machen wir's mal, hat es aber drei bis vier Monate gedauert. Auch, wenn ich's vorher noch nicht gemacht hatte: Schiss hatte ich nicht. Natürlich nicht. Ich war ja cool damals, ich hatte ja Erfahrung, die Mädchen standen ja auf mich. Außerdem hatte sich bei mir in der Zwischenzeit auch körperlich einiges getan. In der Zeit, als das mit Erika zu Ende ging, fing es bei mir mit den ersten Ergüssen an.

Wenn ich morgens an mir runtersah, war ich ziemlich verwirrt und dachte: Alter, was ist das denn …? Im ersten Moment glaubte ich, ich hätte in die Hose gepinkelt. Es gibt ja diese Träume, in denen du dich irgendwo hinstellst, pinkelst – und dann wachst du völlig hektisch auf. Ähnlich ist es mit den Ergüssen: Du träumst, du hast Sex, und genau in dem Augenblick wachst du auf und siehst die Bescherung. Wow, super, großer Sport! Wenn man dann noch bei Mutti wohnt und seine Unterwäsche in die Wäsche tun muss, kann das oberpeinlich werden. In dem Alter ist einem ja ohnehin fast alles peinlich. Natürlich habe ich die Hosen lieber selbst ausgewaschen.

Irgendwann kam es also bei Katja und mir zur Sprache: Wir redeten darüber, ob wir miteinander schlafen wollten. Bis zu dem Zeitpunkt war noch nicht viel gelaufen. Wir lagen zwar oft miteinander im Bett, aber nie ganz nackt. Wenn ihre Eltern da waren, waren wir immer in voller Montur, mit Bluse, Hose und Shirt. Man musste immer damit rechnen, dass sie besorgt reinkamen, um nachzuschauen. Katja hatte oben ihr Zimmer mit eigenem Badezimmer – das hat sich später als sehr nützlich erwiesen. Wenn wir allein waren, dann hatten wir nur Unterwäsche an. Wir hatten schon einiges gemacht an Petting, aber Verkehr, auch Oralverkehr, hatten wir nicht. Oralverkehr kannte ich schon von Erika. Die hatte ja alles an mir versucht. Sie bei mir und ich auch bei ihr. Das heißt, als sie mir einen geblasen hat, passierte bei mir damals noch nichts.

Zunächst galt es, eine Zeit abzupassen, in der ihre Eltern nicht da waren. Um die Verhütung hatte ich mich gekümmert: Ich besorgte bei meinem Stiefvater Kondome. Die lagen zwischen den Pornoheften. »London Gefühlsecht«, das werde ich nie vergessen. Erst mal nahm ich nur eins, es sollte ja nicht auffallen. Zu dem Zeitpunkt hatte ich noch nie ein Kondom in der Hand gehabt, auch nicht übergestülpt, gar nichts.

Es war kurz bevor ich 17 wurde, im Sommer 1979. In der Zeit führte ich ein völlig wüstes Leben. Ich war ständig unterwegs, übernachtete oft bei Freunden, schwänzte regelmäßig die Schule und hatte durch die Musik viel Kohle. Unser Sänger, ein Engländer, hatte Kontakt zu den in Lippe stationierten Briten und verschaffte uns jede Woche zwei bis drei Auftritte in irgendwelchen Offiziersmessen. Das ging dann gut zur Sache und es gab viel Geld, selbst für heutige Verhältnisse: An so einem Abend bekam man pro Kopf 400 bis 500 Mark. Für einen Teenie wie mich war das natürlich cool.

Erst haben wir es klassisch versucht, sind ins Bett gegangen. Ich war völlig hippelig und aufgeregt. Sie aber auch. Wir saßen uns im Schneidersitz gegenüber, als ich eine Erektion bekam. Dann versuchte ich, das Ding rüberzukriegen. Das Ganze war aber so skurril, dass meine Erektion ganz schnell wieder flöten ging.

Das Kondom saß dann ganz zerknautscht obendrauf. Also fummelten wir erst mal wieder ein bisschen rum. Das ging auch ganz gut. Wir waren beide völlig aufgeregt. Katja lag inzwischen unten, ich irgendwie obendrauf und übte ganz vorsichtig Druck aus. Von ihr kam mal »Aua«, »Hm« oder »Äh«. Ich spürte, es ging nicht vorwärts. Sie war trocken, ich supernervös. Wir waren beide einfach nicht richtig stimuliert. Das Ganze war kein bisschen erotisch, sondern eher eine technische Angelegenheit.

Ich glaube, wir haben eine geschlagene halbe Stunde lang rumprobiert und waren schließlich beide ziemlich frustriert. Aber wir wollten es nun mal unbedingt an dem Tag. Es gab ja nicht so viele Gelegenheiten. Es ging nur, wenn ihre Eltern nicht da waren. Bei mir wäre es gar nicht gegangen, weil mein Zimmer genau gegenüber dem Fernsehraum meiner Eltern war. Und irgendwo in der Walachei, nee, das war uns nichts. Das wollten wir auch nicht.

Wir haben es im Bett dann aufgegeben und sind in ihr Badezimmer gegangen. Ich musste erst mal kalt duschen. Wir haben uns gegenseitig eingeseift und beschlossen dann, es noch mal zu probieren. Jetzt hatten wir aber kein Kondom mehr. Und ohne? »Nada, nee, machen wir nicht, geht gar nicht«, sagten wir uns – machten es wenig später aber doch.

Wir sind aus der Dusche raus und trockneten uns ab. Ich setzte mich dafür auf den geschlossenen Klodeckel. Dann kam plötzlich Katja und setzte sich einfach auf mich drauf. Wir fummelten, kuschelten, alles gut. Plötzlich merkte ich: Ups, da unten tut sich wieder was. Sie bestimmte das Tempo – und dann ging es ganz gut. Es tat ihr zwar ein bisschen weh und es blutete auch etwas, aber es war im Großen und Ganzen für beide entspannt.

Ich war der Erste, der was sagte: »Äh, kein Kondom ...?« Dann ging's relativ schnell: Plopp, nix wie raus! Wann der Zeitpunkt war, habe ich gespürt. Das ist auch heute noch so. Ich konnte meist gefahrlos ohne Kondom Geschlechtsverkehr mit Frauen haben, die nicht verhüten. Aber auch, wenn ich das Zurückziehen später ziemlich gut beherrscht habe: Auf Dauer war es extrem frustrierend. Gerade, wenn man mal, was selten genug passiert, zusammen zum Höhepunkt kommt. Wenn man die Partnerin wegschieben muss, dann ist für beide der Spaß vorbei. Deshalb habe ich mich später sterilisieren lassen.

Eine ganze Weile lang lagen wir noch zusammen im Bett, kuschelten, redeten. Die Stimmung war völlig entspannt. Weil es gut geklappt hatte, schliefen wir noch häufig ohne Verhütung miteinander. Nur einmal gab es eine prekäre Situation. Da dachten wir, Katja sei schwanger. Vom Frauenarzt kam aber zum Glück Entwarnung. Dann ließ sie sich die Pille verschreiben.

Wir haben ziemlich oft miteinander geschlafen, waren dabei aber sehr straight. Das heißt, großartige Verrenkungen, experimentellen Sex machten wir nicht. Die Stellung, die wir bei unserer ersten Nummer auf dem Klo probiert hatten, wurde unsere Lieblingsstellung. Sie hat einfach viele Vorteile: Man ist sich dabei sehr nah, kann sich angucken, umarmen. Man ist total dicht dran am anderen.

Zwei Jahrzehnte lang hielt unsere sexuelle Verbindung. Irgendwann wollten wir beide dann nicht mehr. Es kam keine Stimmung mehr auf. Wir lagen zusammen im Bett, wussten aber nicht mehr so richtig was miteinander anzufangen. Es war zu viel Zeit vergangen. Jeder hatte seine eigenen Erfahrungen gemacht, sich weiterentwickelt. Es war eine Jugendliebe. Das ist etwas völlig anderes. Das kann man mit heute nicht mehr vergleichen. So was kann man auch nicht mehr einfangen. Das kann man vergessen. Das funktioniert nicht. Aber auch, wenn wir keinen Sex mehr haben, das Gummiband zwischen uns besteht immer noch: Wir haben noch Kontakt.

Meine zweite Sexualpartnerin kam noch während der Beziehung zu Katja. Es passierte auf einer Feier, während der Poolparty unseres Bassisten. Sein Vater hatte eine große Firma und richtig viel Geld. Moni war splitternackt. Deshalb fiel sie mir sofort auf. Wir waren an dem Abend aber alle nicht so richtig angezogen – auch ein Grund, warum es drunter und drüber ging. Gruppensex gab es zwar nicht, aber es passierte viel: Die meisten von uns suchten sich irgendeine Ecke und da ging es zur Sache. Katja bekam davon nichts mit, keiner erzählte ihr was. Wir hielten als Band zusammen. Da kam nichts dazwischen, auch keine Frauen.

Später, als ich von Katja getrennt war, haben wir sogar mal zu zweit die Freundin unseres Bassisten vernascht. Auch Partnertausch probierten ich und der Bandkollege mal aus. Das ging aber voll in die Hose, es war im wahrsten Sinne des Wortes eine Schnapsidee. Wir hatten vorher Strip-Poker gespielt, alles dunkel gemacht und fingen an ... Es ging aber nicht. Es hat mich überhaupt nicht angeturnt. Die anderen auch nicht.

Nach Moni kam Andrea. Wir hatten was auf meiner Abschlussparty im Juni 1982. Ich habe an dem Tag meinen 20. Geburtstag gefeiert und gleichzeitig meinen Abschied aus Westfalen. Ich hatte in Hamburg eine Zivistelle bekommen. Es passierte in der Nacht nach der Party. Den ersten Sex habe ich noch mitbekommen, beim zweiten Mal lag ich schon schlafend im Zelt. Sie wollte aber noch mal und kam reingekrochen. Ich bin erst richtig wach geworden, als sie auf mir drauf saß – da war aber schon alles zu spät.

Ein paar Monate später bekam ich den Horroranruf: »Ich bin schwanger!« Ich war wie vor den Kopf geschlagen. Sie war minderjährig, damals noch 17, ich hatte in Hamburg gerade meinen Zivildienst angefangen. Es war die totale Katastrophe. Und erst für unsere Eltern! Ich sollte sofort wieder zurückkommen. Sie wollten alles in einigermaßen geordnete Bahnen lenken. Ihr Vater war Direktor einer katholischen Grundschule und hatte ziemliche Angst vor einer unehelichen Schwangerschaft. Deshalb heckten er und mein Vater einen Plan aus. Als ich am Wochenende zurückkam, wurde ich vor vollendete Tatsachen gestellt: Sie hatten einen Zivildienstplatz für mich, einen Job für Andrea, wenn sie mit der Schule fertig war, und für uns beide eine Wohnung. Das war krass. Für mich war aber klar: Das wollte ich definitiv nicht. Also sagte ich: »Ich komme nicht zurück.«

Andrea war genauso kreuzunglücklich wie ich. Sie wollte nicht schwanger sein, konnte als Minderjährige aber nichts gegen den Willen ihrer Eltern ausrichten. Sie bestanden darauf, dass sie das Kind bekam. Abtreibung ging gar nicht. Ich versuchte sie zu beruhigen, sagte, dass ich jedes Wochenende runterkäme und ihr helfen würde.

Im Jahr darauf ließen sich meine Eltern, dann Andreas Eltern scheiden. Beide Ehen waren auch durch die Sache mit uns in die Grütze gegangen. Dass Sex so viel anrichten konnte, hat mir die Lust dann erst mal ordentlich verdorben: Ich hatte ganze zwei Jahre lang keinen Sex mehr. Ich habe in der Zeit zwar geflirtet und geknutscht, das war's aber auch. Einmal lernte ich auf einer Party eine Frau kennen, die auch gewollt hätte. Ich hab aber für mich entschieden: Nee, ich will nicht. Anfassen mit Klamotten, küssen, kuscheln: okay, aber mehr, nada, nee.

Außerdem wurde ich jede Woche in Westfalen ja auch wieder damit konfrontiert, was dabei passieren konnte. Das Kind, Jens, war inzwischen da. Wir hatten zwar auch mal diskutiert, ob Andrea mit Jens nicht zu mir nach Hamburg kommen sollte. Ich hatte ihr sogar schon einen Job bei einem Fotografen besorgt. Sie wollte aber nicht und dann war erst mal eine ganze Weile Funkstille bei uns. Ich habe Jens, als er noch ganz klein war, hin und wieder bei meiner Mutter gesehen, wenn Andrea gerade zu Besuch bei ihr war. Da hatten wir aber schon nicht mehr viel zu reden. Zu Jens – er ist jetzt 27 – habe ich heute ein gutes Verhältnis.

Ich hatte sexuell viel Abwechslung in meinem Leben. Es gab Phasen, da hatte ich dreimal die Woche Sex, immer mit jemand anderem. Ich fand's spannend, weil es von Typ zu Typ sehr unterschiedlich war. Ich habe für mich festgestellt, dass ich guten Sex am Geschmack erkenne. Man merkt es beim Küssen, beim Oralverkehr. Wenn das nicht schmeckt, kannst du es vergessen. Dann kannst du gleich die Koffer packen, sagen: »Ich hab noch einen Termin«, und die Fliege machen.

Es gab mal so eine Situation mit einer Internetbekanntschaft. Wir hatten uns öfter getroffen. Irgendwann kam sie zu mir, wir kuschelten, sie wollte mehr. Ich aber sagte: »Ich kann keinen Sex mit dir haben.« Sie schaute mich mit großen Kulleraugen an und meinte, das könne sie jetzt nicht so ganz verstehen. Ich habe mich rumgewunden, schließlich zu ihr gesagt: »Ich glaube, dass wir sexuell nicht harmonieren. Es passt nicht, ich kann das nicht, ich will keinen Sex mit dir haben.« Erst war sie traurig und enttäuscht, dann wurde sie aber ziemlich krass. Was ich denn für ein Typ sei. Hier würden schließlich überall Pornos rumhängen – tatsächlich sind es Aktzeichnungen. Sie wollte dann erst mal großartig mit mir diskutieren. Vielleicht hätte ich ja einfach sagen sollen: »Du schmeckst mir nicht.«

Ich schätze, ich habe mit rund 30 Frauen geschlafen. Meistens waren es One-Night-Stands und Beziehungen, die man mal so einen Monat lang hatte. Nur mit drei Frauen waren es richtig lange Partnerschaften. Die intensivste sexuelle Phase hatte ich in den achtziger Jahren, kurz bevor ich meine Frau kennenlernte, meine jetzige Exfrau. Da habe ich in einer Kneipe gearbeitet und es hat sich halt fast jeden Abend was ergeben.

Heute ist mir Sex nicht mehr so wichtig wie früher. Ich laufe jedenfalls nicht ständig triefend und tropfend durch die Gegend. Ich habe einfach keinen Bock mehr auf Rumrudern oder großartiges Ausprobieren. Mal eben im Vorbeigehen auf einer Poolparty, das würde mir heute, glaube ich, nicht mehr passieren.

Ich wollte auf keinen Fall
der Letzte sein

André, 45, Werber
Erstes Mal 1983 mit 17 Jahren

Der Morgen danach war scheiße, im wahrsten Sinn. Das hatte aber nichts mit dem Sex zu tun. Ich habe mit ihr eine so skurrile Situation erlebt, dass ich sie nachher noch oft erzählt habe. Wir hatten zum zweiten Mal miteinander geschlafen, danach ging ich als Erster ins Bad, um mir die Zähne zu putzen. Ich glaube, ich nahm sogar ihre Zahnbürste, damals war man noch entspannt. Ich fing an zu putzen, als sie plötzlich durch die Tür schlenderte, nackt wie Gott sie schuf, sich neben mir auf die Toilette setzte – und nicht Pipi machte, sondern was anderes. Und das Ganze war auch noch hörbar!

Mir kippte vor Entsetzen die Zahnbürste aus dem Mund. Sie aber guckte mich an, als wäre es das Normalste der Welt, als würde sie Kartoffeln schälen, abtrocknen oder wer weiß was Alltägliches machen. Ich ließ mir nicht anmerken, wie abartig ich das fand. Und sobald ich allein war, war die erste Frage, die ich mir stellte: Ist das so, wenn man mit einer Frau zusammen ist?, sprich: Was erwartet mich in Zukunft? Muss ich, wenn ich mit einem Mädchen intim bin, das auch alles teilen? Wenn ich Sex habe, bedeutet das automatisch, dass ich mir so was auf Dauer antun muss? Um Gottes willen, alles, nur das nicht, nee, igitt. Dann lieber keinen Sex mehr. So ging das in meinem Kopf. Es beschäftigte mich so, dass ich kurz danach meinen besten Kumpel fragte. Der lachte sich natürlich kaputt.

Ich weiß noch ganz genau, wann es losging mit den Mädels. Bis zur fünften Klasse feierten wir Jungs in Berlin Geburtstage nur mit Jungs. Mädchen waren in dem Alter so was von doof, wenn nicht sogar »Iiih«, die zickten, die waren komisch, fremd, völlig anders. Mit denen verbrachte man nicht seine Freizeit, das war out of discussion. Und auf dem heiligen Geburtstag, wo wir Jungs-spiele und Fußball spielen wollten, hatten sie schon überhaupt nichts zu suchen. Bis zu dem Tag, an dem einer, der auch sonst in vielen Dingen führend war, ein kleines Alphatierchen, zu seinem zwölften Geburtstag plötzlich Mädchen einlud. »Mann, der hat Mädchen eingeladen ...«, tuschelten wir entsetzt untereinander. Und was passierte danach? Seitdem war es Pflicht, wenn nicht gar ungeschriebenes Gesetz, auch Mädchen einzuladen. Wer es nicht tat, galt als uncool. Innerhalb von nur zwei, drei Monaten wendete sich das Blatt komplett.

Mit den Mädchen änderten sich die Spiele: Ab da war Flaschen-drehen angesagt. Das hatte ich auch während der Verschickung zum ersten Mal gespielt. Verschickung hieß, man wurde in den Ferien mit vielen fremden Kindern in einem Bus von Berlin irgend-wohin gefahren – ich war zweimal an der Ostsee –, wo ein Zelt-lager organisiert war. Zunächst fand ich es dort blöd, nach ein paar Tagen wollte ich aber nicht mehr weg, und das ging allen so. Dort spielten wir Flaschendrehen und Farbenküssen. Dabei musste ein Mädchen auf einen Jungen zugehen oder umgekehrt. Man setzte sich vor den Betreffenden hin und fragte bestimmte Farben ab: Jede Farbe stand für eine Kussart. Mit Weiß, der Farbe der Unschuld, fing man an. Sagte das Gegenüber Ja, bekam man einen Handkuss. Sagte er oder sie Nein, kam die nächste Farbe dran. Die Kussformen steigerten sich: Es gab den Kuss auf die

Wange, auf den Mund und den mit Zunge. Das Extrem, die Farbe Schwarz, bedeutete: 30 Sekunden lang zungenküssend aufeinanderliegen und dabei auch noch fummeln. Das kam aber nie vor.

Das Spiel war aus zwei Gründen böse: Zum einen kamen die hässlichen Entlein und Außenseiter nur selten dran – Kinder sind ja brutal – und wenn sie doch mal durften, kam gleich bei »Weiß« ein »Ja«, sodass es für sie nicht mehr weiterging. Und wenn jemand auf einen zukam, der nicht so angesagt war und trotzdem die Traute hatte, auf die Farbenfragen eine ganze Weile mit Nein zu antworten, machte man dem Spuk schon mal mit einem entnervten »Mehr gibt's nicht« ein Ende. Da ich im Zeltlager nicht zu den Vollpfosten, den Losern, gehörte, lag ich mittendrin, da, wo fast alle lagen, im ersten Drittel der Farbenpalette. Ein Kuss auf den Mund und zehn Sekunden lang halten war das höchste der Gefühle.

Ich weiß noch, dass beim zweiten Zeltlager alle Mädchen in einen Betreuer, einen Studenten, verknallt waren. Der muss Mitte 20 gewesen sein, uns kam er aber uralt vor. Das Ganze hatte ein La-Boum-Flair. Die Hauptdarstellerin, Sophie Marceau, fand ich damals ganz toll.

In der Sechsten, mit zwölf, war ich zum ersten Mal verknallt. Ich erinnere mich noch genau an die Klassenfahrt in dem Jahr. Es gab drei Jungs- und drei Mädchenzimmer, sie waren sortiert nach den Coolen, den Normalos und den Vollidioten. Ich war im Zimmer der Coolen. Nachts sind wir ins Zimmer der angesagten Mädels gegangen. Die hatten wir schon vorher unter uns aufgeteilt. Das Alphatierchen bekam natürlich die, die fast alle wollten: Susi, lange Haare, dunkler Typ, unsere »Highschool-Queen«. Ich hatte ebenfalls Glück, denn ich bekam die, die zu der Zeit mein Schwarm war: Andrea. Wir saßen gerade im Zimmer der Mädels, jeder auf dem Bett »seiner« Liebsten, als wir hörten, wie die Lehrerin, eine furchtbare Ziege, anrauschte. Dann ging es zack, zack, jeder kroch unter eine Bettdecke, die Mädels stützten sich halb auf uns und setzten unbeteiligte Gesichter auf. Das Ganze war ziemlich aufregend, weil einerseits die Angst da war, entdeckt zu werden, und wir andererseits ganz dicht an den Mädels dran waren. Näher ging ja gar nicht. Natürlich waren wir nach der Geschichte am anderen Tag die absoluten Helden. Allerdings glaubte man uns erst, nachdem die Mädchen es bestätigt hatten.

Geküsst haben Andrea und ich uns nie, auf den Kindergeburtstagen aber Blues getanzt, Engtanz oder Schieber, wie wir in Berlin sagten, weil man sich gegenseitig über die Tanzfläche schob. Genau so wie bei *La Boum*: Sie die Arme oben um die Schultern, er bei ihr an der Hüfte. Noch mischten sich die Jungs und Mädchen auf den Geburtstagspartys nicht, es gab eine Jungs- und eine Mädchengruppe. Ich weiß noch, dass es zu vorgerückter Stunde, kurz bevor alle gehen mussten, die Eltern quasi schon im Anmarsch waren, plötzlich ganz hektisch wurde. Irgendwer legte dann was Langsames auf, damit man noch ein bisschen engtanzen konnte. Das Problem war allerdings, dass man ganz schnell einen steifen Penis bekam – auf den Tod verboten natürlich, aber das konnte man in dem Alter noch nicht kontrollieren. Eine »falsche« Berührung reichte und schon ging's los. Das war natürlich schlimm, ätzend und oberpeinlich und man versuchte, das Ganze unauffällig zwischen die Beine zu klemmen, oder tanzte auf einmal mit drei Zentimetern Abstand.

Das meiste zum Thema Aufklärung kam von anderen Jungs und aus der Schule. In der vierten Klasse hatten wir zum ersten Mal Sexualkunde. Erst ging es um die grundsätzlichen Dinge, um Penis, Scheide und Gebärmutter. In der fünften, sechsten Klasse wurde Verhütung erklärt und wir bekamen Pro-familia-Broschüren zum Nachlesen. Natürlich haben wir auch unsere Späße gemacht. Kaum war die Lehrerin draußen, schmissen wir eingeweichte Tampons an die Decke oder bliesen Kondome auf. Auch auf dem Gymnasium stand das Thema noch eine ganze Weile auf der Agenda, bis etwa zur neunten Klasse. Am Anfang war einem der Unterricht noch peinlich, irgendwann kommentierte man ihn nur noch altklug mit »Kenn ich alles schon«, natürlich auch, um die eigene Unsicherheit zu überdecken.

Obwohl meine Mutter alles andere als konservativ war – sie erzog mich allein, mein Vater war schon gestorben –, konnte sie mir zu dem Thema nichts vermitteln. In der Hinsicht hatte sie keinen Draht zu mir. Ich erinnere mich noch an eine denkwürdige Situation. Als ich die ersten Schamhaare bekam, fragte ich sie: »Bin ich jetzt geschlechtsreif?« Sie lachte, fand es wohl lustig. Für mich war das aber die komplett falsche Reaktion. Es kam zwar noch eine Antwort, aber die wollte ich dann gar nicht mehr hören. Ansonsten war sie aber sehr liberal, ich hatte viele Freiheiten. Gut, Sex hätte ich zu Hause vielleicht nicht unbedingt haben sollen, aber ich kam auch gar nicht auf die Idee, eine Freundin mitzubringen.

Mit knapp 13 kam ich auf ein Internat, das eine Freundin meiner Mutter empfohlen hatte. Weil sie Vollzeit als Übersetzerin arbeitete, war es ihr zeitlich einfach nicht möglich, sich komplett um mich zu kümmern. Die Schule war ein eigener Mikrokosmos mit einer klar abgesteckten Rang- und Hackordnung unter den Schülern. Wer nicht angesagt war, der bekam es auch zu spüren: von Späßchenmachen über Verarschen bis hin zu richtig Wehtun. Ich wurde nur am Anfang, wie alle Neulinge, gepiesackt, gehörte nie zu den ganz Starken, aber auch nicht zu den Schwachen, war irgendwo in der Mitte. Ich bot aber auch nicht so viele Reizpunkte wie manch andere, sah relativ normal aus, wurde nicht schnell rot, hatte keine große Nase oder sonst was.

Die erste »Willst du mit mir geh'n?«-Freundin hatte ich ein Jahr später, mit 14. Ich lernte Bettina während der Schulferien in Berlin kennen. Ich war in allen Ferien zu Hause bei meiner Mutter. Bevor ich mit Bettina den ersten Zungenkuss hatte, war schon der Gedanke daran eklig. Spucke, bäh, igitt, war in meinem Kopf. Der erste echte Kuss war dann zwar nicht so schlimm, wie ich gedacht hatte, er machte mich aber auch nicht an. Genau genommen hat mich Zungenküssen lange gar nicht interessiert. Als es mit dem Sex anfing, war es auch nicht wichtig. Da ging es um ganz andere Sachen: Hoffentlich mache ich alles richtig, hoffentlich fasse ich nicht die falsche Stelle an, hoffentlich versage ich nicht. Man stand schon unter einem ziemlichen Druck. Deshalb war Sex zu Anfang nicht entspannt, losgelöst, wild, hemmungslos und leidenschaftlich, sondern angespannt, unsicher und allenfalls verkrampft-wild. Erst in den Zwanzigern, als man die Basics draufhatte und beim Sex relaxter war, bekam auch das Zungenküssen einen gewissen Reiz. Man entdeckte es als sexuelle Stimulanz und setzte es entsprechend ein.

Ich habe bei Mädels zwar durchaus was versucht, war aber kein Draufgänger, der mit der Brechstange rangegangen ist. Das war und ist auch heute noch nicht mein Stil. Ich habe es auf die softe, dezente Art gemacht. Im Internat ging ich während der Pause über den Flur, steckte der Angebeteten ein Zettelchen zu, auf dem so was stand wie »Willst du mit mir eine Cola trinken?« und ging schnell weiter. Meistens wurde man ein, zwei Tage hängen gelassen, denn das musste sie ja erst mal mit den Freundinnen bequatschen. Fanden die einen scheiße, hatte man keine Chance. Zum Glück kam ich überwiegend gut an. Eine Reaktion kam allerdings meist erst, nachdem man sie noch mal daran erinnert hatte: »Du, ich hab dir doch neulich 'nen Zettel zugesteckt ...« »Ja? Ach ja, stimmt ...« Das war natürlich Getue, wahrscheinlich wusste sie noch Wort für Wort, was auf dem Blatt Papier stand.

Umgekehrt bekam ich auch schon mal einen. »Willst du mit mir zum Billard gehen?«, schrieb mir Sabine, die mich mit 16 ganz süß fand. Das Ganze war mit Ankreuzmöglichkeit: ja, nein, vielleicht. Ich gab ihr ein »Ja« und sie wurde meine zweite Knutschfreundin. Viel passierte aber nicht. Ein bisschen Fummeln, Busenstreicheln, Petting für Fortgeschrittene aber nicht. Ich hatte früher immer das Gefühl, dass man mehr falsch gemacht hat als richtig. Die Mädels wirkten aber auch oft so, als hätten sie nicht so richtig Bock, setzten dieses »Mensch, Scheiße, der will schon wieder fummeln«-Gesicht auf. Da war man als Junge natürlich gleich noch unsicherer.

Irgendwann in dem Jahr, mit Bettina war inzwischen Schluss, kam eine Phase, in der es plötzlich nichts Wichtigeres mehr unter uns Jungs gab als das erste Mal. Nach jeden Ferien war eine der ersten Fragen: »Ja und, haste?« Wenn man sagte: »Nee«, kam sofort: »Und wie weit warste?« Ich habe das Nein immer umschifft, sagte zum Beispiel: »Fummeln, na klar, aber die Richtige war noch nicht dabei.« Manche prahlten, dass sie es schon hinter sich hatten. Das allermeiste war sicher gelogen, aber das wusste man damals ja nicht. Deshalb setzte ich mich immer mehr unter Druck. Auf gar keinen Fall wollte ich der Letzte sein. Ich musste zur Sache kommen. Es war wie eine Aufgabe, die ich unbedingt erledigen wollte.

Als man es dann schlussendlich getan hatte und der Druck raus war, fragte man sich: Und das war's jetzt?, und hakte es auch schnell ab. In der Schule konnte man endlich sagen: »Hey, ich hab's gemacht.« Dann kam gleich: »Wie war's?«, man sagte: »Gut«, »Cool«, »Klasse«, was auch immer. Vielleicht erzählte man noch, wie groß der Busen war, weitere Details – War's trocken, feucht, glitschig? Hat's wehgetan? – interessierten schon nicht mehr. Dann war das Thema erledigt. So ist das auch heute noch. Da wird, zack, zack, auf den Punkt gefragt. Man sagt, was Sache ist, ohne weitergehende Ausschmückungen oder irgendwelche tiefschürfenden Erkenntnisse. Männer erzählen in der Regel nur einem alles, dem besten Freund. Der weiß dann aber auch wirklich alles, dass man weiße Pickel unter der Eichel hat oder sonst was. Bei einem muss auch alles raus. Das geht nicht bei der Mutter und auch nicht beim Vater. Es gibt keinen Vater auf der Welt, und sei er noch so kumpelhaft, dem man so was erzählt.

Bei diesem Kumpel sind auch die peinlichsten Geheimnisse sicher, er erzählt nichts weiter. Tut er's, stirbt er. Das ist wie bei

Winnetou und Old Shatterhand. Die tauschen ihr Blut, da kommt keiner dazwischen, Blutsbrüder schweigen.

Mädchen dagegen haben einen anderen Verteiler, die publizieren das Thema in einem größeren Kreis. Das müssen sie, weil sie ständig drüber reden wollen. Jungs wollen das nicht. Wenn die in einer größeren Runde über so was reden, haben sie ja ein Problem. Sie wollen aber keine Probleme haben, weder vor sich selbst noch vor den anderen. Man hat mit dem Thema aber auch kein Problem, so wichtig ist es auch wieder nicht. Es gibt Wichtigeres.

In der Zeit, als das erste Mal unter uns Jungs immer mehr zum Thema wurde, kannte ich Carla schon. Ich hatte sie ebenfalls in den Ferien kennengelernt. Sie kam aus ganz anderen Verhältnissen als ich, heute würde man sagen, aus prolligen. Sie hatte einen Stiefvater, ein Säufertyp, der auch mal laut wurde. Ich fand sie von Anfang an cool. Sie war 18, ein Jahr älter als ich, hatte lange dunkle Haare, ein hübsches Gesicht und einen tollen Hintern. Und es war etwas Wildes, Toughes an ihr. Sie machte jeden Scheiß mit, war ein bisschen rotzig, konnte gut mit Jungs umgehen. Deshalb war sie auch besonders angesagt.

Sie holte sich immer, was sie wollte. In dem Fall war ich es. Das sagte sie mir später auch mal. Meine Theorie ist ohnehin, dass die Mädels sich die Jungs aussuchen und nicht umgekehrt und dass das auch später noch so ist. Die Männer glauben zwar, dass sie diejenigen sind, die die Wahl treffen, in Wahrheit sind es aber die Frauen, die das Ganze steuern.

Carla und ich sahen uns mehrere Ferien lang, in den Oster-, Sommer-, Herbst- und Winterferien. Wir hingen fast immer zu viert ab: ich, mein Kumpel, seine Schwester und Carla, ihre Freundin. Ich hatte vorher noch abgecheckt, wie mein Freund sie fand. Er hatte kein Interesse an ihr, konnte mir also nicht in die Quere kommen. Andere fanden sie zwar auch cool, aber auch die waren keine wirklichen Konkurrenten für mich, weil Carla ja die meiste Zeit mit uns abhing.

An einem schweinekalten Tag fing es an mit uns. Wir machten es uns zu zweit in einer Hütte auf einem Spielplatz gemütlich. Drei Erwachsene passten da gerade so rein. Von außen konnte man nicht reinschauen, das war ganz praktisch. Wir tranken, eng aneinandergeschmiegt, Faber-Sekt aus der Flasche. Ihr Kopf lehnte an meiner Schulter und irgendwann knutschten wir.

Danach verbrachten wir die ein oder andere Nacht gemeinsam im Bett, ohne dass viel passierte. Wir waren immer bei ihr zu Hause. Oft lief beim Kuscheln das Radio, wir hörten AFN, American Forces Network, einen amerikanischen Sender, den es heute nicht mehr gibt. Er spielte die angesagten Songs, die erst Wochen später bei uns in den Charts waren. Wenn wir Platten auflegten, dann natürlich langsame Sachen, *Hiroshima* von Wishful Thinking oder *Samba Pa Ti* von Santana zum Beispiel. Unter seinen Freunden hörte man das naturlich nicht. Das war »Mädchen-Mucke« oder »Mädchen-Rumkrieg-Mucke«.

»Ich will mit dir schlafen« wurde nie ausgesprochen. Es lief darauf hinaus, war irgendwann einfach klar und ergab sich. Die Verhütungsfrage wurde schnell geklärt. Ich: »Verhütest du?« Sie: »Ich nehme die Pille.« Sie war forscher, was für mich aber völlig okay war. Ich wusste ja, dass sie schon hatte. Deswegen war auch klar, sie musste mehr wissen. Wir Jungs hatten damals aber eh das Gefühl, dass Mädchen dieses Mysterium besser durchleuchteten als wir.

Angst, dass es nicht klappen könnte, hatte ich nicht. Ich war aber sehr angespannt, denn es war natürlich ein gewisser Druck da. Einerseits wollte man nicht zu ängstlich wirken, andererseits aber zu Potte kommen. Man hatte ja keine Ahnung, was da jetzt passierte, musste befürchten, dass man vielleicht den falschen Knopf drückte und die Tür kurz vorm Ziel wieder zuging. Deshalb war ich ganz froh, dass sie die Sache im wahrsten Sinne in die Hand nahm und mich ein bisschen führte: Sie fasste ihn an und half mit, ihn einzuführen. Ein paar Sekunden später war's, zack,

zack, schon vorbei. Alles hatte geklappt, wir hatten Geschlechts-verkehr gehabt, Thema erledigt.

Sie sagte nichts, lachte nicht, verhielt sich völlig cool. Nicht cool im Sinne von abgebrüht, sondern entspannt, super, total traumhaft für mich. Ich wusste aber, es war scheiße. So schnell, wie es ge-gangen war, binnen Sekunden war die Sache ja erledigt. Deshalb war ich ein bisschen zwiegespalten. Einerseits war ich froh, dass es geklappt hatte, erleichtert, dass ich's endlich hinter mir hatte, aber mir war auch bewusst, dass es besser hätte sein können.

Sie drehte sich gleich danach um, dokterte ein bisschen am Radio rum und zündete sich eine Zigarette an. Und dann haben wir eine geraucht. Ohne zu quatschen. Auch das war ganz toll. Mädchen quatschen ja sonst immer so viel, hören gar nicht mehr auf. Jungs wollen aber gar nicht reden. Das hat sie alles ganz toll gemacht. Während wir schweigend rauchten, drehte sich in meinem Kopf das Gedankenkarussell weiter: Das war's also jetzt? Hast du alles richtig gemacht? War ja ganz kurz, Scheiße. Sie fand's bestimmt auch scheiße. Hab ich jetzt versagt? Aber es hat ja funktioniert, du bist ja gekommen und das musst du ja, darum geht's ja …

Am nächsten Morgen haben wir noch mal miteinander ge-schlafen. Es war ein bisschen länger, aber richtig lange auch nicht. Erst später haben wir auch mal darüber geredet. Ich hatte einfach das Bedürfnis. »Wie war es denn so für dich?«, fragte ich. »Alles okay.« »Aber so toll war's auch nicht …«, hakte ich nach. Ich hatte Pornoheftchen im Kopf, die ich gesehen hatte. Sie aber sagte: »Nein, alles klar, alles super.« Damit nahm sie den Druck völlig raus und gab mir das Gefühl, nicht versagt zu haben. Ich war erleichtert und auch irgendwie glücklich. Es war alles in allem eine runde Sache gewesen. Es war toll für mich, dass sie diejenige gewesen war. Andere hatten sie auch gewollt, aber ich hatte sie bekommen. Und es hatte geklappt, ich hatte funktioniert.

Es wurde immer entspannter mit dem Sex, ich weiß aber nicht, ob sie je so richtig was davon hatte. Dafür war ich einfach noch zu ungeübt. Wir waren rund ein Jahr lang zusammen. Nach dem Abi ging es auseinander. Ich war derjenige, der Schluss gemacht hat. Es war zwar schön mit ihr, aber ich war einfach neugierig auf andere, wollte experimentieren, ausprobieren, mich austoben. Ich hörte später ab und zu noch mal was von ihr, es waren aber keine schönen Sachen. Nachdem ein Muckityp sie geschwängert hatte, brach sie die Schule ab und schlug sich mit Aushilfsjobs durch. Das tat mir sehr leid für sie.

Die zweite Freundin nach ihr, eine gleichaltrige Klassenkameradin, war noch Jungfrau. Das fand ich spannend. Mit ihr war ich jetzt einigermaßen auf Augenhöhe. Carla war ja doch sehr erfahren. Das andere Mal, als ich wieder eine Jungfrau hatte, war erst ein paar Jahre später. Ich war 24, sie 20. Das fand ich dann allerdings ein bisschen doof. Sie dagegen fand es sehr gut. Ich hatte es sehr langsam angehen lassen, war sehr vorsichtig gewesen.

Heute, 20 Jahre später, ist man natürlich auf einem ganz anderen Wissenslevel, was Sex angeht. Man weiß sehr viel über Reizpunkte, was man machen kann und was nicht. Trotzdem ist der Körper einer Frau immer noch ein Geheimnis für mich, jede Frau tickt ja auch anders.

Ich bin kein Freund von Extremen. Es muss nicht immer das Außergewöhnliche sein und Sex darf auch kein Sport sein. Die Mischung macht's. Langsam und zärtlich ist schön, heftig und ekstatisch aber auch. Stöhnen, meinetwegen auch Aufschreien, ist erlaubt, aber in einer Tour rumzuschreien geht gar nicht. Das turnt mich ab. Einmal hat eine Freundin die halbe Nachbarschaft zusammengeschrien, es wirkte aufgesetzt und total unecht. Ich kam mir vor wie im falschen Film und musste sie fast mit einem Kissen stoppen. Auch Beißen und Kratzen sind für mich No-gos. Mal die Fingernägel zu benutzen oder leicht ins Ohrläppchen zu beißen ist okay, aber auf dieses Pseudo-Wilde stehe ich überhaupt nicht. Toll finde ich, wenn sie sagt, dass sie nicht gekommen ist. Damit habe ich überhaupt kein Problem.

Ich bin nicht der Ansicht, dass der Sex das Killerargument in einer Beziehung ist. Man kann immer einen Kompromiss finden. Für mich ist es wichtig, dass beide was davon haben und sich wohlfühlen. Es kann auch mal sein, dass nur sie zum Zuge kommt oder nur er. Alles in allem sollte es aber schon ein ausgeglichenes Verhältnis sein. Und es sollte Abwechslung drin sein. Aber das gilt auch für die Beziehung als Ganzes, für den Alltag. Je routinierter er ist, umso gefährlicher ist es für die Partnerschaft.

Ich hatte bisher zwei sehr lange Beziehungen. Die letzte ist schon eine Weile her. In den Zwanzigern war es für mich noch undenkbar, länger mit einer Frau zusammen zu sein. Das ging erst mit Ende 20 los. Ich vertrete ja die Theorie, dass sich jeder eine bestimmte Zeit lang austoben muss – der eine vielleicht nur ein Jahr, die andere vielleicht 15 Jahre lang. Auf einen ehemaligen Internatskumpel trifft das allerdings nicht zu. Er lernte seine heutige Frau schon in der Schulzeit kennen. Inzwischen haben sie Kinder und sind immer noch überglücklich. Ich freue mich total für ihn, aber für mich wäre das nichts gewesen.

Mariella, mon amour

Jan, 37, Jurist
Erstes Mal 1991 mit 17 Jahren

Sie zog mich von der ersten Sekunde an in ihren Bann. Allein schon deshalb, weil sie rein äußerlich eine Sensation war. In der Kleinstadt unweit von Frankfurt, in der ich mit meinen Eltern und meiner Schwester als 16-Jähriger wohnte, lebten nur wohlhabende weiße Europäer. Asiaten und Farbige gab es nicht und daher auch keine Mischbeziehungen. Das Idealbild einer Partnerin war für uns, überspitzt formuliert, weiß und blond. Mariella aber, Tochter einer deutschen Mutter und eines afrikanischen Vaters, hatte ebenholzfarbene Haut. Sie war erst 14, aber geistig auf einem ganz anderen Niveau und auch körperlich viel weiter entwickelt. Sie war komplett locker, tanzte auch schon mal ausgelassen auf dem Tisch und hatte etwas Dominantes an sich, das mich sehr anzog. Ich war das glatte Gegenteil. Ich hielt mich für hässlich und nicht begehrenswert, war schüchtern und verklemmt.

Während viele andere in meinem Alter schon mit Freundinnen angaben, hatte ich noch keinerlei Erfahrungen in dieser Richtung. Mit 15 war mir ja überhaupt erst bewusst geworden, dass man mit Mädels doch mehr anfangen konnte, als sie an den Haaren zu ziehen. Dass ich erst so spät aufwachte, führe ich heute auf das Schuljahr in einem katholischen Jungengymnasium in Stuttgart zurück. Wir waren nur für das eine Jahr in den Süden gezogen.

Mein Vater, Manager in einem großen Unternehmen, hatte dort in der Zeit beruflich viel zu tun. Für das Lernen erwies sich die Schule zwar als gut, die Klassen waren klein, die Lehrer engagiert. Was ich in der Rückschau aber als negativ empfinde, ist die Indoktrinierung mit dem katholischen Glauben. Der Katholizismus lehrt ja nicht die allerfreieste Ausübung von Sexualität, sondern dass es etwas ist, über das man weder spricht, noch es vor der Ehe praktiziert. Auch wenn das in der Schule wahrscheinlich nie deutlich gesagt wurde, so schwingt das doch in der katholischen Erziehung zwischen den Zeilen mit. Vielleicht hatte es ja auch biologische Gründe. Tatsache aber ist, dass ich mich von dem Jahr an sehr langsam entwickelte und asexuelle Freundschaften lange wichtiger waren, länger als es für Teenager normal ist.

Ich tat mich schwer mit Mädchen, hatte lange überhaupt keine Ahnung, wie ich mit ihnen umgehen sollte. Das lag auch daran, dass ich nicht sehr viel Aufklärung mitbekommen hatte – weder von Elternseite noch in der Schule. Wir hatten natürlich Biologieunterricht, wo irgendwann mal ausführlich erläutert wurde, wie eine Eizelle befruchtet wird, aber der Weg dahin, der wurde nicht beleuchtet. Die praktischen Aspekte des Themas musste ich mir selbst erarbeiten. Als ich Mariella kennenlernte, wusste ich nicht allzu viel. Sicher, es gab die *Bravo* und man hatte in Filmen auch schon mal die ein oder andere Liebesszene gesehen. Ich wusste aber nicht wirklich, wie ich es anfangen, was ich überhaupt machen sollte.

Kontaktversuche meinerseits fanden auch deshalb lange nicht statt, weil die Angst vor Zurückweisung bei mir früher sehr stark ausgeprägt war. Ich hatte extreme Selbstzweifel und Hemmungen. Ich wäre nie auf die Idee gekommen, »Willst du mit mir geh'n«-Zettel zu verteilen, wie das andere eifrig taten. Ich empfand mich – damals war ich sehr schlank, hatte schmale Schultern und entsprach damit nicht dem Männerideal – als hässlich. Dabei war ich, im Nachhinein betrachtet, durchaus nicht unerfolgreich, ausdauernd im Laufen, eine Bank als Schultorwart. Das sah ich aber nicht. Ich hatte ein durchweg negatives Selbstbild, glaubte, kein Mädchen könne sich je in mich verlieben. Ich war zwar ein paar Mal verliebt, aber das waren nur Schwärmereien und Fantasien. Erst mit Mariella war es echt und ernst, da ging es zum ersten Mal tiefer.

Das Schicksal nahm seinen Lauf, als ich mich mit meinem damaligen besten Freund Markus, einem Klassenkameraden, bei einer kirchennahen Jugendgruppe einschrieb. Markus hatte mich überredet. Er meinte, es wäre da bestimmt ganz lustig, denn es gäbe dort einen Betreuer, mit dem man gut abhängen könne. Es wurde sogar noch viel spannender als erwartet, denn dort traf ich auf Mariella, die mich total umhaute. Auch sie zog es von Anfang an zu mir hin. Als Markus mitbekam, dass wir ständig zusammenhingen, nahm er mich beiseite und sagte, sie sei doch verschrien, ob ich das nicht wüsste, sie sei eine Matratze. Entweder er hat das wirklich geglaubt oder er war einfach neidisch. Er sah zwar extrem gut aus, hatte aber genau wie ich große Probleme mit seinem Selbstbewusstsein und war ähnlich verklemmt.

Irgendwann zeigte Mariella mir das Waisenhaus im Ort, in dem sie aufwuchs, und lud mich ein, mit auf ihr Zimmer zu kommen. Dort präsentierte sie mir ihre Kondomsammlung. Ein Wink mit dem Zaunpfahl, der mich aber überforderte. Zwar ahnte ich, dass ich die Chance hatte, etwas zu tun, wusste aber überhaupt nicht, wie ich jetzt weiter vorgehen sollte. Dass sie in diesen Sachen so die Führung übernahm, eine gewisse Dominanz ausstrahlte, machte mich ebenfalls sehr an. Hätte sie mich einfach an die Hand genommen nach dem Faust'schen Motto »Halb zog sie ihn, halb sank er hin«, wäre alles perfekt gewesen und ich hätte eine tolle Beziehung mit ihr haben können.

Dann aber setzte bei mir dieses Konformitätsbedürfnis ein, das weitaus ausgeprägter war, als es heute ist. Ich hörte auf die Einflüsterungen meines Freundes und stimmte ihm zu: »Ja, du hast ganz recht, die hat ja einen Riesenruf und das geht natürlich gar nicht.« Ich wusste auch instinktiv, dass meine Eltern die Beziehung nicht akzeptiert hätten: Mein Vater stellte sich eine Frau mit dem gleichen ethnischen Hintergrund, wie ich ihn hatte, vor. Damals war ich leider noch nicht so weit, dass ich mich komplett auflehnen wollte. Es gab Leute in meinem Umfeld, die das taten, die sich über Ressentiments und Schubladendenken hinwegsetzten und ihren eigenen Weg gingen. Im Nachhinein betrachtet hätte ich das auch tun sollen, aber man kann die Zeit ja nicht zurückdrehen.

Dennoch, und das war das Erstaunliche, blieb der Kontakt weiter bestehen, weil sie es immer wieder schaffte, mich zu treffen. Wenn bei mir auf dem Gymnasium irgendwelche Aktionen stattfanden, etwa Ausstellungen zum »Tag der offenen Tür«, war sie da. Ich wiederum ging auch zu Veranstaltungen in die Realschule, um sie zu sehen. Mehr kam von meiner Seite allerdings nicht, ich machte nichts daraus. Ganz im Gegenteil. Irgendwann fing man an, sich auf der ein oder anderen Party auch mal zu besaufen, damals mit Äppelwoi, Apfelwein. Sie war auch oft dabei und eine Freundin von ihr, eine relativ normale, biedere Frau, aber eine, die zu 100 Prozent der damaligen Klischeevorstellung entsprach: Sie war blond und kam aus gutem Hause.

Und obwohl sie mich bei weitem nicht so anzog wie Mariella, ich sie im Vergleich zu ihr als farblos und unscheinbar wahrnahm, fing ich – aus Konformitätsgründen! – an, um sie zu werben. Dazu kam, dass auch viele andere ihre Gesellschaft suchten, sie in der Gruppe relativ beliebt war. Deshalb dachte ich, das sei das, was man eben machen müsste. Männer haben ja diesen Trophäengedanken und damals war er bei mir gänzlich unreflektiert da. Ich dachte nicht darüber nach, warum ich das so machte, sondern tat es einfach. Und so schlief ich schließlich auch mit ihr. Es war aber völlig unbedeutend. Ich weiß heute noch nicht mal mehr, wie sie hieß. Sabine, Andrea, Monika, es war irgendein ganz normaler Name.

Als ich endlich anfing, mir wegen Mariella Gedanken zu machen, traf ich sie mal zufällig an einer Bushaltestelle und sprach ganz kurz mit ihr. Ich weiß noch, dass ich dem Bus sehnsüchtig hinterherschaute und mir in diesem Moment schwor, dass ich sie das nächste Mal, wenn ich sie treffe, frage, ob sie mal mit mir ausgeht. Zu der Zeit machte ich gerade den Führerschein und fuhr auch immer mal wieder am Waisenhaus vorbei, traute mich aber nie, reinzugehen. Ich hätte ja auch anrufen und fragen können, ob ich sie sprechen könnte oder jemanden, der noch Kontakt zu ihr hatte. Aber selbst das tat ich nicht. Als irgendeiner erzählte, sie mache eine Lehre zur Hotelkauffrau, klapperte ich alle Hotels ab. Vielleicht war sie da auch schon gar nicht mehr in der Stadt. Ich traf sie nie mehr wieder. Vor ein paar Jahren habe ich mal versucht, über Google etwas über sie herauszufinden. Da ich aber ihren Nachnamen nicht mehr wusste – es war kein einfach zu merkender, irgendetwas Afrikanisches –, kam ich nicht weiter.

Sie war meine erste große Liebe. Mit ihr, das wäre das richtige erste Mal gewesen. Stattdessen verpasste ich ihr einen ziemlichen Stich, indem ich ihre Freundin vögelte, von der ich, wie ich sehr schnell merkte, überhaupt nichts wollte. Entsprechend unspektakulär lief die Sache ab. Wir waren zusammen aus, gingen erst in eine Cocktailbar. Die war meistens sehr leer, aber die Cocktails waren toll. Eine gute Kombi, denn erstens störte uns keiner und zweitens ist Alkohol immer noch der beste »Zusammenbringer«, den es gibt. Sie machte den ersten Schritt, lud mich mit den Worten »Komm, wir trinken noch was bei mir« zu sich ein. Dem kam ich auch bereitwillig nach, denn das war ja nun die Chance.

Auch wenn ich wusste, dass ich mit der Frau keine Beziehung haben würde, weil sie mir nicht so wichtig war, war ich natürlich aufgeregt. Das war ja jetzt Sex, und das hatte ich bisher noch nicht gehabt. Alle hatten immer gesagt, das sei was ganz Besonderes. In dem Alter reden die Jugendlichen ja naturgemäß mehr, als sie in echt machen, und natürlich war der Tenor der Geschichten, wie großartig das doch sei. Auch Markus war einer von denen, die einen auf dicke Hose machten. Das sei ja so toll und so geil, mit einer Frau zu schlafen, meinte er mal. Das wunderte mich etwas, denn in der Zeit hingen wir ständig zusammen. Ich hätte sicher mitbekommen, wenn bei ihm was gelaufen wäre. Nur die Jungs in der coolen Gruppe, bei denen ich mir sicher war, dass sie schon Sex hatten, und die auch schon rauchten – einer der Gründe vielleicht, warum ich später auch damit anfing –, redeten darüber nicht groß. In der Zeit fing ich an, in jeder Hinsicht skeptisch zu werden. Ich stellte Verhaltensmuster infrage und begann, Dinge, die andere Leute erzählten, zu hinterfragen.

Kaum in ihrem Zimmer, fing sie auch schon an, mich zu küssen. Damit war der Anfang gemacht und ich wusste, dass ich jetzt keine Hemmungen mehr zu haben brauchte. Ich stieg dann etwas unbeholfen auf sie drauf. Großen Spaß hatte sicherlich keiner bei der Sache. Von daher war es gut, dass es für sie nicht das erste Mal war. Ich kann mich noch genau an dieses unheimliche Gefühl der Enttäuschung kurz danach erinnern. Ich dachte: Und das war's? Das ist dieses Sexding, über das alle so viel reden? Das ist der Grund, warum man so bescheuerte Dinge tut wie Frauen hinterherrennen und auf dem Parkplatz warten, ob sie vorbeikommen? Das ist diese Besonderheit, dieses Erwachsenending? Ich war einigermaßen ernüchtert – und habe mich mit Markus kurz darauf erst mal besoffen. Das brachte weitaus mehr Spaß als Sex.

Dass es in negativer Hinsicht so denkwürdig war, lag auch daran, dass ich nicht richtig aufgeklärt war und das, was ich da tat, völlig stümperhaft war. Es war einfach schlechter Sex. Später wurde es anders und diese Male sind mir dann eher im Gedächtnis geblieben. Natürlich auch, weil die Personen für mich interessanter waren. Wobei ich gar nicht mal sagen will, dass die Frau langweilig und total uninteressant war. Das Ganze war einfach überschattet von meiner Liebe zu Mariella und von dem Zwiespalt, in dem ich war: dass ich mit der Frau, in die ich total verliebt war, nicht zusammen war, weil irgendwelche Leute sagten, sie wäre eine Matratze, und ich dachte, ich könnte sie meinen Eltern nicht vorstellen. Heute würde mir das nicht mehr passieren.

Die verpasste Chance mit Mariella, dieser exotischen Schönheit, prägte im Nachhinein mein Frauenbild. Ich hatte später nur sehr wenige Freundinnen, die europäisch aussahen.

Nach der Enttäuschung legte ich erst mal eine lange Pause ein, hatte mindestens ein Jahr lang und damit den Rest der Schulzeit kein Interesse mehr an Frauen und Sex. Der vorherrschende Gedanke war: Warum zum Teufel wurde darum bloß so ein Bohei gemacht, warum war das für die gesamte Erwachsenenwelt bloß so ein Superding? Wenn das so in die Hose gehen konnte und vielleicht wieder ging, dann wollte ich dafür keinen Aufwand mehr betreiben.

Dabei waren die beiden Erfahrungen unter dem Strich ja positiv gewesen: Mit dem einen Mädchen hatte es geklappt, mit dem anderen hätte es klappen können. Dennoch legte ich es negativ aus und das Minderwertigkeitsgefühl blieb. Ich wurde nicht selbstbewusster, sondern empfand mich nach wie vor als furchtbar hässlich und nicht begehrenswert.

Auch weil ich eine Klasse wiederholen musste, brach der alte Freundeskreis allmählich auseinander. Markus nervte mich mittlerweile ohnehin sehr, weil er so ein Schnacker war. Ich ging nicht mehr so oft aus, die Interessen veränderten sich. Ich war in Intellektuellengruppen, diskutierte über Politik. Nur dem Alkohol war ich nach wie vor noch sehr zugetan.

Als ich mit der Schule fertig war, änderte ich ganz bewusst meine Taktik, wurde aktiv und mutierte vom zurückhaltenden Softie zum offensiven Macho. Irgendwann dachte ich mir einfach, ich probiere es jetzt mal anders, lasse den Coolen raushängen und schleppe reihenweise Frauen ab. Das viele Nachdenken, das Abwartende und Grüblerische hatte mich ja nicht weitergebracht, also musste eine andere Methode her. Ich schaute mir die Top-

Filme an, welche Typen da erfolgreich waren, wie die Männer es anpackten. Damals gab es gerade die große Machowelle. Mel Gibson in *Lethal Weapon* und Bruce Willis in *Stirb langsam* waren die männlichen role models. Und natürlich Mickey Rourke. Der Cop, den er in *Im Jahr des Drachen* spielte, war ein Arschloch vor dem Herrn. Das gefiel mir.

Damals fing ich auch an, Krimis von Dashiell Hammett und Raymond Chandler zu lesen. Deren Helden waren wortkarge, zynische Ermittler, Machotypen, denen alles scheißegal war. Dass hinter den Figuren ganz andere Charaktere stehen, die Filme hintergründig was anderes aussagen wollten, begriff ich erst später. Ich benutzte, was ich sah, übertrug es auf mich und beschloss: Ich werde jetzt auch so. Erst viel später merkte ich, dass das auch nicht das Richtige war.

Ich ging systematisch vor. Zuerst mal zog ich mir einen Panzer über, das war damals der Anzug. Er machte mich zu einem anderen Menschen, denn er kaschierte, was ich an mir am meisten hasste: die schmalen Schultern, das wenig männliche Aussehen, im Grunde alles, was mich in meinen Augen hässlich machte. Natürlich benutzte ich damals das, was mir mein gut situiertes Elternhaus zur Verfügung stellte, sprich: Ich hatte sehr gute Anzüge, die perfekt saßen. Ich finde ja, dass ein Mann in einem gut sitzenden Anzug immer noch am besten aussieht.

Mit diesem übergezogenen und überzogenen Ego ging ich zu den Abschlussbällen der Tanzschulen. Ich und meine Kumpels wussten, wie man in die Läden reinkam, und da wir uns artikulieren konnten und uns zu benehmen wussten, tolerierten es die Besitzer, dass wir als Außenstehende dabei waren. Und siehe da, schnell stellte ich fest, dass man es mit einer gehörigen Portion Arroganz und Machogehabe tatsächlich viel einfacher bei den Mädels hatte. Ich suchte mir möglichst leichte Ziele, Frauen mit wenig Selbstwertgefühl, um damit mein eigenes aufzuwerten. Das hielt ich für comme il faut.

Ich lernte unter anderem eine unheimlich nette, drei Jahre jüngere Frau kennen, die auf die Machonummer total abfuhr, weil sie selbst sehr schüchtern war, eine Pfarrerstochter, richtig lieb und nett. Es lief so klassisch wie banal ab. Ich sah, dass sie eine Schwäche hatte – sie nahm sich selbst als nicht attraktiv wahr –, und machte mir diesen Umstand zunutze, indem ich sie galant hofierte. Mit dem gewünschten Erfolg: Sie verliebte sich höllisch in mich und es kam zum Sex. Für sie war es mit großer Wahrscheinlichkeit das erste Mal, da sie sehr streng erzogen worden war. Für mich war's schön – und jetzt kommt wieder der Trophäengedanke –, denn das krönte meine Jagd. Sie war erfolgreich verlaufen, das Wild war erlegt. Die zwangsläufige Folge dieses Denkens war: Ich verlor komplett das Interesse. Das finde ich aus heutiger Sicht schlimm, vor allem, weil ich genau wusste, dass ich mit ihr nichts anfangen wollte, es nicht auf eine Beziehung hinauslaufen würde, sie sich aber Hoffnungen gemacht hatte. Ich kann mir mein Verhalten nur als Kompensationshandlung erklären. Ich wollte an den Frauen irgendwie dafür Rache nehmen, dass ich früher keinen Erfolg gehabt hatte. Das Ziel war, Selbstbewusstsein aufzubauen auf Kosten von Mädchen, die es besser verdient hätten.

Während meines Studiums in Frankfurt ging es noch eine Weile in dieser Richtung weiter. Ich suchte mir Frauen, die wiederum jemanden suchten, der ihnen überlegen war, der sie ein bisschen führte und irgendwie ein bisschen arschig war. Mit den Jahren wurde es dann besser und ich konzentrierte mich vorwiegend auf Frauen, die wie ich nur One-Night-Stands wollten. Ich entwickelte peu à peu mehr Selbstwertgefühl, hörte auf, nach denen zu schauen, die Schwächen hatten und die ich ausnutzen konnte, sondern sprach selbstbewusstere Frauen an. Frauen, die mir ebenbürtig waren.

In dieser Zeit ging es ausschließlich um Sex. Man hatte ihn nach Abschluss eines lustigen Abends mit Freunden. Manchmal wurde auch eine kurzzeitige Affäre daraus. Richtig verliebt war ich nie, lernte aber gleichwohl viele nette, interessante Menschen kennen. Diese »Ich will keine Beziehung haben«-Phase dauerte bis Ende 20. Es war eine sehr angenehme Zeit, überschattet nur von meinem Kokainkonsum. Der Chef machte es vor, die Mitarbeiter machten es nach. Es war eine Firmenkultur, wie man sie aus Filmen kennt: teure Anzüge, teuer ausgehen, ständig einen draufmachen. Das Geld wurde mit vollen Händen ausgegeben, das Ziel war Hedonismus in allen Facetten. Auch wenn ich mich früher dagegen verwehrt hätte und mich darüber lustig machte: Wir waren nichts anderes als elitäre Yuppies.

Meine Arschlochphase dauerte bis etwa März 2002. Damals verliebte ich mich in eine verheiratete Frau, mit der ich eine zweijährige Liaison hatte. Sie war irgendwann mal kurz davor, sich zu trennen, da wollte ich aber nicht. Dann wollte ich, dass sie sich trennt und wir heiraten, daraus wurde aber auch nichts. In der Zeit mit ihr wurde mir bewusst, wie toll Verliebtsein und eine Beziehung sein können und dass Sex mehr ist als ein Abschlepperfolg. Denn machen wir uns nichts vor: Sex unter Alkoholeinfluss ist nicht besonders spektakulär.

Die dritte Freundin, eine Asiatin, mit der ich fünf Jahre lang zusammen war, lernte ich aber noch auf die traditionelle Art kennen: besoffen in einer Bar beim Karaokesingen. Ich verliebte mich sehr schnell, vor allem ihre forsche Art turnte mich an. Mit ihr hatte ich den bisher besten Sex. Wir fingen mittelmäßig an – Missionarsstellung und mal gucken, was passiert, wie es halt so ist –, entwickelten uns aber zusammen weiter. Sie hatte eine Vorliebe, die ich auch sehr prickelnd fand: Sie hatte gern Sex an halböffentlichen Orten.

Die Bedeutung von Sex hat sich mit den Jahren sehr verändert. Früher war Sex für mich ein Ausdruck von »Ich habe was geschafft«, ein Symbol der abgeschlossenen Jagd. Nach dem Sex wurden die Frauen für mich uninteressant. Heute ist es eine Sache, die in der Beziehung interessanter wird, die aber auch die Beziehung interessanter macht. In den letzten Partnerschaften, die ich hatte, war es ein ganz wichtiger Aspekt, der mindestens die Hälfte dessen ausmachte, was ich an den Frauen fand. Wenn Männer sich Frauen aussuchen, suchen sie sich ja meistens erst mal Sexpartner aus, erst danach kommt raus: Ach, das ist ja auch eine nette Person. Frauen ticken da anders. Sie sagen sich: Der ist ein sehr netter Kerl, warten wir mal ab, der Sex kann ja noch besser werden. Wird er ja meistens auch, wenn man sich erst besser kennt.

Manchmal denke ich noch an Mariella. Ich habe mich noch lange über mich geärgert. Es war so was von bescheuert, dass ich damals nichts unternommen habe. Was hätte ich mir und anderen Menschen ersparen können, wenn ich nicht so verdammt verklemmt, nicht so in diesem Schwarz-Weiß-Denken gefangen gewesen wäre. Sie wird mir immer in Erinnerung bleiben – als schillernde Persönlichkeit, als Frau mit einem faszinierenden Charisma, als meine erste große Liebe. Mariella, mon amour, wo auch immer du bist, ich hoffe, es geht dir gut. Es hätte etwas werden können mit uns, aber ich war zu blöd. Schade.

Vier Hände
und ein Kondom

Marcel, 35, selbstständiger Elektriker
Erstes Mal 1993 mit 18 Jahren

Ich bin ein ziemlicher Spätstarter. Als ich zum ersten Mal ein Mädchen ganz nackt gesehen habe, hatten viele meiner Kumpels ihr erstes Mal längst hinter sich. Ich war beim ersten Sex 18, meine damalige Freundin Kathi 14. Inzwischen ist sie alleinerziehende Mutter. Sie hat immer noch das gleiche süße Lachen, aber ich würde sie heute wohl nicht mehr nehmen. Sie ist mir zu burschikos geworden, das mag ich nicht so sehr. Ich will ja eine Frau haben und keinen Kerl. Ich finde, eine Frau sollte bis zu einem gewissen Grad ihre Weiblichkeit betonen, mit Kleidern und Röcken zum Beispiel. Eine, die sich in eine enge Hose zwängt und dazu hohe Stiefel trägt, ist nichts für mich. Auch bauchfrei geht gar nicht. Das ist für mich gleichbedeutend mit hirnfrei. Eine Frau muss Stil haben.

Mit Kathi habe ich einiges ausprobiert. Sie war die mit Abstand experimentierfreudigste unter meinen Freundinnen. Einmal hatten wir Sex im selben Raum wie mein Lehrgeselle Peter und seine Freundin. Das war schon abgefahren. Wir saßen abends bei denen und guckten zusammen einen kleinen Schmuddelfilm. Dadurch wurden wir inspiriert und irgendwann hat jeder mit seiner Freundin losgelegt. Wir haben natürlich auch mal zum anderen rüber-geguckt, und das hat uns auch angeturnt. Am anderen Tag haben Peter und ich ein paar Bemerkungen über den Abend gemacht im Stil von »War ja 'ne geile Situation, was?«, »Nicht schlecht, deine Verlobte!« und »Deine Kleene sah aber auch gut aus«. Er ist mit seiner Freundin auch ein-, zweimal in einen Swingerclub gefahren. Sie haben aber nicht mit anderen rumgemacht, sondern nur die Kulisse genutzt. Für mich wäre Partnertausch nichts. Ich würde auf keinen Fall wollen, dass ein anderer vor meinen Augen mit meiner Freundin rummacht.

Kathi war auch die Einzige, mit der ich Sex so richtig zelebrie-ren konnte. Wir haben uns meistens viel Zeit gelassen und ihn in vollen Zügen genossen. Sex war für uns ein Selbsterfahrungstrip. Nicht nur das Ziel war wichtig, auch der Weg dahin. Bei meinen anderen Freundinnen hatte ich oft das Gefühl, dass sie schnell fertig werden wollten, es ihnen nur um den Orgasmus ging. Dabei ist dieses Dahinkommen und langsame Steigern doch das, was Sex so spannend macht. Dadurch ist das Endprodukt, der Orgasmus, ja auch viel intensiver.

Richtig guter Sex kann meiner Meinung nach kein nur so dahingeschmissener Sex, also ein Quickie, sein. Die Stimmung finde ich wichtig. Sie sollte romantisch-sinnlich sein. Es sollte auch nicht nur die Missionarsstellung rauf und runter, rein und raus sein, ein bisschen Abwechslung finde ich schon wichtig. Und jeder sollte den anderen mal verwöhnen, sodass beide zum Höhepunkt kommen. Beide gleichzeitig, das ist natürlich das Nonplusultra.

Ich komme aus einem kleinen Ort an der Elbe in Sachsen-An-halt, in der Nähe von Stendal. Mein Vater arbeitet bei Leiharbeits-firmen, meine Mutter ist selbstständig und macht Umfragen für Marktforschungsinstitute. Sie haben mich und meine jüngere Schwester ganz entspannt und unverklemmt erzogen. Die Tür zum Bad wurde bei uns nicht abgeschlossen, wir sind da aber auch nicht einfach reinspaziert, wenn jemand drin war. Das war ein ungeschriebenes Gesetz. Direkte Aufklärung gab es nicht. Es gab jedenfalls kein Gespräch in der Art: »Jetzt komm mal her, Junge. Du hast einen kleinen Schniedel. Deine Schwester hat eine Schnecke. Und das ist so, weil …« Ich fand das aber okay. Was man wissen wollte, hat man schon irgendwo mitbekommen – in der Schule oder unter Freunden – oder selbst erfahren.

In der vierten Klasse habe ich zum ersten Mal ein Mädchen geküsst, das heißt, sie hat mich geküsst. Alle waren schon raus, als sie mich plötzlich schnappte, hinter die Klassentür zog und mir blitzschnell einen Kuss auf den Mund drückte. Sie war eine ganz Süße. Ich sehe sie ab und zu noch, dann machen wir ein bisschen Small Talk. Sie hat ganz schön was aus sich gemacht, sieht sehr gut aus. Ich weiß aber nicht, ob ich sie wieder nehmen würde. Sie raucht zu viel, das ist für mich auch ein Manko.

Bis zur Hälfte der siebten Klasse waren wir mehr oder weniger zusammen. In der Schule haben wir zwar mal miteinander ge- quatscht, es aber vermieden, uns offen als Pärchen zu zeigen. Das war uns peinlich. Gerade in der fünften, sechsten und siebten Klasse wurde sehr viel gestichelt. Im Grunde war das alles aber noch spielerisch und unschuldig zwischen uns. Es war zwar schon ein bisschen mehr als mögen, aber viel mehr auch wieder nicht. Wir hatten auch gar kein Interesse daran, zu knutschen und zu fummeln. Lustigerweise hatte ihre Mutter aber immer Panik, dass wir mehr machen könnten. Sie war ständig hinter uns her, kreiste wie ein Geier über uns. Deshalb haben wir uns oft einen Spaß daraus gemacht, sie zu ärgern, indem wir uns hinter dem Bett oder im Schrank versteckten. Sie wurde dann nervös und fing an, uns zu suchen.

Den ersten feuchten Traum hatte ich mit elfeinhalb. Im ersten Moment fand ich's cklig. An dem Morgen dachte ich: Iiih, was ist das denn? Irgendwann war es aber okay, dann machte man ja auch wie alle Jungs regelmäßig Selbstbefriedigung. Als die Aufklärung im Biounterricht kam, wurden einem dann die Zusammenhänge klar. Das war in der achten Klasse. Ich weiß noch, dass wir Jungs ein Kondom mitbringen mussten. Viele haben eine Packung auf einer öffentlichen Toilette aus einem Automaten gezogen. Ich bin in die Drogerie gegangen. Das war mir überhaupt nicht peinlich.

Mit 13 haben wir Jungs angefangen, uns richtig für Mädchen zu interessieren. Statt »Ey, geiler Wagen« hörte man »Ey, geile Frau«. Wenn man diesen Wechsel hat, ist man vom Kopf her eigentlich auch so weit, eine Freundin zu haben. Bei uns im Wohnblock gab es viele, die den Mädels regelrecht hinterherhechteten und den coolen Macker markierten. Einige fingen an, sie nicht mehr bloß zu necken, sondern mit richtig derben Sprüchen zu ärgern. Das fand ich herabwürdigend und ich distanzierte mich davon. Genauso primitiv fand ich es später, wenn Jungs herumprotzten, wie viele Frauen sie schon gehabt hätten. Wahrscheinlich stimmte es meistens noch nicht mal.

Der Nachteil, wenn man wie ich zur ruhigen Fraktion gehört, ist aber leider, dass man so gut wie keine Chancen bei den Mädchen hat. Nur wer sich wie ein Gockel präsentiert, wird wahrgenommen. Sehen und gesehen werden, darum geht's ja überall. Ich hatte nicht den Arsch in der Hose, ein Mädchen anzusprechen, und guckte nur. Vor allem im Sportunterricht gab es aber viel zu gucken. Da bewegt sich ja alles. Wir Jungs witzelten manchmal über die Großbusigen. Heute sage ich natürlich, das war nicht fair, aber als Halbwüchsiger machte man das halt schon mal. Wie weit meine Kumpels zu der Zeit waren, kann ich nicht sagen. Darüber haben wir nicht gesprochen und aus der Art, wie jemand geredet hat, konnte man nicht rauslesen, was derjenige schon gemacht hatte.

Von der achten bis zur zehnten Klasse passierte nicht mehr viel. In einem Ferienlager verknallte ich mich zwar bis über beide Ohren in ein Mädchen, traute mich aber nicht, es ihm zu sagen. Das war richtig derb. Als ich wieder zu Hause war, bat ich meinen Vater, doch mal nach ihrer Adresse zu forschen, damit ich ihr einen Brief schreiben könnte. Er arbeitete zu dem Zeitpunkt bei

Agrarflug, einer Firma, die Dünger streute. Ihre Eltern waren bei der Interflug angestellt, vergleichbar mit der Lufthansa im Westen. Ich hatte die Hoffnung, da gäbe es vielleicht eine Verbindung. Gab es aber wohl nicht. Mein Vater sagte jedenfalls so etwas wie »Nein, keine Chance«, »Das geht nicht« oder »Das kriegen wir nicht raus«. Vielleicht hat er es ja auch gar nicht versucht.

Das nächste Mädchen war dann Kathi. Ich lernte sie mit 16 kennen, da hatte ich bei uns im Ort gerade eine Ausbildung zum Elektriker angefangen. Zu der Zeit war Basketballspielen angesagt, deshalb traf ich mich regelmäßig mit ein paar Kumpels zum Körbewerfen auf einem Sportplatz. Meistens kamen ein, zwei Mädels mit, Kathi war auch oft dabei. Es fing damit an, dass wir mal länger redeten und uns neckten. Das ging ein Dreivierteljahr lang so. Ich mochte sie, hatte aber nie daran gedacht, dass das was werden könnte. Sie war sehr klein, 1,48 Meter, hatte einen hübschen Po, eine schöne Oberweite – nicht zu viel, nicht zu wenig, eine Handvoll, wie man so sagt –, schulterlange braune Haare und braune Augen. Und sie hatte Hummeln im Hintern, das heißt, sie war manchmal sehr aufgedreht. Sie ärgerte und foppte auch gerne mal andere Leute, aber auf eine nette Art und Weise.

Auf der Geburtstagsfeier eines gemeinsamen Freundes kamen wir uns näher. Als es spätabends kühler wurde, rückten wir am Kamin die Stühle zusammen. Irgendwann, ich kam gerade von der Toilette zurück, war in der Runde plötzlich ein Stuhl zu wenig. Kathi saß auf meinem. »Hey, das ist mein Platz«, beschwerte ich mich. »Nö, hier hab ich gesessen«, schnippte sie zurück. Vielleicht hatte sie es auch darauf angelegt. Das weiß ich bis heute nicht, denn darüber haben wir nie gesprochen. »Und wo soll ich jetzt sitzen?«, meinte ich nur. »Ist mir doch egal«, knurrte sie. So einfach wollte ich sie nicht davonkommen lassen. »Okay, dann setz ich mich jetzt auf deinen Schoß«, sagte ich. Kaum saß ich, meckerte sie schon wieder rum: »Mann, ey, geh mal runter! Du bist zu schwer.« Ich: »Und wo soll ich dann sitzen?« Sie: »Na, hier!«

Dann stand sie auf, schob mich auf ihren Stuhl und setzte sich auf meinen Schoß. Ich dachte so bei mir: Was geht denn jetzt ab?! Auch die anderen bekamen große Augen, weil ihnen wohl das Gleiche durch den Kopf ging.

Auf einmal lehnte sie sich an mich. Das gefiel mir, denn es fühlte sich gut an, irgendwie richtig. Als es darum ging, wer noch Wein oder Bier trinken wollte, meldete ich mich. Prompt kam wieder ein Kommentar: »Du willst doch nicht etwa trinken?« »Ich wohne ja gleich hier. Ich kann das Moped stehen lassen und zu Fuß nach Hause gehen«, sagte ich. »Ach so, ja«, kam von ihr. »Man soll ja auch nicht fahren, wenn man trinkt. Mach ich auch nicht.« Doch kaum hatte ich das Glas an den Mund gesetzt, schnappte sie es sich und trank es aus. »Ey, halt. Hier ist was verkehrt«, beschwerte ich mich. »Das war mein Glas! Jetzt fängt das schon wieder an ...« Sie guckte mich nur an, beugte sich über mein Gesicht und – küsste mich.

Da in dem Moment nicht alle da waren und die anderen mit sich beschäftigt waren, bekam es zunächst keiner mit. Zwei Mädels, die wenig später dazukamen, rochen allerdings schnell Lunte. »Hat er?«, fragte die eine. »Die sitzt immer noch bei Marcel auf dem Schoß«, stellte die andere fest. Inzwischen war Kathi noch dichter an mir dran, saß mit ihrem Rücken an meinem Bauch. In den Augen der beiden Mädels ging das ja nun gar nicht und sie holten Kathi erst mal weg. »Komm doch mal her!«, riefen sie ihr zu. Kathi tat überrascht: »Wie jetzt?« Doch die zwei ließen nicht locker: »Komm mit!« Kaum außer Sichtweite, horchten sie sie aus: »Du und der Marcel, echt?« »Wie war denn der erste Kuss so?« »Seid ihr jetzt zusammen?« Das erzählte mir Kathi zwei Wochen später. In der Zwischenzeit hatten wir keinen Kontakt. Keine Ahnung warum.

Ich musste aber oft an sie denken und fragte mich, was das denn nun gewesen war. Ich konnte es nicht einordnen, weil ich das Gefühl nicht kannte, das ich bei ihr hatte. Die Mädels der anderen Kerle fragten mich irgendwann in diesen zwei Wochen neugierig: »Ja, was ist denn nun, seid ihr jetzt zusammen?« »Keine Ahnung«, antwortete ich wahrheitsgemäß.

Ich traf Kathi auf dem Basketballplatz wieder. Erst war es eine irgendwie peinliche, betretene Situation, denn keiner wollte so richtig was sagen. Aber wir brauchten auch nicht viel zu reden. Wir rutschten immer weiter zusammen, sodass wir Schulter an Schulter standen, irgendwann legte ich meinen Arm um sie, weggegangen sind wir Händchen haltend. Das war der offizielle Beginn unserer knapp zweijährigen Beziehung.

Wir sahen uns oft, waren abwechselnd bei mir und bei ihr. Wollten wir bei ihr zu Hause für uns sein, mussten wir das Zimmer abschließen. Sie und ihr fünf Jahre jüngerer Bruder Kevin teilten sich ein Zimmer. Er stand oft maulend vor der Tür, was uns ziemlich genervt hat. Wir saßen oder lagen immer auf dem Bett, knutschten und geikelten rum, das heißt neckten uns, ließen Sprüche los, lachten, alles Mögliche. Ich tastete mich Stück für Stück vor. Statt sie auf den Mund zu küssen, küsste ich sie nach einer Weile auf den Nacken, dann kitzelte ich sie statt über unter dem Pulli, irgendwann schob ich den BH beiseite.

Der erste Zungenkuss war alles andere als prickelnd. Das lag vor allem daran, dass sie mir urplötzlich und ganz schnell die Zunge in den Mund steckte. Ich dachte bei mir: Iiih, was ist das denn? Ich finde, ein Zungenkuss fühlt sich nur richtig toll an, wenn eine besondere Stimmung da ist. Meine derzeitige Freundin küsse ich meistens nur auf den Mund. Nur wenn die Atmosphäre sehr schön und sinnlich ist, küsse ich mit Zunge. Andernfalls ist es etwas, das man halt einfach macht, aber nichts Besonderes.

Für mich war klar, dass das Mädchen, mit dem ich das erste Mal habe, auch meine Freundin sein sollte. Ich wollte nicht mit irgendeiner Sex haben, nur um es endlich hinter mir zu haben. Von Peter, der fünf Jahre älter ist, kam damals schon mal der Spruch »Auf alten Booten lernt man segeln«, was so viel bedeutet wie: Schnapp dir eine ältere Frau, die zeigt dir, was man so alles machen kann. Peter ist wie fast alle Handwerker sehr direkt und ein bisschen derb, wenn es um das Thema Sex geht, lässt schon mal eindeutige Sprüche los. »Hey, hast du schon einen weggesteckt?«, fragte er mich am Anfang meiner Lehrzeit mal. Als ich dann mit Kathi zusammen war, hörte sich das so an: »Gestern Abend wieder einen verbraten?« oder »Hey, hat sie geschrien?« Am Anfang war es mir ziemlich peinlich, über das Thema zu reden, irgendwann wurde ich aber lockerer.

Vier Monate lang haben Kathi und ich uns gegenseitig erkundet und immer weiter vorgetastet. Sie hat schließlich den entscheidenden Schritt gemacht. An dem Abend waren wir bei ihr, hatten das Sofa im Wohnzimmer ausgezogen. Ihre Eltern und ihr Bruder schliefen bereits. Wir waren schon eine ganze Weile zugange, als sie ein Kondom hervorholte mit der Bemerkung: »Ich will jetzt mal probieren, wie das ist.« Leider waren wir beide ziemlich unfähig und bekamen es erst mal nicht drüber. Vier Hände und ein Kondom, das waren vier Hände zu viel. Das ging gar nicht. Wir haben uns schon ganz schön gequält. Natürlich lachten wir dabei und amüsierten uns, es war aber auch ziemlich peinlich. Deswegen hat es erst mal einen Moment gedauert, bis die Stimmung wieder da war. Dann haben wir es einfach gemacht. Ich hatte ein bisschen Angst, dass es ihr wehtun könnte. Ich wusste, dass sie, wenn sie Tampons nahm, immer ein bisschen Probleme hatte. Ich will nicht sagen, dass ich gut bestückt bin, aber das ist ja doch noch mal eine andere Liga. Deshalb war ich sehr vorsichtig. Es lief aber ganz entspannt ab.

Ich glaube, sie hatte auch einen Orgasmus, zumindest einen kleinen. Es klang jedenfalls so. Beim Petting vorher sind wir beide gekommen. Da ging es um meine und ihre Befriedigung. Das war für uns beide, die wir Neulinge auf dem Gebiet waren, eine Entdeckungsreise. Wir haben da beide eine ganze Weile dran herumgearbeitet. Mit der Hand und oral. Ich bei ihr und sie bei mir. Es hat mich sehr gereizt herauszufinden, wie sie tickt, was sie mag und was nicht. Das geht mir bei jeder neuen Freundin so. Das Vortasten und Ausprobieren finde ich sehr spannend.

Wir haben danach nicht mehr viel geredet, nur gesagt, dass wir es schön fanden. Gegen halb zwei in der Nacht bin ich gegangen, das heißt, ich bin durch ein Fenster der Veranda geklettert, damit ihre Eltern nicht wach wurden. Sie hatten die Angewohnheit, abends immer die Haustür abzuschließen. Hätte ich sie aufgeschlossen, hätten sie das mitbekommen, weil das recht laut war. Nach den ersten paar Malen waren wir aber nicht mehr so vorsichtig. Da waren wir dann halt fickrig. Der Trieb war da, die Konsequenzen, dass wir Ärger mit ihren Eltern bekommen könnten, waren uns ziemlich egal.

Am anderen Tag, wir waren gerade wieder am Fummeln und Kussen, meinte Kathi noch mal, dass sie es schön gefunden hätte und dass wir es ruhig wieder machen könnten. Daraufhin holte sie auch schon wieder ein Kondom raus. Sie hatte eine Bekannte, die zwei Klassen über ihr war und die für sie die Kondome besorgte, damit ihre Mutter das nicht mitbekam. An dem Tag hatten wir bei ihr im Zimmer Sex, das heißt, wir versuchten es. Kevin stand plötzlich wieder vor der Tür und nervte: »Kathi, lass mich rein!« »Geht jetzt nicht!« Ging wirklich gar nicht. Deshalb klappte es auch nicht mit dem Kondom. Sie hatte zwar zum Glück noch eins. Wir haben die Flinte aber irgendwann doch ins Korn geworfen, weil Kevin einfach nicht aufhörte zu nerven. So kann man ja nicht in Stimmung kommen.

Einmal kam der Bengel mit einem Vibrator an. Aber was für ein Ding! Das fand ich superpeinlich. Wir saßen gerade in Kathis Zimmer, hatten nicht abgeschlossen, als er hereinkam und mit großen Augen fragte: »Kathi, was is' 'n das?« Ich hatte schon einen gesehen. Peter wollte mal für seine Verlobte in einem Erotikshop in Stendal Unterwäsche kaufen. Dort gab es natürlich auch jede Menge Sexspielzeug, darunter verschiedene Dildos und

Vibratoren. Ich verschluckte mich fast, als ich sah, wie groß die sein können. Der, den Kathis Bruder in beiden Händen hielt, war auch so ein Riesiger, bestimmt fünf Zentimeter im Durchmesser. Komisch eigentlich, dass er die Form nicht als Penis erkannt hat. Es war ja auch noch ein ziemlich Naturgetreuer. Als wir ihn fragten, woher er den habe, sagte er: »Aus Mamas Schrank.« Dass ihre Mutter so was benutzte, fand ich nicht verwerflich. Was sollte sie auch machen, ihr Mann war ja ständig auf Montage. Besser so, als wenn sie sich einen anderen Kerl nahm. Kathi hat ihrem Bruder das Ding sofort abgenommen, ohne was dazu zu sagen, und es wieder zurückgebracht.

Wir hatten im Schnitt viermal die Woche Sex – immer wenn ich beruflich bei ihr im Ort zu tun hatte. Ich bin zum zweiten Frühstück und über Mittag zu ihr gefahren und da hatten wir oft auch Sex. Nicht nur im Bett, sondern auch mal woanders. Wenn ich mir die Hände waschen ging, kam sie mir hin und wieder hinterher, machte die Tür zu, zog mir die Hose runter und dann ging es auf der Waschmaschine rund. Wir haben es auch oft draußen gemacht. Mal auf der Motorhaube eines Trabis, die dabei ausbeulte. Mal an einem Deich. Wir machten es uns dort auf Decken gemütlich und wenn uns die Lust überkam, schoben wir eine Nummer. Manchmal fuhren Radfahrer vorbei. Das störte uns aber nicht. Im Gegenteil, wir fanden das sogar ganz prickelnd.

Wir probierten einige Stellungen aus, Kamasutra von vorn bis hinten haben wir aber nicht gemacht. Ihre Eltern hatten so ein Buch mit vielen Abbildungen. Als wir uns das zusammen anguckten, haben wir über die Stellungen abgelacht. Die ein oder andere haben wir auch mal ausprobiert.

Als wir schon längst regelmäßig Sex hatten, kam ihr Vater mal mit einer Flasche Bier in der Hand bei mir an: »Junge«, fing er an, »eins wollte ich mal sagen: Irgendwann ist es bei euch ja mal so weit. Du denkst ja an die Verhütung, ne? Die Kathi ist ja noch in der Schule, die muss noch was lernen. Du machst deine

Lehre.« Das war mir natürlich peinlich. Damit er aufhörte, sagte ich sofort: »Ja, machen wir, machen wir!« Er hat dann zum Glück auch nichts mehr gesagt. Kathis Mutter hatte schon viel früher mit ihr gesprochen, drei Wochen, nachdem wir das erste Mal Sex gehabt hatten.

Leider ging es mit uns sehr unschön zu Ende. Es war an einem Sommertag, wir waren gerade auf dem Rückweg vom Heidepark Soltau. Peter und seine damalige Verlobte saßen mit im Auto. Als wir über eine Elbbrücke fuhren, ließ Kathi einen komischen Spruch los: Ein Kerl aus ihrer Klasse hätte mehr Erfahrung als ich ... Anscheinend fand sie den besonders cool. Dabei war der schon mal von der Polizei wegen Drogen- und Alkoholexzessen verhaftet worden. Ich wusste nicht, was das sollte. Als ich nachfragte, sagte sie noch mal lapidar: »Ja, der hat halt mehr Erfahrung.« Ich empfand das als ziemlich erniedrigend. Gut, es war vielleicht nicht tutti paletti bei uns, wir haben uns auch mal gestritten, aber meistens über banale Sachen, und das kommt ja in jeder Beziehung vor.

Es hatte wahrscheinlich damit zu tun, dass sie zu der Zeit schon auf dem Gymnasium war, wo dieser Typ auch war. Ihre Freundinnen standen zu dem Zeitpunkt alle auf Rebellen. Kathi änderte sich dann auch ganz leicht. Nicht extrem, sie wurde nicht zu einer Grufti-Erscheinung mit schwarzen Klamotten, das nicht, aber sie bekam einen leichten Hang in die Richtung. Das war dann auch das äußere Zeichen, dass es nicht mehr richtig passte zwischen uns. Mir hat das alles sehr wehgetan und ich habe ihr schließlich einen Brief geschrieben, in dem ich schweren Herzens Schluss machte.

Danach kam Nina, die ich über meine Schwester kennenlernte. Sie hatte mich angepriesen ohne Ende, erzählt, was für 'n toller Kerl ich wäre, und zu ihr gesagt, dass ich bald Geburtstag hätte und sie mich doch mal anrufen sollte, ich würde sie bestimmt einladen. Sie meldete sich auch bei mir und wir telefonierten schon an diesem ersten Tag vier Stunden lang. Durch die Beziehung mit ihr ist mir allerdings fast der halbe Freundeskreis weggebrochen. Sie hatte einen psychischen Knacks, immer mal wieder Angstzustände. Es ist öfter vorgekommen, dass wir zu einer Party wollten, schon fast vor der Tür standen, als sie plötzlich meinte, sie wolle nicht mehr, sie fühle sich unwohl. Ich bin dann auch zurückgefahren. Was man nicht alles für eine Frau macht. Schon verrückt.

Sie war auch sehr experimentierfreudig, aber es war nicht mehr ganz so wie mit Kathi. Da war schneller die Luft raus. Trotzdem waren wir immerhin viereinhalb Jahre lang zusammen. Dass es am Ende nicht mehr klappte mit uns, lag auch daran, dass wir zusammengezogen waren. Der gemeinsame Alltag hat der Liebe nicht gutgetan. Dazu kam, dass es durch ihre psychischen Probleme auch nicht immer einfach war. Sie hing oft ziemlich durch. Weil ich mich zu sehr auf sie einstellte, habe ich mich mit runterziehen lassen, unternahm weniger als früher, traf weniger Leute, kapselte mich ab.

Bevor ich meine dritte Freundin kennenlernte, vergingen drei Jahre. Marina war zwei Jahre älter als ich. Ich lernte sie in einer Disco durch den Spruch »Mensch, lächle doch mal!« kennen. Ich hatte beobachtet, wie sie auf andere Männer reagierte, nämlich nach dem Motto »Ich lächle, wann ich will!« oder »Wenn ich meine, du bist nicht anlächelbedürftig, lächle ich dich auch nicht an«. Mit anderen Worten: Sie hatte die Sprüche satt. Das konnte ich auch verstehen. Wenn man jedes Mal den gleichen Satz hört, geht einem der auch irgendwann auf den Zeiger. Ich hatte gar nicht damit gerechnet, bei mir hat sie aber anders reagiert. »Hier sind einige, die mich so ansprechen, aber dir geb ich mal keine Abfuhr«, sagte sie und grinste. Nach eineinhalb Jahren war jedoch auch bei uns die Luft raus.

Danach war ich neun Monate lang mit Christa zusammen. Sie war mir am Ende auch zu burschikos. Wir lernten uns auf einer Party kennen. Sie war Fußballspielerin und an dem Abend mit ihren Mädels vom Verein unterwegs. Sie trug einen Anzug, hatte die

Haare hochgesteckt, sah superscharf aus. Noch am selben Abend sind wir im Bett gelandet. Das heißt, es war eigentlich früh halb sieben. Ich verabschiedete mich zuerst, sie blieb noch mit einigen Freunden auf der Feier. Als ich wieder zurückkam – ich hatte versucht sie anzurufen, ihre Telefonnummer aber nicht richtig abgespeichert –, schlief sie schon. Ihre Freundinnen weckten sie dann noch mal. Ich blieb noch eine Weile, sagte irgendwann zu ihr: »Lass uns mal zu mir gehen.« Wir benutzten kein Kondom, was natürlich riskant war. Mit Kathi und Nina habe ich am Anfang mit Kondom geschlafen, später aber auch ohne.

An Christa hat mich besonders gestört, dass sie oft schon auf dem Sprung irgendwohin war, wenn ich von der Arbeit kam. Keine Umarmung, kein Kuss, noch nicht mal ein Hallo. Das fand ich unmöglich. Einmal, da hatte ich schon die Nase ziemlich voll von ihrer komischen Art, wollte sie zu einer Grillparty von Freunden. Als ich meinte: »Kannst du nicht mal einen Moment warten?«, kam von ihr nur: »Nee, kann ich nicht«, dann fuhr sie los. Das hat das Fass zum Überlaufen gebracht. Das wollte ich mir nicht länger gefallen lassen, deshalb machte ich noch nicht mal eine Stunde später Schluss.

Aller guten Dinge sind fünf – Frauen. Inzwischen bin ich mit Ria zusammen. Wir können uns beide sogar Kinder zusammen vorstellen. Sie ist zahnmedizinische Assistentin, ebenfalls etwas älter, vier Jahre. Ich kenne sie schon lange, gefunkt hat es aber erst auf einer Party am 1. Mai 2008. Bei ihr habe ich das Gefühl, angekommen zu sein. Auch das Sexuelle stimmt.

Wir haben sicherlich öfter Lust aufeinander, als wir es machen. Es hängt einem heute aber einfach zu viel im Nacken, Arbeit, Sorgen, unerledigte Dinge, sodass man dann nicht richtig abschalten kann. Der Moment muss da sein und dann genießen wir es auch richtig.

Mit Vollgas ins Leben

Max, 34, Diplom-Kaufmann
Erstes Mal 1995 mit 17 Jahren

Rund zwanzig One-Night-Stands und acht Beziehungen – das ist meine Frauen- und Liebesbilanz bis jetzt. Allein vorletztes Jahr, als ich Single war, lief eigentlich alle paar Wochen was. Dabei mag ich den One-Night-Stand an sich gar nicht. Ich mag das Drumherum. Ich mag es, den Menschen kennenzulernen, das Miteinanderreden, die vorsichtige Annäherung, die ersten Berührungen. Das ganze Spiel fasziniert mich. Deshalb war ich auch noch nie im Puff. Das ist mir zu reduziert, zu kalt, da kann ich auch masturbieren. Außerdem hätte ich Angst, mir was zu holen.

Weil ich immer auf Sendung bin, was Menschen im Allgemeinen und Frauen im Besonderen betrifft, lerne ich überall potenzielle Partnerinnen kennen: in der Kneipe, beim Einkaufen, im Urlaub, auf einem Straßenfest, nur nicht an einem lauten Discoabend. Man muss sich unterhalten können, die Kommunikation ist mir ganz wichtig. Ich kann nur mit Frauen, die ich auch als Mensch faszinierend finde.

Meistens bin ich der Aktive. Die Frau kann zwar durchaus den ersten Schritt machen, zu offensiv sollte sie aber nicht sein. Wirft sich mir eine zu sehr an den Hals, turnt mich das eher ab. Wenn ich Feuer gefangen habe, steigere ich mich kopfüber und kopflos in eine Frau rein. Das ist der Grund, warum auch viele

Beziehungen bei mir mit einem One-Night-Stand beginnen. Ich kann es einfach nicht abwarten und starte sofort durch. Oft bin ich aber todunglücklich danach. Immer dann, wenn entweder der eine oder der andere kein Interesse mehr hat. Das frustriert mich beides.

Die bayrische Stadt, in der ich als jüngstes von vier Kindern geboren wurde und immer noch lebe, ist mittelgroß, konservativ und katholisch. Die Mittelstandssiedlung, in der ich aufgewachsen bin, war gutbürgerlich, ohne Problemnachbarn und Problemkinder – kurz: gemütlich, praktisch, gut. Direkt gegenüber wohnte ein Polizist, daneben ein Lehrer, ein paar Häuser weiter ein Handwerker. Das Leben ging seinen geordneten Gang, jeder hielt sich an die ungeschriebenen Regeln. Eine war, dass die Autos nur samstags gewaschen wurden. Meine Mutter war meine Hauptbezugsperson. Mein Vater, ein Geschäftsmann, war beruflich oft unterwegs. Er war ein sehr intensiver Mensch, polterte auch gerne mal los. Als ich 17 war, ließen sich die beiden scheiden.

Meine Geschwister und ich wurden zwar nicht verklemmt erzogen, aber völlig entspannt sind meine Eltern mit Nacktheit auch nicht umgegangen. Mein Vater – er kommt aus einem Dorf – ist in der Hinsicht defensiver, meine Mutter etwas lockerer. Einmal entdeckte ich Nacktfotos von ihr. Ich bin von Natur aus sehr neugierig und stöberte mal in den Wohnzimmerschubladen. In einer lagen haufenweise Fotos und Dias. Irgendwann setzte ich mich hin und schaute sie mir an: Auf einigen sah man meine Mutter leicht bekleidet am Strand. Als sie dahinterkam, dass ich mir die Fotos angeguckt hatte, regte sie sich ziemlich auf.

Mit zehn bekam ich Pornohefte in die Finger. Ein Kumpel von mir hatte sie entdeckt. »Du, ich hab im Altpapier Hefte mit ganz vielen nackten Frauen gefunden …«, sagte er eines Tages mit verschwörerischer Stimme zu mir. Das war natürlich was. Wir liefen zusammen zu dem Container, kletterten rein und holten die Dinger raus. Später in meinem Zimmer verteilte ich sie im ganzen

Raum und guckte sie mir in aller Ruhe an. Es waren keine Hochglanzhefte, sondern ganz billige wie die *St.-Pauli-Nachrichten.* Ein anderer Kumpel lud mich und einen anderen irgendwann in der Zeit mal ein, mit ihm die *Playboy*-Sammlung seines Vaters anzugucken. Das war zwar aufregend, auch weil man das Gefühl hatte, etwas Verbotenes zu tun, aber überhaupt noch nicht anregend.

Eine Geschichte aus der Zeit ist mir noch negativ in Erinnerung: Mit dem Obermessdiener, der fünf, sechs Jahre älter war als wir, spielten wir nach dem Gottesdienst oft Fangen und Ähnliches. »Ich hab 'nen Porno zu Hause, kommt doch mal vorbei, dann gucken wir den«, fing er irgendwann an. Das kam noch ein paar Mal, wir reagierten aber nie. Eines Tages legte er eine andere Platte auf: »Wir spielen mal Strip-Poker.« Was wir auch tatsächlich taten: Wir kletterten in einem Wäldchen, etwa 100 Meter von der Kirche entfernt, auf einen Jägerhochsitz und zogen uns aus. Komischerweise aber nur er und ich. Ab einem gewissen Punkt fand ich das Ganze aber nicht mehr cool und haute ab. Das war aber auch die einzige Erfahrung in dieser Richtung. Bei Frauen scheint das noch mal anders zu sein: Jede zweite Freundin hat mir erzählt, dass sie schon mal begrabscht worden sei oder sie jemanden ertappt habe, der ihr in der Umkleidekabine beim Ausziehen zusah. Sie erzählten das aber meist keinem.

Ein paar Jahre später, mit 13, bekam ich meinen ersten Kuss. Es war beim Flaschendrehen. Unsere Clique, Jungs und Mädchen, traf sich oft bei irgendjemandem zu Hause. Die Flaschennummer lief so: Einer machte das Licht aus, dann musste man den Betreffenden küssen, dann ging das Licht wieder an. Das lief immer blitzschnell ab. Kaum war's dunkel, spürte ich auch schon eine Zunge von links. Besonders toll fand ich diese erste Erfahrung nicht. Ich dachte: Und das war's jetzt?

Mit 13, 14 fingen auch die ganzen Partys an und damit meine erste Sturm-und-Drang-Phase. Bei jeder Party probierte ich, wenigstens einmal rumzuknutschen. Kennenlernen, kuscheln, knutschen, so lief das. Ich habe auch damals schon immer den ersten Schritt gemacht und mich auch sehr schnell verknallt. Wahrscheinlich habe ich in meiner Teeniezeit mehr rumgeknutscht als andere. Wenn es sich ergab, nahm ich es mit. Im besten Fall verdrehten meine Freunde nur genervt die Augen. Oft waren sie aber auch richtig sauer, weil ich mich meistens nur noch auf die Mädels fixierte und mich um sie gar nicht mehr kümmerte.

Die meisten Jungs, ob aus der Schulclique oder der Siedlung, fingen um einiges später an als ich. Die beiden aus der Nachbarschaft, mit denen ich heute noch befreundet bin, habe ich erst mit 18, 19 zum ersten Mal mit Frauen gesehen. Zu dem Zeitpunkt war ich schon lange »im Geschäft«. Ich brachte auch schon früh Mädels mit nach Hause, zunächst nur zum Videogucken oder Musikhören. Von meiner Mutter kam hin und wieder mal: »Ist das schon wieder eine andere?« oder »Jetzt mach aber mal langsamer!«

Die erste Liebelei, die ich als Beziehung bezeichnen würde, hatte ich mit 15. Julia war zunächst die Freundin eines Kumpels, doch wir verstanden uns immer besser und besser und wurden schließlich ein Paar. Der Kumpel ist heute noch sauer auf mich. Wenn wir uns sehen, grüßen wir uns zwar, aber mehr auch nicht. Bei Julia habe ich das erste Mal so richtig Verliebtheit empfunden. An die Anfänge kann ich mich noch gut erinnern. Wir waren mit der Gruppe bei ihr zu Hause, lümmelten auf der Couch herum. Irgendwann fing ich an mit ihr zu füßeln. Damals entdeckte ich, wie unerhört prickelnd kleine Berührungen sein können. Das genieße ich auch heute noch.

Füßeln, fummeln, knutschen – so ging's weiter. Richtig losgelegt haben wir aber erst, als mit den beiden Schluss war. Nach ein paar Wochen fragten wir ihre Mutter, ob ich bei ihr schlafen könne. Sie sagte Nein, also bin ich nachts um ein Uhr nach Hause und um sieben Uhr früh wieder zurück. An diesem Morgen fummelten wir an allen Körperteilen. Ich fand's komisch. Iiih, dachte ich so bei mir, ist das glitschig und eklig. Dieses Heavy Petting, wie wir es nannten, machten wir den ganzen Sommer über, drei, vier Monate lang. Dann wollte ich nicht mehr, hatte die Lust daran verloren.

Kurz bevor Schluss war mit uns, prahlte ich bei meinen Kumpels auf dem Fußballplatz damit herum, was wir alles gemacht hätten. Ich erzählte alle Details. Die Jungs fanden das natürlich cool und geil und grölten mit. Als Julia es mitbekam, war sie ziemlich sauer. Irgendwie ja auch verständlich. Das ging so weit, dass ihr neuer Freund mich verkloppen wollte. Meine Kumpels haben nie damit geprotzt, was sie schon gemacht hätten, ich bis zu dem Zeitpunkt allerdings auch nicht. Das Einzige, was ich früher gemacht habe, war, dass ich die Liebesbriefe aus der Nachbarschaft – es waren nicht viele, immer mal wieder einer – stolz den besten Freunden zeigte. Ich konnte das einfach nicht für mich behalten, musste es immer an die große Glocke hängen.

1995 war in sexueller Hinsicht mein Schicksalsjahr: In dem Jahr hatte ich mein erstes Mal. Ich war 17. Ich lernte Natalie auf einer neuen Schule kennen. Im Sommer hatte ich zwar meinen Realschulabschluss in der Tasche, wusste aber nicht, was ich danach machen sollte, war komplett unstrukturiert. Deshalb beschloss ich, weiterzumachen und auf eine höhere Handels-schule zu gehen. Man konnte dort Abschlüsse in verschiedenen Fachrichtungen machen, ich entschied mich für Gesundheit. In meiner Klasse gab es fast nur Mädchen. Ich und ein bekennender Schwuler waren die einzigen Jungs. Er outete sich zwar nie offi-ziell, man sah und merkte es ihm aber an. Er machte auch nie einen Hehl daraus.

Ich sah Natalie zuerst auf dem Schulhof. Sie unterhielt sich mit einer Klassenkameradin von mir, Nina, mit der ich mich gut verstand. Natalie gefiel mir auf Anhieb. Ich muss es wohl auch deutlich gezeigt haben, jedenfalls fing Nina schon relativ schnell an, dezent zu kuppeln: Wir gingen zu dritt Eis essen, ins Kino oder auch mal in die Disco. Auf beiden Seiten kamen bald immer mehr Gefühle hoch, Natalie zeigte sie aber nicht, war eher distanziert.

Erst im Nachhinein gestand sie mir, dass sie mich auch ganz toll fand.

Eine kleine Anekdote am Rande: Sie war die Tochter eines ehemaligen Lehrers, der mich nicht abkonnte. Als er mich ein paar Monate später am Frühstückstisch wiedersah, war er entsprechend distanziert. Ich, der Rüpel, und seine liebe Tochter, da hat er wohl erst mal schlucken müssen. Wir wurden zwar nie warm miteinander – unsere Kommunikation beschränkte sich auf »Guten Tag« und »Auf Wiedersehen« –, er akzeptierte mich aber irgendwann wohl oder übel.

Wir kamen uns nach einer Party näher, die ich mit einigen Kumpels in einem Vorort organisiert hatte. Nach dem Aufräumen übernachteten wir bei Nina, die in der Nähe der Partylocation wohnte. Nina machte es sich auf der Couch gemütlich, wir beide im Bett. Weil wir heftig herumalberten, uns knufften und herumbalgten, brach es irgendwann mit einem lauten Krachen unter uns zusammen. Damit war aber auch das Eis gebrochen und unsere Beziehung nahm nun rasant Fahrt auf.

Eines Tages waren wir bei mir, schmusten, knutschten, fummelten rum und irgendwann kam es dazu. Ich wollte es gar nicht, es passierte einfach: Als wir in der Löffelchenstellung lagen, drang ich in sie ein, ging aber auch sofort wieder raus. Als ich noch mal wollte, meinte sie: »Nee, wenn ich schwanger werde, das geht nicht.« Dann wurde diskutiert: »Da passiert nichts.« »Doch, da passiert was.« »Nee.« »Doch.« Wir hatten zwar nicht verhütet, aber Sex war es ja gar nicht gewesen: Ich war nur kurz drin gewesen und dabei war es nicht zum Erguss gekommen. Sie ließ sich aber nicht beruhigen. Ihre Panik ging schließlich so weit, dass sie zum Frauenarzt ging und sich die »Pille danach« verschreiben ließ.

Ich dachte, sie hätte ihr erstes Mal schon gehabt. Sie hatte es mir gegenüber jedenfalls behauptet. Irgendwann danach gestand sie mir aber, das wäre gar nicht so. Wir lagen im Bett, waren noch in Rumalberstimmung, als sie plötzlich sagte: »Du, bei mir ist es auch das erste Mal.« »Was, du hast mich angelogen?«, meinte ich, knuffte sie in die Seite und lachte. In dem Moment fiel der Druck bei mir ab. Ich hatte ein bisschen Angst gehabt, irgendwelche Erwartungen nicht erfüllen zu können. Jetzt entspannte ich mich.

Vielleicht hatte sie ja gelogen, weil es ihr peinlich war, noch Jungfrau zu sein. Für mich war das nie ein Problem. Ich hatte es in der Mädelsklasse sogar mal erzählt. Als wir ins Gespräch kamen, fragte mich eine: »Und, hast du schon?« »Nö«, sagte ich nur. Prompt fingen sie an, mich zu verarschen, und sangen ein Lied von Madonna an: »Like a vi-i-i-i-rgin …« Anfangs kapierte ich das gar nicht, denn ich wusste nicht, was »virgin« bedeutet. Als sie es mir erklärten, lachte ich mit. Ich fühlte mich nicht angepisst. Es war halt so, was sollte ich machen? Ich habe mir auch nie Gedanken darüber gemacht, wer in meinem Freundeskreis schon hatte und wer noch nicht. Das war mir egal.

In den Wochen nach dem missglückten ersten Mal schalteten wir erst mal wieder einen Gang zurück, fummelten nur und machten Heavy Petting. Dann kam unser erster gemeinsamer Urlaub, Skifahren in Österreich, und da gaben wir dann Vollgas. Gleich am ersten Abend fielen wir übereinander her. Dieses Mal mit Netz und doppeltem Boden: Ich hatte mir noch zu Hause eine Packung Kondome aus der Apotheke geholt, knallbunte: rosa, grün, gelb. Kondomautomaten waren mir nicht geheuer. Irgendwer hatte erzählt, dass man nicht sicher sein könne, dass die funktionieren.

Meine Vorstellung vom ersten Mal war geprägt durch die Pornofilme, die ich mit 16 gesehen hatte: Stellungen, Stellungen, Stellungen. Möglichst viele. Alles probieren, ständig wechseln. Einer meiner Bekannten wohnte neben einer Videothek. Seine Eltern waren extrem offen und liehen die Filme für ihn aus, die wir uns dann mit einem dritten Kumpel anschauten. Wir lachten die meiste Zeit und spulten wie die Verrückten zu den Stellen vor, die uns interessierten. Ich habe noch im Kopf, dass alle Frauen Riesenbrüste hatten und ich das etwas beängstigend fand.

Als wir ankamen, bezogen wir unser Zimmer, aßen im Restaurant noch schnell was und verzogen uns gleich nach oben – ins Bett. Es war so, wie ich es mir vorgestellt hatte: Wir hielten nicht die Stellung, wir wechselten sie im Minutentakt. Im Stehen, im Sitzen, im Liegen, wir probierten einfach alles. Ich weiß nicht mehr, wie lange es ging. Irgendwann hörten wir auf, ich glaube, bei mir hat es nicht mehr geklappt, die Erregung ließ einfach nach. Wir kuschelten noch ein bisschen und schliefen zusammen ein. Einen Orgasmus hatten wir beide nicht, aber das hat mich nicht gestört.

Die nächsten Male waren noch nichtssagend. Es war mehr ein Pflichtprogramm. Jeder konzentrierte sich auf sich. Erst nach einigen Wochen spielten wir uns aufeinander ein. Dann hatte ich herausgefunden, was ich bei ihr machen musste, damit sie kam, und dann fing es auch an, richtig Spaß zu machen. Sie war eine von den Frauen, die durch normalen Geschlechtsverkehr nicht zum Höhepunkt kommen. Das sind meiner Erfahrung nach die meisten Frauen. Wir sprachen ganz offen darüber und ließen uns andere Möglichkeiten einfallen: mit der Hand oder mit dem Mund. Mir machte es Spaß zu sehen, wie sie reagierte, ihr Gesicht zu beobachten, ihren Körper, wie er sich bewegte, verspannte, der ganze Prozess. Ich glaube, sie hatte schon mal einen Orgasmus gehabt. Wir hatten mal über Masturbation gesprochen und da hatte sie gemeint, wenn sie Lust hätte, würde sie es machen.

Masturbation ist ein ganz komisches, schwieriges Thema. Frauen haben ein Problem damit, wenn ihre Freunde masturbieren. Viele Frauen in meinem Bekanntenkreis, die in einer Beziehung sind, sagen kategorisch: »Nein, mein Freund guckt keine Pornos und nein, er masturbiert auch nicht.« Ich lache in solchen Situationen immer in mich rein, denn die meisten Männer machen es. Ich habe das erste Mal mit 14 in meinem Kinderzimmer masturbiert. Als wir Jungs das Masturbieren entdeckten, redeten wir auch schon mal darüber und tauschten uns über die besten Methoden aus: »Hast du schon?«, »Und wie lange?« und »Hey, kennst du

›die Fremde‹?« Dabei setzt man sich zehn Minuten lang auf seine Hand, bis sie einschläft und taub wird, dann masturbiert man damit.

Als wir uns richtig eingespielt hatten, haben Natalie und ich es überall gemacht: bei ihr, bei mir, wenn wir bei Kumpels eingeladen waren, im Stadtpark. Im Nachhinein betrachtet, war das eine schöne Zeit. Wir waren sehr verliebt ineinander, neugierig, unbeschwert. Nach einem halben Jahr war leider erst mal für drei Monate Schluss. Warum, weiß ich gar nicht mehr. Danach kamen wir wieder zusammen. Zu dieser Zeit hatte sie einen anderen Typen, ist also mit mir quasi fremdgegangen. Wir trennten uns noch ein zweites Mal, konnten aber nicht ohne den anderen und kamen noch mal zusammen. Das war schon eine verrückte Zeit.

Als wir uns zum zweiten und letzten Mal zusammenrauften, lud ich sie ganz groß in ein schickes Restaurant ein. Zu dem Zeitpunkt absolvierte ich gerade meinen Zivildienst und hatte ein bisschen Geld, denn ich verdiente 400 Mark im Monat. An dem Abend, das weiß ich noch, habe ich 50 Mark nur für den Wein auf den Kopf gehauen. Wir tranken eine ganze Flasche und fühlten uns sehr erwachsen. Danach sind wir zu mir und landeten auch gleich wieder in der Kiste.

Nach ein paar Monaten ging es komplett auseinander, seitdem haben wir uns nie mehr wiedergesehen. Aus den Augen, aus dem Sinn – das trifft bei mir auf die meisten Frauen zu. Das liegt daran, dass ich im Gegensatz zu meinen Freunden, die stets aus den eigenen Reihen akquirieren, meistens Partnerinnen habe, die nicht zu meinem Bekanntenkreis gehören.

Die längste Beziehung, die ich bis jetzt hatte, dauerte sechseinhalb Jahre. Es war von Anfang bis Ende eine Fernbeziehung. Als wir uns kennenlernten, wohnte sie im äußersten Norden Deutschlands, 700 Kilometer weg von mir. Nachdem sie umgezogen war, waren es immer noch 200. Ich pendelte alle zwei Wochen zu ihr, das machte mir aber nichts aus. Wenn ich mit einer Frau zusammen bin und sie wirklich will, tue ich fast alles für sie und bin ihr auch treu. Ich könnte aber auch gar nicht lügen, dafür habe ich ein zu schlechtes Gedächtnis. Wenn man lügt, muss man sehr viel im Kopf haben, viel nachdenken, damit einem nichts rausrutscht. Ich will und kann über so was nicht nachdenken und würde mich ganz schnell mal verplappern.

Seitdem ich sexuell aktiver bin, war die längste Zeit, die ich mal keinen Sex hatte, zwei Monate. Mir fehlt es dann, es ist einfach wichtig für mich. Das heißt aber nicht, dass ich meine Ansprüche phasenweise runterschraube: Wenn ich merke, ich kann die Frau nicht riechen, es passt hinten und vorne nicht, breche ich die Sache auch schon mal ab, erfinde eine Ausrede und verabschiede mich.

Der Sex hat sich bei mir im Laufe der Jahre sehr verändert. Ich sage mal so: Ich bin von Frau zu Frau gewachsen. Anfangs ist nur der Orgasmus wichtig, nichts anderes. Aber mit der Zeit richtet man sich mehr nach dem Partner aus, bekommt ein Gefühl für seine Bedürfnisse und setzt alles daran, ihn zufriedenzustellen. Schlechten Sex an sich gibt es nicht. Dann sind die Partner einfach schlecht füreinander. Genauso wenig gibt es den guten Sex. Guter Sex ist für jeden Menschen anders. Für mich ist es gut, wenn ich das Gefühl habe, dass es ihr gefallen hat. Wenn es um besondere Vorlieben geht, dann kann ich für mich sagen: Ich bin kein Mensch, der auf Extreme abfährt und auf Teufel komm raus experimentieren muss. Ich mag das, was viele Männer mögen. Hilfsmittel, wie Sexspielzeuge, brauche ich nicht. Vibratoren hatte ich schon, aber ich bin kein Fan davon.

Ich hatte wenige Freundinnen, die im gleichen Alter waren wie ich. Die meisten waren etwas älter. Daher war auch noch keine Jungfrau dabei. Davor hätte ich aber auch Angst. Für mich wäre es vielleicht irgendeine, sie aber möchte etwas ganz Besonderes.

Ich beiße immer bei dem gleichen Typ an: bei sehr schlanken Frauen. Das ist eine Art Fetisch von mir. Ich kann mit Frauen, die sehr weiblich sind, sehr wenig umgehen. Auch mit stillen Wassern, die eher passiv sind, kann ich nicht viel anfangen. Ich habe da so meine Wollknäueltheorie: Wenn du einer Katze ein Wollknäuel gibst, dann spielt sie wie verrückt damit herum, irgendwann bleibt es aber in der Ecke liegen. Und warum? Weil es nicht aktiv ist. Es tut nichts, bewegt sich nicht, ist keine Herausforderung. Ähnlich ist es bei mir mit Frauen: Ich will keine, die wie ein Wollknäuel ist. Ich finde das aktive Spiel interessanter. Ich mag keinen Streit, aber ich mag es, wenn eine Frau sagt: »Max, das war nicht okay.« Ich brauche das im Berufsleben und ich brauche das im Privatleben. Ich brauche Hindernisse und Kritik. Wie heißt es so schön: Kritik ist der Treibstoff für Veränderung. Wenn man sie nicht hat, kommt man nicht weiter. Interessanterweise sind diejenigen, die im Alltag sagen, was sie wollen, und Pfeffer im Hintern haben, eher diejenigen, die beim Sex devot sind. Frauen, die einen Mann im Bett die ganze Zeit führen, sind aber auch nicht mein Fall. Optimal ist, wenn es ausgeglichen ist, jeder mal den aktiven Part übernimmt.

Neulich hat mich eine gute Bekannte gefragt, ob ich mir vorstellen könnte, zu heiraten und den Rest meines Lebens nur noch mit einer Frau zusammen zu sein. Das ist heute für mich noch weit weg. Einer meiner besten Freunde hat schon all das erreicht, was ein Mann sprichwörtlich gemacht haben sollte: Er hat ein Haus gebaut, Kinder bekommen und einen Baum gepflanzt. Das ist für mich eine Lebenswelt, die ich mir noch nicht vorstellen kann. Mein Motto ist: Lebe jeden Tag so, als wäre es dein letzter. Ich brauche eine Partnerin, die ähnlich tickt. Eine Frau mit Esprit, die noch was erreichen will, die über den Tellerrand schaut, die offen für alles ist. Mit jemandem, der zu Hause sitzt, sich in seiner kleinen Welt wohlfühlt und sich selbst genügt, kann ich nicht. Für mich ist das Leben kein langer ruhiger Fluss. Ich brauche Stromschnellen, Spannung, die ein oder andere Untiefe. Dann macht mir das Leben Spaß.

»Oh shit« waren
meine ersten Worte

Christian, 33, freier Dramaturg
Erstes Mal 1997 mit 18 Jahren

In den letzten drei Jahren hatte ich so viel Sex wie nie zuvor. Es waren eine Menge One-Night-Stands dabei. Zu 95 Prozent fand ich diese Form von Sex aber nicht befriedigend. Ein tiefes Gefühl des inneren Friedens hat mir das jedenfalls nicht gegeben.

Inzwischen habe ich wieder eine feste Freundin und denke oft über Treue und Ehrlichkeit nach. Für eine sexuell erfüllende Langzeitbeziehung ist meiner Meinung nach Ehrlichkeit unerlässlich. Man sollte offen und direkt sagen, was man will und was nicht, ob man Lust hat oder nicht. Man kann Kompromisse machen, aber nicht zu viele. Und was die Treue angeht: Loyalität ist für mich wichtiger als Treue im herkömmlichen Sinn. Lieber ein ehrlicher Seitensprung als eine verlogene Monogamie.

Ich war schon immer etwas anders. Als Kind zwar offen, neugierig, fröhlich und durchaus auf andere Leute zugehend, in mancher Hinsicht aber auch ein bisschen seltsam. Meine Mutter erzählt gern die Geschichte, dass eine meiner ersten Spielsachen ihr Plattenspieler gewesen sei. Als ich beim Kinderarzt etwas zeichnen sollte, malte ich keine Wiesen, Sonnen oder Männchen, sondern einen Plattenspieler. Später in der Vorschule malten die anderen Kinder Tiere, Bäume und was weiß ich noch alles, ich aber brachte einen Bombenentschärfer zu Papier. Ich hatte mir das genau ausgedacht, hatte diese Handbomben mit der Lunte obendran vor Augen. Meine Grundschullehrerin guckte mich daraufhin das ganze Jahr über komisch an.

Dass ich nie zu einer Gruppe gehörte, immer etwas abseits stand, lag daran, dass ich als kleiner, dicklicher, bebrillter Junge bei Gleichaltrigen schon rein äußerlich nicht besonders gut ankam. Statt draußen Fußball zu spielen, verzog ich mich lieber in mein Zimmer und las wie ein Weltmeister. Kein Buch war vor mir sicher. Irgendwann reichte mir der Lesestoff, den ich bekam, nicht mehr und ich fing an, mich über die Regale meiner Eltern herzumachen. Diese Romane waren natürlich alles andere als kindgerecht. Zehn Wochen lang versuchte ich mich mal an *08/15*, einer Roman-Trilogie über das Leben eines Wehrmachtsoldaten im Zweiten Weltkrieg. Ich griff mir auch *1984* von George Orwell. Das habe ich aber schnell wieder aufgegeben, weil ich überhaupt nichts begriff.

Als ich acht Jahre alt war, 1987, trennten sich meine Eltern. Meine Mutter zog mit mir und meinem Bruder nach Hamburg. Sie achtete aber darauf, dass wir regelmäßig Kontakt zu unserem Vater hatten. Wir sahen ihn im Schnitt einmal im Monat. Auch in Hamburg war ich ein unscheinbarer Junge. Ich kam in die dritte Klasse und musste mich dort erst einmal einfinden. Ich kam ja in bestehende Sozialstrukturen, die anderen kannten sich schon seit zwei Jahren. Danach ging ich auf ein Gymnasium. Nach dem zweiten Schuljahr dort hatte sich das Dickliche zum Glück gelegt. Sport war aber nach wie vor nicht mein Lieblingsfach. Deutsch, Bio und Kunst waren meine Fächer.

In puncto Sexualität waren meine Eltern sehr, sehr offen. Die Storch-Geschichte gab es bei uns nicht. Als ich im Rahmen der üblichen Kinderfragen, die man so als kleiner Knirps stellt, wissen wollte, wie Babys entstehen, sagten sie, das käme vom

Miteinanderschlafen. Erstaunlicherweise habe ich nichts dazu gesagt, es einfach so hingenommen und auch gar nicht weiter darüber nachgedacht, ob das ein besonderes Miteinanderschlafen sein könnte. Erst als meine Eltern mir das schwedische Kinderbuch *Peter, Ida und Minimum: Familie Lindström bekommt ein Baby* gaben, wurde das klar. Die beiden Geschwister fragen ihre schwangere Mutter, was da genau passiert. Und das wird sachlich, sukzessive und sehr detailliert erklärt. Etwa, dass der Papa seinen Penis in die Scheide der Mama steckt, dadurch Samen eingebracht wird und so ein Kind entsteht.

Vielleicht hatte ich auch aufgrund dieser entspannten Aufklärungsmethode nie Horrorvisionen davon, wie es wäre, wenn ich meine Eltern beim Sex ertappte. Mit 13 oder 14 habe ich meine Mutter tatsächlich mal »erwischt«: Ich hörte Geräusche aus ihrem Schlafzimmer, aus denen man schließen konnte, dass sie gerade mit ihrem Freund schlief. Geschockt hat es mich aber nicht, ganz im Gegenteil: Ich habe es locker genommen und am anderen Tag den beiden gegenüber sogar Witze darüber gemacht.

In der sechsten Klasse stand das Thema Sexualität auch in der Schule auf dem Stundenplan. Wir hatten eine kompetente Lehrerin, die das Thema zügig, aber gut durchnahm. Weil ich dann mehr erfahren wollte, holte ich mir Bücher aus der Bibliothek. Ich glaube, in einem stand auch das Ammenmärchen, dass Selbstbefriedigung Rückenmark und Augen schädigt und haarige Handflächen macht. Auch meine Mutter hatte ein Buch zum Thema im Schrank stehen: *Joy of Sex*, ein Partnerschaftsratgeber aus den siebziger Jahren, der definitiv nicht für Kinder gedacht war. Die Erklärungen waren in allen Büchern relativ klinisch, sodass ich zur Zeit des ersten Sex etwas geschockt war, wie viele Körperflüssigkeiten dabei involviert waren.

Ich habe mich bei Mädchen lange Zeit nicht sonderlich geschickt angestellt. Als es im Alter von zwölf, dreizehn darum ging, erste Gehversuche zu machen in der Art »Willst du mit mir ins

Kino kommen? Da läuft ein guter Film …«, war ich nicht sehr erfolgreich. Eine kam zwar mal mit, es lief aber nicht besonders toll. Es war unbeholfen und nicht sehr zielorientiert. Das lag aber auch daran, dass ich nur aus einem Grund eine Freundin haben wollte: weil ich wusste, dass man dann wer war. Es war kein inneres Bedürfnis, kein echtes Verlangen danach da. Es war, als ob man eigentlich keinen Appetit auf ein Eis hat, es aber unbedingt haben will, weil es unheimlich lecker aussieht und man glaubt, alle anderen hätten auch eins.

Als die Pubertät richtig einsetzte, fingen wir Jungs an, uns gelegentlich über Mädchen zu unterhalten. Wir haben auch hin und wieder sexuelle Anspielungen gemacht, uns etwa über die großen Brüste einer Mitschülerin lustig gemacht. Ich erinnere mich auch noch, es gab einen Jungen, der hat tatsächlich irgendwann mal versucht, übers Wichsen zu reden. »Da kribbelt das immer so«, sagte er. Es war vor dem Schwimmen in der Umkleidekabine. Er traf auf eine Mauer eisigen Schweigens und wurde den Rest der Stunde geschnitten. Das war für alle ein peinliches Thema. Ich denke mal, dass es jedem Jungen in dem Alter so geht.

Es war übrigens eine Schule, die von einem Nonnenorden geleitet wurde. In jeder Klasse hingen Kreuze, jeder Tag begann mit einem Gebet. Man machte es mit, dachte nicht weiter darüber nach. Meine Mutter, die selbst katholisch war – mein Vater war protestantisch –, hat mich taufen lassen. Ich hatte eine zwiespältige Beziehung zu Gott. Die Geschichte, dass er in meinen Kopf reinschauen kann, nicht nur sieht, was ich tue, sondern auch, was ich denke, machte mir zu dieser Zeit sehr zu schaffen. Ich hatte ja auch böse Gedanken und dachte, dass ich bestimmt dafür bestraft würde. Es entstand ein bohrendes Schuldgefühl, das auch noch auftrat, als ich schon lange aus der Kirche ausgetreten war.

Als bei meinen Klassenkameraden die ersten Beziehungen zustande kamen – wir waren 14, 15 –, war ich auch eher außen vor. Ich erinnere mich an eine Klassenfahrt aus dieser Zeit. Wir waren nach Geschlechtern getrennt. Irgendwann spätnachts kamen einige Mädchen in das Zimmer, in dem ich mit 15 Jungen in Doppelstockbetten übernachtete. Sie setzten sich auf die Betten der Jungs. Das war der Moment, in dem ich merkte, dass ich nicht dazugehörte. Denn ich hatte kein Mädchen auf dem Bett. Ich wollte es auch gar nicht, ich war mehr daran interessiert zu schlafen.

In der zehnten Klasse verknallte ich mich zum ersten Mal. Sie hatte mittellange blonde Haare, war schlank, sehr selbstsicher und ein androgyner Typ. Ihretwegen habe ich angefangen, Stephen King zu lesen, und ihretwegen habe ich damit auch wieder aufgehört. Ich fuhr jeden Morgen mit ihr im selben Bus. Einmal sah ich, wie sie *Carrie* las, woraufhin ich mir das Buch besorgte und mich wenig später damit neben sie setzte. Plötzlich sagte sie: »Was liest du denn da für einen Scheiß?« Sie hatte es zwar gelesen, aber nicht gut gefunden.

Ich hätte mich nie getraut, ihr meine Gefühle offen darzulegen, deshalb habe ich es nonverbal versucht: Auf einer anderen Klassenfahrt suchte ich ständig ihre Nähe. Irgendwann nahm sie mich beiseite und sagte ganz offen: »Ich habe mitbekommen, dass du in mich verknallt bist. Aber ich bin nicht in dich verknallt. Ich hoffe, das ist okay.« Natürlich war es traurig für mich, ich fand es aber ganz angenehm, dass sie es mir persönlich gesagt hat. Sie hätte es ja auch anders machen, mich zum Beispiel vor den anderen bloßstellen können.

Meine Einbindung in die Sozialstruktur war nicht besonders toll. Hin und wieder wurde ich geneckt, habe das aber auch hergegeben: Ich trat unsicher auf und war mir meines nicht adonisartigen Aussehens sehr bewusst. Allerdings wurde ich mir auch immer mehr der Möglichkeiten des Seltsamseins bewusst und arbeitete daran. Als der weibliche Star der Klasse – eine Freundin von »Carrie« – mal fragte: »Du bist ein bisschen komisch, oder?«, antwortete ich voller Inbrunst: »Jawohl! Und ich bin auch verdammt stolz darauf.«

Mit ihr hatte ich seit der siebten Klasse einen Konflikt laufen, weil ich mich da hingesetzt hatte, wo sie sitzen wollte. Hätte sie mich am ersten Tag höflich und nett gefragt: »Würdest du dich vielleicht woanders hinsetzen, ich möchte gerne neben meinen Freundinnen sitzen?«, hätte ich wohl gesagt: »Ja, sicher, kein Ding.« Sie aber forderte frech: »Geh mal weg, ich will da jetzt sitzen!«, und gab mir damit das Gefühl, ein kleiner Wicht zu sein. In dem Moment kam aber der Lehrer rein und sagte, wir sollten uns jetzt unsere Plätze suchen. Da ich stur sitzen blieb, musste sie sich, damit sie doch noch möglichst nah an ihren Freundinnen dranbleiben konnte, wohl oder übel neben mich setzen. Damit war eine »Freundschaft« geboren.

In der elften Klasse, mit 16, entdeckte ich durch den Kurs »Darstellendes Spiel«, genannt »DS«, meine Begeisterung fürs Theater. Die Hälfte der Schüler war nicht besonders motiviert, weil die Teilnahme nicht freiwillig war: Wir mussten in der Elften entweder Musik, Kunst oder DS nehmen, für viele war Theater das kleinste der drei Übel. Zu dieser Zeit wurde ich durch einen Aushang am Deutschen Schauspielhaus auch auf eine andere kleine Jugendtheatergruppe aufmerksam. Zu den Leuten dort hatte ich eine viel bessere Beziehung als zu irgendjemandem an meiner Schule. Es waren allesamt Leute, die mit großer Leidenschaft Theater spielten und die außerdem etwas ungewöhnlicher waren. Sie hatten zum Beispiel weniger Scham, sich vor anderen Leuten zum Affen zu machen.

In eine Teilnehmerin verknallte ich mich. Sie war eine halbe Engländerin – ihre Mutter stammte aus England –, das fand ich ganz faszinierend. Sie hatte lange braune Haare, ein hübsches Lächeln und war immer gut angezogen. Auch ihr habe ich nicht direkt gesagt, dass ich sie gut finde. Ich nahm eine Kassette für sie auf mit Beatles- und Doors-Songs, auch ein bisschen Hardrock war dabei, Guns N' Roses etwa. Mittendrin hörte man plötzlich meine Stimme, die ein Liebesgedicht aufsagte. Ich hatte es selbst geschrieben: »Fast tausend Mal hab ich's ertragen, fast tausend Mal vor dir zu steh'n, fast tausend Mal konnt ich's nicht sagen und dir nur in die Augen seh'n. Ich wollt dir doch nur eins erzählen, etwas, was du vielleicht schon weißt. Ich will mich nicht mehr damit quälen, weil es nicht sagen mich zerreißt. Und was ich dir schon sagen wollte, drei Worte nur und so viel Sinn, und falls wer mal so fragen sollte, es zieht mich magisch zu dir hin. Ich liebe dich, das wollt ich sagen, und magst du mich, wollt ich dich fragen, doch geht es nicht, weil immer dann, wenn ich dich seh, ich nichts sagen kann.«

Ich gab ihr die Kassette und hörte dann erst mal zwei Monate lang nichts von ihr. Das lag aber auch daran, dass sie zu der Zeit in Amerika war. Leider hat sie ähnlich reagiert wie das Mädchen davor. »Du liebst mich und ich weiß nicht, wie ich darauf reagieren soll«, schrieb sie mir auf einer Postkarte. »Ich habe dich sehr gern, du bist ein sehr lieber Mensch und Freund. Ich weiß aber nicht, ob ich dich liebe. Ich bin ein wenig durcheinander.« Das war natürlich schade, es wäre schöner gewesen, sie hätte anders reagiert, mein Herz war darüber aber auch nicht gebrochen. Als wir uns wiedersahen, war es zunächst zwar etwas komisch, das legte sich aber bald. Wir sind heute immer noch in Kontakt.

Anfang 1995, mit knapp 17, bin ich nach England gegangen, wo ich die Schule beendete. Im Anschluss habe ich an zwei Unis studiert und meinen Abschluss in Theaterwissenschaften gemacht.

Großbritannien war eine völlig andere Welt. Die Lehrer an der Schule waren durch die Bank jünger, die meisten in den Dreißigern, und daher auch bereit, mir einigermaßen auf Augenhöhe zu begegnen: Sie redeten nicht von oben herab mit mir, sondern ich konnte sie jederzeit ansprechen, wenn ich Fragen oder Probleme hatte.

In anderer Hinsicht war es dagegen viel strenger, um nicht zu sagen radikal: Es gab genaue Regeln in puncto Aussehen – kurz geschnittene Haare und einheitliche Schuluniformen. Die Uniform trug ich, der Frisur verweigerte ich mich. Ich behielt meine schulterlangen Haare. »Wenn ihr mich vom Bahnhof abholt, sucht nach einem Jungen, der aussieht wie John Lennon«, sagte ich zu meiner ersten Gastfamilie, als sie mich am Telefon fragten, wie ich denn aussähe. Das Seltsamsein, das ich schon in Hamburg kultiviert hatte, führte ich jetzt weiter. Deshalb hatte ich es auch hier nicht einfach. Nicht nur, dass ich schief angeguckt wurde, es passierte auch mehrfach, dass irgendjemand gegen mein Fahrrad trat und es demolierte.

Und noch etwas lief anders: An englischen Schulen ging es schon wesentlich früher und wesentlich produktiver mit Sex los als bei uns, im Schnitt hatten die Jugendlichen ihr erstes Mal mit 13. Die Schwester einer Klassenkameradin etwa hatte mit 15 bereits ihr erstes Kind, das zweite kam nicht lange danach.

Soweit ich das mitbekommen habe, sind die Teenager auch oft bei irgendwelchen Schulfeiern enorm abgestürzt. Mir wurde mal gesagt, dass der Alkoholkonsum in England und Deutschland pro Woche gleich sei, in Deutschland aber die Woche über getrunken werde, in England nur am Wochenende. Meiner Einschätzung nach stimmte das auch.

Ich glaube, dass viele an den Wochenenden auch Sex hatten. Mich hat das enorm frustriert, weil ich mich zu dem Zeitpunkt, auch schon in Deutschland, immer gefragt habe: Warum ich nicht? Das wurde dann in England nur noch schlimmer. Warum es nicht geklappt hat, weiß ich auch nicht. Ich war damals noch eher schüchtern und sicherlich auch nicht so aufmerksam, was Signale von Mädchen anging. Denn wenn ich es recht bedenke, war es schon vorgekommen, dass mich Mitschülerinnen mit nach Hause nahmen. Meist, nachdem wir vorher im Pub waren. Das waren richtige Steilvorlagen, aber das war mir damals nicht bewusst.

Mit 18 zog ich an die Westküste, um zu studieren. Das erste halbe Jahr war nicht so prickelnd, weil ich mich mit den Leuten auf meinem Flur – ich kam in einem Studentenwohnheim unter – nicht besonders verstanden habe. Als sich die Möglichkeit ergab, zwei Stockwerke höher zu ziehen, habe ich sie genutzt. Zu den Leuten dort passte ich ganz gut. Die meiste Zeit verbrachte ich mit zwei Mädchen, die den Ruf hatten, besonders schräg zu sein. Samantha, genannt Sam, und Monica, genannt Mon, waren schrill, laut und schockten Leute, indem sie explizit über Sex sprachen. Sie suchten sich immer Themen aus, von denen sie hofften, dass sie damit Anstoß erregen würden.

In Monica verknallte ich mich. Sie hatte große Augen, einen großen Mund und ein Lachen, von dem wir sagten, dass es auf 100 Meter noch Kühe töten könnte. Sie war sehr dünn, brünett, damals schon sehr sportlich. Meine Signale kamen aber nicht an. Als ich mich mal mit Sam unterhielt, sagte sie: »Ich habe gemerkt, dass du in Mon verknallt bist, aber sie hat kein Interesse an dir. Aber ich hätte Lust, mal mit dir auszugehen. Wie wär's?« Sie war ehemalige Rugbyspielerin und sah auch so aus, kräftig ist gar kein Ausdruck. Ich verstand sie so, dass sie mit mir mal in ein Pub gehen und ein paar Bierchen trinken wollte. Nicht mehr und nicht weniger.

Das taten wir auch und kurz darauf fingen schon die blöden Sprüche und albernen Hänseleien auf dem Flur des Wohnheims an: »Hey, ich hab gehört, du gehst jetzt mit Big Sam aus. Na, dann viel Spaß!« Das störte mich, denn so selbstsicher war ich noch nicht, dass ich mich komplett von solchen dummen Anspielungen frei machen konnte. Erst durch die Witze wurde mir allerdings klar, dass es ein Date gewesen war. Da machte es bei mir »klick« und ich dachte: Moment mal, worauf habe ich mich da eingelassen? Dann allerdings kam das Rebellische in mir wieder zum Vorschein und ich sagte mir: Jetzt erst recht!

Etwas später, wir waren wieder in einem Pub, stand sie plötzlich auf und ging zu einem Typen. Für mich war er eine Gestalt im Schatten, ich konnte ihn nicht richtig sehen. Ich ging davon aus, er sei ein Kumpel. Als sie zurückkam, meinte sie aber, es sei ihr Exfreund. »Du, ich glaube, er beobachtet uns«, sagte sie kurz darauf zu mir. »Na, dann geben wir ihm was zu gucken«, antwortete ich. Und dann knutschten wir. Es war mein erster Zungenkuss. Er war feucht, klar, und es war ein spezielles Geschmackserlebnis: Sie hatte kurz zuvor einen süßen Baileys getrunken, ich hatte den bitteren Geschmack von Guinness auf der Zunge. Danach sind wir auf ihr Zimmer im Wohnheim gegangen, wo wir ein bisschen Petting machten. Sex hatten wir erst am Wochenende darauf, in der Nacht vom 7. auf den 8. Februar 1997.

Ich war zwar nicht besonders heiß auf sie, es war aber auch nicht so, dass ich jede genommen hätte, um meine Unschuld zu verlieren. Schiss hatte ich nicht vor meinem ersten Mal. Zu dem Zeitpunkt bin ich relativ zielsicher darauf losgestürmt und habe mir keinen Kopf darüber gemacht, was da jetzt passieren würde.

Wir begannen mit Petting, irgendwann lag sie unten, ich oben. Als ich das Kondom rausholte, fragte sie mit amüsiertem Gesichtsausdruck: »What are you doing?« »What does it look like I'm doing?«, fragte ich zurück. Dann ließ sie mich gewähren. Das Aufziehen funktionierte reibungslos, ich hatte es aber auch schon mal geübt. Eine ganz andere Sache war der Akt an sich. Ich wusste zwar, wie die Vagina aussah und dass mein Schwanz da reinkommen musste, die Realität war dann aber doch etwas komplizierter: Man konnte da nicht einfach so reinschlüpfen, man musste sich wie ein Bergsteiger in diese Höhle vortasten.

Es hat nicht sonderlich lange gedauert, ich bin relativ schnell gekommen. Das war mir aber vorher schon klar. Der Orgasmus war eher enttäuschend, er war nicht so intensiv wie beim Masturbieren. »Oh shit« waren meine ersten Worte, nachdem ich gekommen war. Sie war aber sehr verständnisvoll. »It's okay«, beruhigte sie mich. Wir schmusten dann noch ein bisschen, küssten uns, machten Petting, einen zweiten Anlauf gab es aber nicht mehr.

Für mich war es keine weltbewegende Sache. Ich hatte am Morgen danach – ich habe bei ihr gepennt – jedenfalls weder das Gefühl, ein wesentlich anderer Mensch zu sein, noch, dass jetzt ein neuer Lebensabschnitt anfing. Wie sich herausstellte, war dem auch nicht so. Nachdem die Beziehung mit Sam vorbei war, entwickelte ich zweieinhalb Jahre lang keine größere Aktivität mehr in dieser Richtung. Es gab zwar mehrere Pettingversuche, aber zu einem Koitus kam es erst wieder an der zweiten Uni.

Mit Sam und mir lief es genauso schal weiter, wie es begonnen hatte. Es war alles sehr wenig erregend, nicht romantisch, ich war nicht hin und weg, der Himmel hing nicht voller Geigen. Aber ich war ja auch nicht verliebt. Drei Wochen nach unserem ersten Mal sagte sie zu mir: »Als du am Wochenende weg warst, hab ich meinen Exfreund getroffen und bin mit ihm in der Kiste gelandet.« Darauf ich: »Heißt das, dass du wieder mit ihm zusammen bist?« Sie: »Nein. Ich möchte unsere Beziehung« eigentlich fortführen.« Das haben wir dann auch gemacht, es ging aber nicht mehr lange mit uns.

Danach kam eine Phase der sexuellen Orientierung. Es fing auf einer Party an, auf der ich zum ersten Mal bewusst Kontakt mit Schwulen hatte. Einer meinte irgendwann zu mir: »Hier gibt es ja wohl nur einen Hetero – John.« Na, das wüsste ich aber, dachte ich. Wenig später habe ich auf einer anderen Party zum ersten Mal mit einem Typen getanzt, gekuschelt und auch geknutscht. In der Folgezeit habe ich mit mehreren Männern etwas angefangen, mehr als gegenseitige Masturbation lief aber nicht. Die Knutscherei auf der Party war in gewisser Weise auch eine Racheaktion an Sam, mit der ich zu dem Zeitpunkt noch offiziell zusammen war. Ansonsten war dieses Ausprobieren aber vor allem ein Akt der Rebellion gegen meinen inneren Spießer.

Zweieinhalb Jahre später, im Frühling 2000, hatte ich das nächste Mal Sex mit einer Frau. Inzwischen war ich auf einer anderen Uni in der Nähe von London. Paula hatte rote Haare und war auch kräftiger, aber nicht ganz so robust gebaut wie Sam. Wir lernten uns bei einer gemeinsamen Freundin kennen. Danach brachte ich sie nach Hause. Aus Gründen, die mir bis heute nicht klar sind, sagte ich vor der Haustür: »Ich möchte gern dein Zimmer sehen.« Die Einrichtung gefiel mir. Überall standen und hingen Star-Trek- und Star-Wars-Devotionalien. »Du wirst mir das Herz brechen, nicht?«, sagte sie plötzlich. »Das würde ich nie tun«, antwortete ich und streichelte sie am Kinn. Wir schauten uns an. In dem Moment spürte ich eine besondere Verbindung zwischen uns.

Ein paar Tage später hatten wir Sex, das heißt, wir versuchten es. Es fing mit Necken und Kitzelattacken an. Als sie unten und ich oben lag, schaute sie mich mit fragendem Blick an: »Und was jetzt?« »I'm sorry«, sagte ich, etwas Besseres fiel mir in dem Moment nicht ein, und küsste sie. Als sie kurz darauf nackt auf mir saß, brach sie plötzlich in Tränen aus. »Was ist denn los?«, fragte ich verwundert. »Na, du scheinst genau zu wissen, was du hier tust. Ich dagegen weiß es überhaupt nicht.« Da war mir klar, dass ich mich sehr langsam vortasten musste. Ich gab ihr also eine kleine Theoriestunde in Sachen Penis, erklärte ihr, wie er funktionierte, was sie tun durfte und was sie besser lassen sollte. Dann habe ich sie ein bisschen erkundet, das war bei Sam zu kurz gekommen, mehr passierte an dem Abend aber nicht mehr. Beim zweiten Mal versagten meine Nerven und ich bekam keinen Ständer. Dann folgten einige heldenhafte Selbstversuche, die mir zum Glück zeigten, dass ich noch kein Viagra brauchte.

Unser erstes Mal war zumindest so schön, dass ich es wiederholen wollte. Mit Paula hatte ich die erste richtige Beziehung, Sam war eine Art Vorversuch gewesen. Wir waren zwei Jahre lang zusammen. Leider war der Beziehungssex irgendwann nur noch uninspirierte Routine nach dem Motto: Vorspiel, reinstecken, rumrödeln. Es lief ab wie bei einem Ehepaar in den Sechzigern: »Lass es uns doch mal wieder machen, Schatz. Leg dich hin. Möchtest du dich bewegen? Ja? Gut, einen Moment noch, okay, gut, wir sind durch.« Kurz: Die Leidenschaft war bald weg. Wie furchtbar das war, wurde mir erst am Ende der Beziehung bewusst.

Danach kam eine Spanierin. Mit ihr war es kurz, aber sehr intensiv. Wir haben zwar alles Mögliche gemacht, zu richtigem Sex oder gar einer Beziehung kam es aber nicht, was ich im Nachhinein sehr schade finde. Sie musste wieder zurück nach Spanien, ich ging einen Monat später nach Hamburg.

Dort lernte ich Sabine kennen. Wir machten ausgedehnte Spaziergänge und Picknicks im Stadtpark. Ich weiß noch, dass ich während eines dieser Sit-ins im Grünen plötzlich das Gefühl hatte, über ihr blinkte ein Schild mit der Aufschrift: »Küssen Sie diese Frau jetzt!« Was ich auch tat. Daraus wurde eine halbjährige Beziehung.

2006 zog ich nach Berlin. Dort hatte ich dann mit einer Amerikanerin zum ersten Mal richtig guten, ja spektakulären Sex. Sie war sehr sinnlich, hat sich viel Mühe gegeben, sich Zeit gelassen, den Sex zelebriert. Bei ihr hatte ich das Gefühl, dass sie das Zusammensein mit mir in jeder Sekunde genießt, hundertprozentig bei mir ist. Das ist das Wichtigste: sich mit allen Sinnen auf den anderen einzulassen, vorbehaltlos und ohne Kompromisse. Nur dann ist es für mich guter Sex.

Es lief ab wie ein vorher eingelegtes Programm

Dennis, 26, Informatiker
Erstes Mal 2008 mit 24 Jahren

Wir haben uns am 1. August 2008 in der Nähe von Sinsheim kennengelernt. Einer meiner Freunde hat an diesem Freitag eine Hauseinweihungsparty gegeben. Als wir gegen 19 Uhr ankamen – ich hatte unterwegs noch Birgit, eine Bekannte meines Freundes, abgeholt –, waren wir die Ersten. Wir unterhielten uns, grillten, tranken Bier vom Fass. Nach und nach trafen immer mehr Gäste ein. Als es anfing, dunkel zu werden, machten wir es uns am Lagerfeuer gemütlich. Wir waren inzwischen ein Dutzend Leute, es war eine entspannte, nette Runde. Ich war mit meinen 24 Jahren der Zweitjüngste. Nachts um halb fünf kamen noch drei Nachzügler aus Berlin, darunter Boris, der Fahrer, und seine WG-Mitbewohnerin Carla.

Sie war ein bisschen zickig und mufflig, typisch Berliner Schnauze, aber unter der harten Schale steckte ein weicher Kern. Das habe ich sofort gespürt. Wir verstanden uns von Anfang an gut, waren auf einer Wellenlänge. Vielleicht, weil wir beide eher introvertiert und schüchtern sind. Vielleicht auch, weil wir beide Einzelkinder sind. Ich hatte das Gefühl, dass da eine kleine Spannung zwischen uns war. Sie war drei Jahre älter als ich, schlank, hatte schwarze

Haare und ein sympathisches Gesicht. Am nächsten Morgen trug sie eine große Sonnenbrille, weil ihre Augen übernächtigt waren und sie das keinem antun wollte, wie sie sagte. Das fand ich süß.

Es wurde halb sieben Uhr morgens, bis wir ins Bett kamen. Boris durfte im Computerzimmer meines Freundes im Erdgeschoss übernachten. Die meisten anderen haben im zweiten Geschoss unterm Dach, zusammengepfercht auf Luftmatratzen, geschlafen. Carla, Birgit und ich bekamen das rund 18 Quadratmeter große Gartenhäuschen zugeteilt. Birgit ging gleich ins Bett, Carla und ich trödelten noch ein bisschen herum. Wir hatten es uns gerade auf unseren Liegen bequem gemacht, da kniff sie mich plötzlich in die Seite und grinste. Ich kniff zurück. So fing es an.

Ich bin relativ schnell eingeschlafen, und wenn ich mal schlafe, dann weckt mich eigentlich so schnell nichts mehr auf. Da könnte ein Panzer neben mir her donnern, das würde mich nicht stören. Allerdings hatte mich bis zu dieser Nacht auch noch niemand in die Seite gezwickt. Davon wachte ich auf. Ich schaute verwirrt hoch, direkt in Carlas schelmisch grinsendes Gesicht. Da ich das nicht auf mir sitzen lassen konnte, zwickte ich sie auch. Wieder war da diese eigenartige Spannung.

Nach einem späten Frühstück am anderen Morgen organisierte mein Freund ein Rollenspiel, um uns zu unterhalten. Es ging darum, dass ein Dorf gegen jemanden aus den eigenen Reihen kämpfte, der sich nachts in einen Werwolf verwandelte. Mein Freund teilte an jeden ein Kärtchen aus. Darauf stand, ob man Dörfler, Wolf oder Jäger war. Unter den Dorfbewohnern waren auch zwei Liebende. Die beiden waren natürlich ständig zusammen. Beim dritten Durchgang – wir spielten das Rollenspiel vier Mal – waren Carla und ich das Pärchen. Dabei haben wir uns wieder in einer Tour geneckt, gekniffen, angelächelt. Das war dann schon sehr vertraut.

Weil das Wetter immer noch herrlich war, saßen wir abends wieder am Lagerfeuer, grillten, redeten, prosteten uns mit Bier und

Wein zu. Das war urgemütlich. Als es meinem Freund und seiner Frau zu kalt wurde, haben sie sich Rücken an Rücken gesetzt. Da habe ich das Heft in die Hand genommen und zu Carla gesagt, das könnten wir doch auch machen. Das taten wir auch. Es war schön, so dicht bei ihr zu sitzen. Wir redeten, scherzten, lachten, es war ein entspanntes, nettes Geplänkel. Kurz bevor wir am anderen Morgen aufbrachen, bat ich Carla um ihre Handynummer. Da musst du jetzt dranbleiben, dachte ich mir.

Sie simste zuerst, zwei Tage später, was mich sehr freute. Es war also auch von ihrer Seite Interesse da. Wir schickten uns ein paar Tage lang Nachrichten hin und her. In einer schrieb sie mir ihre Festnetznummer und daraufhin rief ich sie an. Da sie große Probleme mit der WG hatte – Boris war schon seit ein paar Jahren ihr Mitbewohner, inzwischen passte es aber nicht mehr –, redeten wir zunächst viel darüber, aber auch über andere Dinge, eigentlich über Gott und die Welt. Meist telefonierten wir spätabends, oft auch länger. Wir mochten uns, waren uns in vieler Hinsicht ähnlich und hatten uns auch deshalb viel zu erzählen.

Sechs Wochen nach unserem ersten Treffen, am 13. September 2008, besuchte ich sie in Berlin. Drei Tage vorher sagte sie mir am Telefon, ihr Bett sei noch nicht da, sie könne mir zum Schlafen nur eine große Luftmatratze anbieten. Sie war inzwischen aus der WG ausgezogen, hatte eine eigene kleine Wohnung. Ich meinte zu ihr, sie solle sich keine Umstände machen, ich würde mein Zeug mitbringen, und suchte aus meiner alten Campingzeit einige Sachen zusammen: zwei leichte Klappstühle aus Alu, meinen Schlafsack und eine kleine Isomatte, die sich selbst aufpumpt.

Morgens gegen halb elf klingelte ich bei ihr an der Haustür. Ich hatte sie vom Flughafen aus angerufen, um zu sagen, wann ich ungefähr käme. Ich klingelte und klingelte, es machte aber niemand auf, deshalb simste ich ihr. »Warte ein paar Minuten, ich bin noch in der Badewanne« kam zurück. Da stand ich dann erst mal wie bestellt und nicht abgeholt. Ich fand's aber nicht schlimm, es hat mich eher amüsiert. Nach einer knappen Viertelstunde öffnete sie die Tür. Wir begrüßten uns mit einem freundlichen »Hallo«, umarmten uns aber nicht. Ich bin eher schüchtern und da von ihr in dieser Richtung nichts kam, habe ich es gelassen.

Nachdem ich mein Gepäck abgeladen hatte, streiften wir ein bisschen durch ihr Viertel. Es war schön mit ihr, sehr angenehm, ganz entspannt. Ich hatte schon lange niemanden mehr getroffen, mit dem ich mich so gut verstand. Es fühlte sich so an, als hätte ich plötzlich etwas, was ich mein ganzes Leben lang vermisst hatte. Noch gingen wir aber eher distanziert und sehr zurückhaltend miteinander um. Man braucht ja auch erst mal eine Zeit, um miteinander warm zu werden, den anderen einzuschätzen.

Später haben wir bei ihr gekocht. Es gab Tomaten-Mozzarella-Salat und Nudeln. Am nächsten Tag wurde es rustikaler. Da gab es Bratkartoffeln, die ich gebrutzelt habe. Ich kann ganz gut kochen. Dazu gab es einen trockenen Rotwein, wie wir ihn beide mochten. Noch eine Gemeinsamkeit mehr.

Wir unterhielten uns über unser Leben, unsere Familie, unseren Alltag. Sie erzählte von ihren Problemen mit Boris, von ihrem Job. Sie bekam als Steuerfachangestellte in Berlin ein lausiges Gehalt. Wegziehen wollte sie aber nicht, weil ihre Eltern in der Nähe lebten. Wir kamen auch auf das Thema Einzelkind. Wir hatten beide kein wunderbares Elternhaus, wo alles in Ordnung war. Papi geht arbeiten, Mutti ist Hausfrau, alles paletti, alles Friede, Freude, Eierkuchen, das traf auf uns beide nicht zu.

Mein leiblicher Vater, ein Diplom-Kaufmann, wollte kein Kind und hat meine Mutter verlassen, sodass sie sich alleinerziehend durchschlagen musste. Zweimal habe ich den Kontakt zu ihm gesucht, aber nur, weil ich wissen wollte, wer er ist, wie er aussieht, ob es vielleicht Ähnlichkeiten gibt. Er hatte inzwischen geheiratet und zwei Kinder bekommen. Die Treffen waren nicht sehr entspannt. Ich fand ihn unangenehm, hochnäsig und arrogant. Deshalb habe ich den Kontakt auch wieder abgebrochen.

Einen Vater habe ich nie gehabt. Meine Mutter, sie ist 47, hatte zwar 13 Jahre lang einen Freund, der war aber auch nicht mein Fall. Er kam vom Dorf, war eher grobschlächtig. Ich bin der schöngeistige Typ, kulturell interessiert, Bildungsbürgertum würde man wohl sagen. Auch darüber habe ich mit Carla reden können. So hat jeder beim anderen ein bisschen Kummerkasten gespielt.

Wir verquatschten den ganzen Abend. Als wir uns anschickten, schlafen zu gehen, war es schon ziemlich spät. Ich hatte im Schlafzimmer gerade meine Ad-hoc-Matratze, also meine Isomatte, ausgebreitet, den Schlafsack hätte ich nur noch auspacken müssen, da kam sie ins Zimmer und meinte: »Ach, lass den Quatsch, du schläfst mit auf meiner Luftmatratze.« Das war mir erst mal nicht so ganz geheuer, um ehrlich zu sein. Wir waren ja doch noch relativ distanziert zueinander. Und obwohl die Matratze mit 1,40 Meter breit genug war, hat es mich ein bisschen Überwindung gekostet, mich neben sie zu legen. Zum Glück hatte ich einen Schlafanzug mitgenommen. Zu Hause schlafe ich oben ohne, nur in Boxershorts.

Als ich am nächsten Morgen gegen elf aufwachte, spürte ich einen Arm auf mir. Ich war irritiert und fühlte mich etwas unwohl. »Wollen wir nicht aufstehen?«, fragte ich sie. »Neeeee«, morgenmuffelte sie zurück. Na gut, dachte ich, dann bleibe ich halt auch noch eine Weile liegen. Irgendwann wurde es mir aber zu langweilig und ich überlegte, wie ich sie zum Aufstehen bringen konnte. Sollte ich sie kneifen wie sie mich damals? Oder sollte ich ihr eine duftende Tasse Kaffee unter die Nase halten? Jetzt nimm mal dein Herz in die Hand, sprach ich mir Mut zu und entschied mich für eine noch sanftere, wenn auch freche Methode: Ich strich ihr ganz sacht die Haare aus dem Gesicht.

Wenn jemand sich erdreistete, seinen Arm um mich zu schlingen, konnte ich mich eigentlich auch erdreisten, mich noch ein bisschen weiter vorzuwagen, sagte ich mir dann und ging zur nächsten Stufe über – Wachküssen. Mit einem sanften Kuss auf die

Stirn fing ich an ... Eigentlich war so eine Aktion völlig untypisch für mich. Ich bin zurückhaltend, mache so was normalerweise nicht, warte eher ab. Deshalb hatte ich auch das Gefühl, ich war gar nicht mehr ich selbst. Es war, als hätte jemand einen Schalter umgelegt.

Ich küsste sie auf Schulter, Wangen, Hals, Schlüsselbein, sehr sanft und vorsichtig, immer auf der Hut. Ich wartete auf ein »Nein« oder irgendeine ablehnende Geste, aber so etwas kam nicht. Im Gegenteil: Sie gab zufriedene Laute von sich, schnurrte leise, war wie eine anschmiegsame Katze in meinem Arm.

Ganz unerfahren war ich übrigens auch nicht. Mit 15 hatte ich den ersten Zungenkuss. Auch mit Petting hatte ich Erfahrung. Kurz vor meinem achtzehnten Geburtstag hatte ich meine erste richtige Freundin, Annabelle, in die ich sehr verliebt war. Wir waren leider nur zehn Wochen lang zusammen, dann zog sie mit ihren Eltern weg. Mit ihr hätte es passieren können. Aber auch mit zwei anderen Freundinnen, die danach noch kamen. Doch entweder war ich nicht bereit dazu oder die Mädels waren noch nicht so weit. Es passte nie richtig.

Ich finde, für das erste Mal ist ein gewisses Vertrauen ganz wichtig. Meiner Meinung nach kann ein richtiges erstes Mal deshalb auch kein One-Night-Stand sein. Es muss eine besondere Verbindung da sein. Bei Annabelle hätte es gestimmt, aber wir hatten beide sehr anstrengende Eltern und hätten auf den richtigen Moment warten müssen. Wir haben uns natürlich geküsst, lagen auch nebeneinander und haben uns gestreichelt, aber zu viel mehr kam es nicht. Hätten wir an einem Wochenende mal sturmfreie Bude gehabt, wären wir bestimmt weiter gegangen.

Ich hatte nie ein Problem damit, das erste Mal noch nicht gehabt zu haben. Ich glaube, die Jungs, die darüber reden, übertreiben meistens, reden von Frauen, die sie gar nicht gekannt haben. Bei uns auf dem Gymnasium gab es auch so ein paar Raufbolde, die große Sprüche machten. Das habe ich nie verstanden, vor allem nicht, dass viele Mädels sie auch noch toll fanden. Wahrscheinlich ist das eine alte Veranlagung aus der Jäger-und-Sammler-Zeit: Die Frauen wollen einen starken Mann, der sie beschützt und das Fleisch nach Hause bringt. Ich war in einer eher intellektuellen Sportlerclique. Wir haben uns zwar auch über Mädchen unterhalten, aber eher in der Art, wer wen gut findet. Über Sex haben wir nicht gesprochen. Auf das Thema sind wir gar nicht gekommen. Wir waren aber auch alle nicht so die Schürzenjäger.

Ich habe mir nie einen Kopf darüber gemacht, wie es wohl genau sein könnte, das erste Mal. Bei Annabelle dachte ich, dass es bestimmt toll wäre. Küssen konnte sie jedenfalls super. Ich bin überhaupt ein ganz großer Kuss-Fan. Die letzten Momente vor dem Kuss geben erst den richtigen Kick, dann kommen die Hormone ins Spiel, dann tanzen die Schmetterlinge im Bauch. Am besten ist es, fast auf Tuchfühlung zu gehen, einen kleinen Moment lang mit geschlossenen Augen innezuhalten und dann erst zu küssen. Das erhöht die Spannung. Herrlich!

Das Küssen tat seine Wirkung bei Carla: Sie wurde langsam wach. Offensichtlich war mein Vorstoß auf Gegenliebe gestoßen, denn sie rekelte sich zufrieden. Sie hätte ja auch jederzeit sagen können: »Was machst du da?« oder »Hör auf!«, und mich damit aus meinem entrückten Zustand herausreißen können. Das tat sie aber nicht und so wurde ich immer mutiger, küsste sie sanft auf Nase, Hals und Schulterblätter, suchte schließlich die Nähe zu ihren Lippen. Ich umkreiste und umschmeichelte sie, küsste sie langsam, vorsichtig, sanft, lockend. Und irgendwann küsste sie mich zurück. Es war wunderschön, gleichzeitig aber auch irreal. Sechs Wochen zuvor hatten wir uns zum ersten Mal gesehen, jetzt lag ich neben ihr auf dem Bett und küsste sie. Das war schon verrückt.

Nachdem ich nach langen Umwegen endlich zum Ziel gekommen war, entwickelte das Ganze schnell eine kleine Eigendynamik. Wir umschlangen und streichelten uns, die Arme, die Beine, die Beininnenseiten. Das ging noch eine ganze Weile so. Weiter ging es aber nicht. Sex hatten wir an diesem Morgen nicht. Der Austausch von Zärtlichkeiten war erst mal ein Kennenlernen, ein Vortasten, Vorfühlen, eine Art Vorspiel gewissermaßen.

Dann sind wir aufgestanden und haben in aller Ruhe gefrühstückt. Das Wetter hat uns an dem Tag zwar einen Strich durch die Rechnung gemacht, aber das war nicht schlimm. Ich hatte auf dem Weg vom Flughafen noch zwei Flaschen trockenen Rotwein besorgt, Essen war auch genug da. So haben wir den Tag drinnen verbracht, geredet, gekocht, Wein getrunken. Es knisterte immer mehr zwischen uns, die Spannung stieg. Das Küssen und Streicheln am Morgen hatte etwas verändert, es hatte uns einander näher gebracht.

Nach dem Essen legten wir uns nebeneinander auf die Luftmatratze und sahen fern. Es war eine ganz eigenartige Stimmung. Wir fingen an, uns gegenseitig übers Haar zu streichen, irgendwann ging das Umarmen und Küssen wieder los. So führten wir das Vorspiel vom Morgen quasi fort.

Und es ging weiter. Und noch weiter. Wir zogen uns gegenseitig die T-Shirts aus, ich öffnete ihren BH. Eigentlich gehört eine gewisse Überwindungskraft und Fingerfertigkeit dazu. Das letzte Mal, dass ich einen BH aufgemacht hatte, war neun Jahre her, das war während eines Schüleraustausches in Amerika gewesen. Es ging aber ganz locker in diesem Moment, und das, obwohl ich es nur mit einer Hand machte. Wir küssten und streichelten uns, ich zog mir mit einer Hand die Hose runter. Alles lief gleichzeitig ab. Es schien das Natürlichste der Welt zu sein. Es war, als hätte mich jemand programmiert.

Bevor wir aufeinander lagen, hatten wir Oralsex, beiderseits. Ich machte es zuerst bei ihr. Vorher hätte ich mir das nicht vorstellen können. Ich hatte mich zumindest oft gefragt, wie man das macht, wie man den G-Punkt erwischt und wie es sich für eine Frau wohl anfühlt, wenn man mit der Zunge über ihren Kitzler streicht. Jetzt aber passierte es und ging ganz von alleine. Ich wusste instinktiv, wie ich meine Zunge einsetzen musste. Auch das lief ab wie ein vorher eingelegtes Programm. Ich war auch mit meinen Fingern in ihrer Vagina. Danach stimulierte sie mich. Das war erst mal komisch und ungewohnt, aber es fühlte sich richtig gut an. Nach dem Oralsex waren wir beide richtig scharf. Spitze auf Spitze. Spannung bis zum Äußersten. Es war so weit. Ich war so weit.

Doch da gab es noch ein kleines Problem: Wir brauchten ein Kondom. Ich hatte aber keins. Ich schleppe in meinem Kulturbeutel normalerweise keine Packung Kondome mit. Mit so was rechnet man ja nicht unbedingt. Aus irgendwelchen unerfindlichen Gründen hatte Carla aber welche im Haus. Als ich zögerte, stand sie sofort auf und holte eins. Das ging so schnell, dass es sich überhaupt nicht wie eine Unterbrechung anfühlte. Dann zack, rauf aufs erigierte Glied – ich zog es mir selbst über – und los … Sie setzte sich auf mich drauf. Das fand ich sehr erotisch, das hat mich ziemlich angemacht. Ich glaube, dass sie schon einige Erfahrung hatte. Sie verstand es jedenfalls, mich mit geschickten Bewegungen noch mehr anzuturnen. Und dann setzte ich zum Höhenflug an, und es war der Wahnsinn.

Ich hatte vorher nie darüber nachgedacht, wie es wohl sein könnte, in einer Frau zu sein. Wenn man durch Masturbation zum Orgasmus kommt, ist es zwar auch toll, aber mit einer Frau, das ist viel befriedigender. Es ist ein unglaubliches Gefühl, schwer zu beschreiben, weil es einfach nichts Vergleichbares gibt. Es fühlte sich warm und geschmeidig an und dieses wohlige Gefühl strahlte sofort auf den ganzen Körper aus. So warm, wie das Blut in meinem Penis war, so warm wurde auch das Blut in meinem restlichen Körper. Man hätte mich in einen Schneehaufen stecken können und es wäre mir trotzdem nicht kalt gewesen. Hitze, Geborgenheit, Vertrautheit – all das fühlte ich in diesem Moment. Ich fühlte eine Art gegenseitige Vertrautheit, die ich vorher noch nie gefühlt hatte. Das ganze Paket war aufregend und irre und so was von toll, dass ich es immer wieder haben wollte.

Mit Vorspiel ging es rund drei Stunden. Reiten, von der Seite, von vorn – wir haben uns relativ viel zugetraut. Für mich war zwar alles Neuland, aber gelenkt hat sie mich nicht. Das brauchte sie auch gar nicht. Es hat sich alles ganz einfach und völlig natürlich ergeben. Überhaupt entwickelte sich alles mit einer seltsamen Eigendynamik. So, wie wir uns gegenseitig auszogen, so, wie ich den Penis in ihre Vagina einführte, so wechselten wir auch die Stellungen: ohne darüber nachzudenken, ohne zu zögern, ohne zu reden. Alles lief von ganz alleine.

Es war halb drei, als wir erschöpft voneinander abließen. Es war eine Nacht voller Euphorie, Leidenschaft und Spannung. Ich habe keine Sekunde an den Gedanken verschwendet, dass ich keinen hochbekommen könnte. Ich habe den Kopf völlig ausgeschaltet, mich treiben lassen. Und ich fand es toll, fantastisch, richtig geil. Das Faszinierende war, dass die Schüchternheit, die wir uns sechs Wochen zuvor noch entgegengebracht hatten, mit einem Mal nicht mehr da war. Es war überhaupt keine Distanz mehr da. Es fühlte sich so an, als würden wir uns schon seit Jahren kennen. Ich wusste, dass es sie anmachte, wenn ich mit den Lippen ihre Brustwarzen streichelte. Ich kannte ihre, sie meine erogenen Zonen. Ich wusste, was sie scharfmachte, sie wusste es bei mir.

Bevor wir einschliefen, entsorgte ich noch die Kondome. Für mich ist das ganz klar Männersache. Bevor ich sie allerdings in den Restmüll warf, zögerte ich kurz. Ich weiß nicht mehr, was mir durch den Kopf ging, aber ich weiß noch, dass ich über dem Mülleimer ganz kurz innehielt. Es war seltsam, als ob die ganze Spannung plötzlich von mir abfiel, das ganze Programm ausgelaufen wäre und sich zum ersten Mal wieder mein Verstand meldete: Was lief da eigentlich gerade?

Am nächsten Morgen gegen sieben wachten wir eng umschlungen auf. Das war ein sehr schönes Gefühl. Viel kuscheln konnten wir aber leider nicht mehr. Der Alltag hatte uns schnell wieder, denn Carla musste sich für die Arbeit fertig machen. Wir tranken noch einen starken Kaffee, dann packte ich meine Sachen zusammen. Im Aufzug, auf dem Weg nach unten, lagen wir uns in den Armen und küssten uns. Am Briefkasten vor der Tür dann wieder. Wir haben nicht über ein Telefonat oder ein nächstes Treffen gesprochen. Das hätte nicht ins Bild gepasst. Es hätte den Moment der Zweisamkeit zerstört. Wir standen einfach nur da und hielten uns in den Armen.

Es gab kein Wiedersehen mehr, auch weil meine Arbeit dazwischenkam: Ich musste relativ kurz danach, im Oktober, für drei Monate beruflich nach Estland. Wir haben zwar noch ein paarmal telefoniert und gemailt, aber dabei blieb es auch. Vielleicht ist es ja besser so. Dieses Wochenende hätte man nicht toppen können. Es war voller Magie, wie ein perfekt gemaltes Bild, an dem man nichts mehr verändern sollte.

Es war ein Wochenende geprägt von einer eigenartigen Spannung, die irgendwann einfach wie ein Vulkan zur Eruption kommen musste – und das hat diese Tage ausgemacht. Das Wochenende war wie eine Zeitreise durch die Ewigkeit: Am ersten Tag kannten wir uns quasi noch nicht, am dritten war es so, als würden wir uns schon ewig kennen. Das war gleichzeitig komisch und wunderschön.

Carla war die Initialzündung. Der Motor war gestartet, Benzin war genug da, jetzt konnte ich Gas geben – was ich auch tat. Ich war seitdem mit vielen Frauen intim, darunter waren auch einige One-Night-Stands. Meine zweite Frau war eine Studentin russischer Herkunft, die ich im November in einer estnischen Disco kennenlernte. Mit ihr war es anders. Sagen wir mal so: Das Einlegen der Programmkassette ging dieses Mal schneller. Danach war ich mit einer estnischen Bankerin zusammen, dann mit einem deutschen Mädel.

Mir sind in Estland aber auch einige Dinge entgegengekommen. In einer fremden Umgebung ist es ohnehin einfacher, aus sich herauszugehen. Außerdem gab es dort viele Gelegenheiten.

Ich war zusammen mit einem ein Jahr älteren deutschen Kollegen dort. Wir haben viel unternommen, waren fast jedes Wochenende unterwegs – Discobesuche bis sechs Uhr morgens oder auch mal ein Ausflug in eine Studentenbude bis halb neun –, da hat sich einiges ergeben.

Eins ist für mich klar: Sex hat immer einen Ausgang, und der Ausgang heißt Kinder. Irgendwann hätte ich gerne welche, am liebsten drei, vier, aber noch fühle ich mich dafür nicht erwachsen genug. Außerdem braucht es dafür auch eine gute persönliche Infrastruktur, vor allem eine stabile Beziehung und einen sicheren Arbeitsplatz. Vielleicht ab 30. Es muss auf jeden Fall passen. Bei Carla passte das, was vorher nicht gepasst hatte. Mit ihr hatte ich die Lust, mit Annabelle die Liebe, als Nächstes kommt beides. Ich lasse es einfach passieren.

Jetzt muss ich da durch!

Daniel, 22, Pilot
Erstes Mal 2005 mit 16 Jahren

Der Moment, wenn die Maschine abhebt, wenn die Häuser nur noch winzige Punkte sind, wenn mir die Geschwindigkeit in den Ohren rauscht – das sind Höhepunkte, die alles andere toppen. Die Fliegerei ist mein Leben. Ich kann mich nicht erinnern, dass ich je was anderes wollte. Wer in meine Wohnung kommt, merkt das schnell. An den Wänden hängen Poster von Kampfjets, von der Decke baumeln Miniaturmodelle.

Mein großer Traum ist es, mal auf einem Flugzeugträger zu landen. Deshalb bin ich seit fast vier Jahren bei der Bundeswehr. Die Ausbildung zum Piloten ist knallhart, aber unglaublich abwechslungsreich. Wir sind oft in Europa zu Manövern unterwegs, zuletzt waren wir in Griechenland. Hier gab's Minusgrade, da unten Sonne, Strand und Meer. Das war schon cool. Die Kehrseite ist, dass ich in meiner Freizeit nicht wie andere in meinem Alter mal »die Sau rauslassen« kann, sondern mich auch dann disziplinieren muss. Würde ich angetrunken Stress in einer Disco machen, wäre die Karriere im Arsch.

Mein Vater, er ist jetzt 44, ist stolz auf mich und fragt mich immer aus, wenn wir uns mal sehen. Als er so alt war wie ich, arbeitete er als Kampftaucher bei der DDR-Volksarmee, er galt als Unterwassersprengstoffexperte. In meiner Kindheit hatte ich leider nicht viel von ihm, er war oft unterwegs. Als ich sechs war, trennten sich meine Eltern. Meine Mutter zog mit mir von der Ostsee nach Brandenburg in eine Kleinstadt, aus der sie und mein Vater auch kommen. Weil meine Mutter immer schlecht von ihm redete – er sei ein Verbrecher, würde nicht für mich zahlen und überhaupt alles falsch machen –, traute ich mich lange Zeit nicht zu fragen, ob ich ihn anrufen könnte. Einmal, mit neun, durfte ich es zwar, das heißt, meine Mutter rief an, sprach kurz mit ihm und gab mir das Telefon, kaum hörte ich aber seine Stimme, legte ich aus Angst wieder auf.

Schon kurz nach der Scheidung hatte meine Mutter wieder einen Freund. Und noch einen. Und noch einen. Die wechselnden Partner waren für mich irritierend. Vor allem, weil meine Mutter erwartete, dass ich ihre Männer als Papa akzeptierte. »Gib mal der Mutti und dem Vati ein Küsschen auf die Wange«, hieß es oft oder auch: »Warum sagst du nicht Papa zu ihm?« Ich gab weder Küsschen noch redete ich einen mit Papa an. Ich hatte einen Vater! Manchmal, wenn ich im Bett war, hörte ich, wie sie miteinander schliefen. Das heißt, da wusste ich noch nicht, was das für Geräusche waren, und bekam Angst. Ich dachte, der tut meiner Mutter weh.

In der dritten Klasse, da war ich acht, kam etwas Licht ins Dunkel. Da hatten wir zum ersten Mal Sexualkunde. Es war der witzigste Unterricht meines Lebens. Als ein Mädchen fragte: »Wie ist Sex denn, Frau Schmidt?«, sagte die Lehrerin, die schon älter war: »Na, das reibt und kribbelt im Bauch.« Da lagen schon die Ersten mit dem Kopf auf dem Tisch vor Lachen. »Gelacht wird hier nicht«, sagte die Lehrerin streng und schickte sie vor die Tür. Nach Ablauf der Stunde war die Hälfte der Klasse draußen.

Sie zeigte uns auch einen Trickfilm, in dem Sex spielerisch erklärt wurde. Unter anderem sah man Spermien um die Wette schwimmen. Nach der Stunde fragte jeder jeden: »Hast du schon mal Sex gehabt?« »Na ja, klar, Mann.« Jeder sagte Ja. Als der Erste ein Jahr später eine Freundin hatte oder zumindest so tat, fragten wir neugierig nach. »Seid ihr wirklich zusammen?« »Ja, ja, klar«, meinte er. Darauf ein anderer: »Dann küsst euch doch mal, aber richtig!« Als die zwei sich dann küssten, kamen die »Ohs« und »Ahs«. Das fanden natürlich alle toll.

Um die Zeit herum verguckte ich mich zum ersten Mal in ein Mädchen. »Ich will einen Kuss von dir«, sagte ich frech zu ihr. Sie wollte aber nicht. »Komm, Mann, kriegst auch ein Pokémon-Bild«, versuchte ich sie zu locken. Ich pauste die ab, malte sie aus und verkaufte sie. Das war der Hit. Für eins gab's drei bis fünf Mark – fünf Mark war damals mein Taschengeld für einen Monat! Von dem »Verdienst« kaufte ich mir in der Schulkantine Esspapier, damit war man in der Stufe der Coolste. Da eins nur 50 Pfennig kostete, hatte ich immer einen Haufen.

Weil nun das Pokémon-Bild nicht zog, bot ich ihr drei Esspapiere an. Bingo! Sie nahm sie und gab mir ein Küsschen auf die Wange. Daraufhin wurde ich noch mutiger. »Du kriegst fünf, wenn du mir noch einen auf den Mund gibst!« Auch das klappte. Ein paar Mal bekam ich von ihr noch einen Kuss auf die Wange gegen Esspapier. Ein Kuss auf den Mund war mir aber doch zu teuer. Irgendwann, als das mit dem Tausch schon Routine war, fragte ich sie ganz lässig vor meinen Freunden, bei denen ich angeben wollte: »Ey, Baby, krieg ich 'nen Kuss?« Ich dachte, das liefe jetzt wie am Schnürchen. Pustekuchen. Dieses Mal klatschte sie mir eine.

Manchmal fragte mich meine Mutter, was wir denn in der Schule gemacht hätten. Als ich von der Sexualkundestunde erzählte, wollte sie wissen, ob ich eine Freundin hätte. »Nee, hab ich nicht.« »Bist du dir sicher? Bring sie mal mit!«, kam dann. Mit ihr über so was zu sprechen, war mir peinlich. Wäre mein Vater noch da gewesen, hätte ich ihn vielleicht gefragt.

In der sechsten Klasse, als ich schon wusste, was Kondome sind, kam mal der Spruch von ihr: »Wenn du mit einer schläfst, mach dir am besten drei drüber.« Darauf ich trocken: »Dann reißen die ja.« Zu der Zeit, ich war etwa 13, hatten schon viele Kerle eine Freundin. Du kriegst nie eine, dachte ich manchmal. Alles, was ich wollte, war eine Freundin zu haben und mit der zu küssen. Mehr hatte ich nicht im Sinn, Sex war noch gar nicht von Bedeutung.

Irgendwann in der Zeit nahm ich Kontakt zu meinem Vater und seinen Eltern auf, die im selben Ort wie wir lebten. Oma und Opa zeigten damals mehr Interesse an mir und taten auch mehr für mich als mein Vater. Ich verstand mich bald richtig gut mit ihnen, war dort immer willkommen. Allerdings wollte meine Mutter nicht, dass ich zu ihnen ging, und machte jedes Mal Terror. »Solange du minderjährig bist, tust du, was ich sage«, sagte sie immer. Die Folge war, dass ich heimlich hinging. Mein Opa meinte in der Zeit mal: »Werd ganz schnell 14, dann kannst du deinen Wohnort selbst bestimmen.« Das ergab sich aber nicht, denn kurz vor meinem Geburtstag zerstritt ich mich mit ihm. Er redete immer schlecht über meine Mutter. Und das ging mir so gegen den Strich, dass ich schließlich gar nicht mehr hinging.

In der achten Klasse stand noch mal Sexualkunde auf dem Stundenplan. Wir ließen zwar immer noch Sprüche und Kommentare los, es war aber schon etwas ernster. Einmal mussten wir auf einen Gummipuller ein Kondom ziehen. Ein anderes Mal bekam jeder eine Filtertüte, dann mussten wir uns in Dreiergruppen zusammentun, diskutieren, womit wir Sex verbinden, was es noch für Wörter dafür gibt, und das auf die Tüte schreiben: Da kam alles von ficken über dübeln, drehen, nageln bis Korkenknallen.

Aus der *Bravo* habe ich nichts, das ist eine typische Zeitschrift für pubertierende 14-jährige Mädels. Und außer Trickfilmen habe ich in dem Alter auch im Fernsehen nicht viel geguckt. Den Computer nutzte ich aber: Kaum hatte ich einen, guckte ich die ersten Pornos. Einmal erwischte mich meine Mutter – ausgerechnet, als ich mir gerade einen runterholte. Ich konnte mein Zimmer nicht abschließen. Sie grinste und sagte: »Ist aber schon lange her, dass ich dich nackig gesehen habe.« Ganz üble Sache. Megapeinlich.

Damals kam im Fernsehen immer mal wieder ein Bericht über minderjährige Mütter. Das schockte mich. Oh Gott, dachte ich, wenn ich das sah. Als in der Sendung *taff* auf ProSieben mal eine Familie mit 20 Kindern gezeigt wurde, diskutierten wir das am anderen Tag im Unterricht. »Stellt euch das mal vor, Baby Nummer 20!«, meinte die Lehrerin. In der Zeit schaute ich mit meiner Mutter auch öfter mal GZSZ. Da kamen die geilsten Geschichten mit Fremdgehen und Schwangerschaften und von meiner Mutter musste ich mir Sätze anhören wie »Pass bloß auf!«, »Denk an Verhütung!« oder »Wenn du eine Freundin hast, sag mir das, dann red ich mit ihr«. Heute wäre mir so ein Gerede egal, aber damals war mir das peinlich.

Mit 16 lernte ich meine allererste Freundin kennen, Lara. Ich spielte zu der Zeit in drei Bands Gitarre und sang im Schulchor. Kurz vor Weihnachten 2004 fragte mich der Musiklehrer, ob ich mit einer Mitschülerin zusammen ein Lied spielen wolle. Coole Sache, dachte ich. War's auch. Ich begleitete sie auf der Gitarre zu *Try* von Nelly Furtado. Sie stand am Mikro, ich saß auf einem Stuhl, beide in einem Lichtkegel. Die Muttis und Omis in der ersten Reihe heulten Rotz und Wasser vor Rührung.

Ein paar Tage zuvor war ein Bandkollege zu mir gekommen und hatte mir stolz sein Mädchen gezeigt: »Hey, guck mal, ich hab 'ne Freundin.« Ich guckte aber gar nicht hin, deshalb bekam ich auch nicht mit, wer sie war. Die Freundinnen von Kumpels haben mich nie interessiert. Dass es Lara war, erfuhr ich erst viel später.

Sie hatte meinen Auftritt gesehen. Als sie mitbekam, dass ihr Freund mit mir redete, fragte sie ihn hinterher: »Ey, wer ist denn das?« »Ein Kumpel von mir«, sagte er. »Kann ich seine Handynummer haben?« »Wieso?« »Nur so, ein bisschen mit dem schreiben.« »Nee. Geht auch gar nicht, der hat kein Handy.«

Irgendwann hatte ich aber eins und als sie das mitbekam, fragte sie noch mal nach der Nummer. Weil er sie nicht rausrücken wollte, ging sie heimlich an sein Handy, holte sie sich und schrieb mir. »Fand den Abend, als du gespielt hast, voll cool. Würde dich gerne kennenlernen«, simste sie. »Hast du einen Freund?«, fragte ich. »Nö«, kam zurück.

Ich traf mich mit ihr auf einer Wiese. Es war total locker, wir saßen auf einer Decke und quatschten über alles Mögliche: was wir so in der Freizeit machten, welche Musik wir hörten, aber auch ganz persönliche Sachen. Sie erzählte mir zum Beispiel, dass sie keine Jungfrau mehr sei. Am Ende meinte sie: »Gibt es noch was, was du wissen willst? Frag mich irgendwas, ich sag's dir.« Darauf kam von mir: »Trägst du gerne Tangas?«, »Welche BH-Größe hast du?« und »Welche Lieblingsstellung hast du?«, obwohl ich gar keinen Schimmer hatte. Ich hatte ihr aber erzählt, dass ich schon mal eine Freundin gehabt hatte, einfach, weil ich mithalten wollte.

Irgendwann rief ihre Mutter an und sie musste leider nach Hause. Kaum sahen wir uns nicht mehr, tippten wir auch schon wie verrückt SMS. Ich simste ihr schon relativ bald, dass ich gerne mit ihr schlafen würde. »Geht mir genauso«, kam zurück. Inzwischen stritt sie sich nur noch mit ihrem Freund. Dass es mein Kumpel war, wusste ich immer noch nicht.

Sie war das erste Mädchen, in das ich mich so richtig verguckt hab. Ich fand sie supersüß und total geil. Sie war ein Jahr jünger, 15, hatte dunkle Haare, braune Augen und war sehr schlank. Wir trafen uns noch oft alleine auf der Wiese und ich fand sie immer toller. Weil Lara mir auf meine Frage hin erzählt hatte, dass ihr Freund Boxershorts trug, ging ich zu meiner Mutter und forderte: »Mutti, ich will Boxershorts haben.« »Wieso?«, fragte sie verständnislos. »Schlüpper sind uncool«, sagte ich nur. Zu der Zeit war man ja in vieler Hinsicht noch unerfahren, man rasierte sich ja auch noch nicht unten.

Kurz bevor wir miteinander schlafen wollten, schlug mein Kumpel bei mir zu Hause auf. »Lass die Finger von meiner Freundin«, knurrte er mich an. »Hä, wie jetzt?« »Halt die Schnauze!« »Komm erst mal rein.« »Lara ist meine Freundin«, platzte es aus ihm raus. »Was?« »Sie gehört zu mir.« »Okay«, sagte ich, »wenn sie deine Freundin ist, dann will ich sie nicht mehr sehen.« Gleich danach ging er zu dem Kindergarten, in dem sie gerade ein Praktikum machte. Sie beruhigte ihn, er glaubte ihr und fuhr wieder nach Hause. Etwa eine Stunde später stand ich wie verabredet vor der Tür des Kindergartens, um sie abzuholen. Erst hakten wir uns ein, dann hielten wir Händchen. Als ich ihr vom Besuch ihres Freundes bei mir erzählte, war sie geschockt, meinte aber, dass sie eh bald Schluss machen wolle. Das passierte noch am selben Abend, nachdem sie sich heftig gestritten hatten.

Es ging noch ein bisschen hin und her mit den beiden. Ihr tat das Ganze leid, er war ja auch ihr erster Freund. Weil ich immer wieder nachhakte und mehr wissen wollte, das ist einfach meine Art, erzählte sie mir so einiges von ihm, und das ging ganz schön ans Eingemachte. »Na, wie is' er denn so im Bett?«, fragte ich. »Nicht so doll.« »Wieso nicht?« »Sein Schwanz ist zu klein.« »Ist das wichtig für dich?« »Wie groß ist denn deiner?« »Muss ich mal messen.« Das hab ich auch gemacht.

Ich wollte gerne mit ihr schlafen, sie sträubte sich aber erst ein bisschen. Warum weiß ich nicht. Vielleicht hat sie noch an ihm gehangen. Am 5.5.2005 war es dann so weit. Ich fuhr mit dem Fahrrad zu ihr. Zu der Zeit durfte ich weggehen, da war es mit meiner Mutter gerade mal wieder einigermaßen entspannt. Sie war sehr launisch. Mal durfte ich gar nicht raus, dann wieder bis zwölf irgendwo bleiben.

Mit Küssen fing's an. Mein erster Zungenkuss. Klappte aber, trotz Zahnspange. Ich hatte mal irgendwo gelesen, dass man einfach den Mund aufmachen und hinhalten sollte. Das tat ich auch, sie machte den Rest. Ich hatte mich schon zur Hälfte ausgezogen, als ich mich irgendwie unwohl fühlte. Es war kein Ekel, aber so was Ähnliches. Ganz komisch. Aber das war ja auch alles total ungewohnt. Plötzlich hatte ich eine richtige Brust vor mir. 75C, das war schon was, und keine Hängebrüste, sondern alles straff und fest, schon ein Hammer. Sie lag unten, ich war oben. Ich fasste sie an, streichelte sie, doch es passierte nichts. Scheiße. Mein Problem war, dass ich ja erzählt hatte, ich hätte schon mal eine Freundin und damit auch Sex gehabt. Normalerweise könnte ich abbrechen, schoss es mir durch den Kopf, aber jetzt muss ich da durch. Ich machte die Augen zu und stellte mir Frauen vor: Pamela Anderson, Heidi Klum, Angelina Jolie. Keine Chance.

Dann habe ich sie einfach nur geküsst, geküsst und geküsst. Und mit einem Mal ging's. Ich holte schnell ein Kondom raus, setzte es drauf, versuchte es runterzurollen. Ging aber nicht, ich hatte es falsch herum drauf! Mist, dachte ich und im selben Moment: Jetzt bloß keine Panik kriegen. Ich zog das Ding runter, riss ein neues auf und zog es drüber. Jetzt ging's. Er stand wie 'ne Eins, das war jetzt kein Problem mehr. Ich nahm ihn in die Hand, hielt ihn erst mal nur kurz rein, machte dann aber Druck: immer mehr, immer schneller. Plötzlich schrie sie auf, sie war ja nur einen kleinen gewohnt. Sie kam, ich nicht. Das Kondom war zu eng. Wir machten es noch einmal, danach war sie fix und fertig, zitterte am ganzen Körper. Als sie aufstand, war sie richtig wacklig auf den Beinen, konnte kaum mehr laufen. Das Gefühl, das ich hatte, als ich drin war, war irre. Toll, geil, Wahnsinn. Fast genau so, wie ich es mir vorgestellt hatte. Ich war glücklich. »Das war mein erstes Mal«, sagte ich ihr zwischen zwei Küssen. Sie grinste. »Hab ich mir gedacht.«

Je mehr wir ausprobierten und je mehr Routine reinkam, umso cooler war es und umso mehr Spaß machte es. Das erste Vierteljahr war es aber noch nicht so locker. Sobald irgendwas mal nicht klappte oder sie mal nicht wollte, war ich am Boden zerstört. Ich habe mir einfach zu viele Gedanken gemacht: Will sie das jetzt?

Will sie das nicht? Habe ich was falsch gemacht? So ging das in meinem Kopf.

Schon in der Zeit mit Lara gab es immer wieder Phasen, in denen es mit meiner Mutter gar nicht mehr ging. Wenn ich fragte: »Darf ich zur Disco gehen?«, kam als Antwort aus Prinzip: »Nee.« Sie war arbeitslos und hatte auch keinen Freund. Deshalb ließ sie viel an mir aus. Ich musste alles Mögliche zu Hause machen, den Müll rausbringen, einkaufen, beim Kochen helfen. Wenn ich aus der Schule kam und meine Hausaufgaben machen wollte, hieß es sofort: »Mach mal dies, mach mal das.« Irgendwann eskalierte es so, dass ich abhaute und bei Freunden pennte. Ich kam zwar wieder, aber nicht freiwillig. Die Polizei griff mich auf. Meine Mutter hatte behauptet, ich sei vermisst. Dabei wusste sie immer, wo ich war. Ein Jahr später ging ich freiwillig zum Jugendamt, weil es nicht mehr auszuhalten war. Man erklärte mir, ich könnte einen Platz beim betreuten Wohnen bekommen. Dann wäre meine Mutter aber nicht mehr an mich rangekommen, und das wollte ich ihr nicht antun. Deshalb entschloss ich mich, bei ihr wohnen zu bleiben, bis ich 18 war.

Kurz nach meinem Geburtstag, im Oktober 2006, zog ich endgültig aus und kam für drei Monate erst mal wieder bei meinen alten Freunden unter. Als das ausgereizt war, musste ich für eine Woche und einen Tag in einem Obdachlosenheim übernachten. Das war ganz, ganz schlimm. Am 1. Februar 2007 zog ich schließlich in eine eigene Wohnung. Ein Betreuer vom Jugendamt hatte sie mir verschafft.

Durch das ganze Chaos blieb das Gymnasium leider auf der Strecke. Ich war psychisch fertig, hatte kein Geld, konnte mich nicht auf die Schule konzentrieren und ging deshalb Mitte der zwölften Klasse ab. Dafür hatte ich an anderer Front Glück: Ich bekam die Zusage von der Bundeswehr für die Offizierslaufbahn. Beworben hatte ich mich noch während der Schulzeit, durch den Abbruch – das Abi war Zugangsvoraussetzung – wäre ich eigentlich raus gewesen. Sie machten aber eine Ausnahme, sagten, ich könne mein Abi dort machen. Bis die Ausbildung bei der Bundeswehr losging, schlug ich mich mit einem Job in einer Chemiefabrik durch. Meine komplette Freizeit ging für die Fliegerei drauf: Lizenzen erweitern, Flugstunden sammeln, fliegen, fliegen, fliegen.

Als am 1. Juli 2007 meine Zeit beim Bund begann, war ich schon lange nicht mehr mit Lara zusammen. Es hielt eineinhalb Jahre, dann war bei beiden die Luft raus. Es fing damit an, dass ich schneller als sonst eifersüchtig wurde. Meist grundlos. Aber sie wusste auch mit ihren Reizen umzugehen. Einmal fuhr ich ihr hinterher, als sie sich mit einem Kumpel traf, und guckte ihnen von weitem zu, wie sie sich unterhielten. Als ich das erste Mal Schluss machte, machte sie ein Drama draus. »Ich will nicht mehr«, sagte ich, da fiel sie aus allen Wolken: »Was?! Nee, mach das nicht, das geht nicht.« Ich sagte es in den nächsten Tagen bestimmt 20 Mal, dann war sie's leid und machte Schluss. Das hielten wir aber nicht lange aus und fingen noch mal was an. Das war dann aber nichts Genaues mehr. Jeder von uns war schon auf dem Sprung und wollte was Neues ausprobieren. Kurz bevor es zu Ende war, schlief ich mit ihrer besten Freundin. Weniger, weil ich sie so toll fand, sondern weil ich einfach wissen wollte, wie es mit einer anderen ist. Ich ekelte mich aber vor mir selbst.

Es war kaum Schluss mit uns, da hatte sie schon einen anderen. Das war noch mal richtig hart für mich, da heulte ich ganz schön rum. Drei, vier Monate dauerte diese Phase. Das war auch die Zeit, als ich gerade zum zweiten Mal von zu Hause abgehauen war und mein ganzes Leben ein einziges Durcheinander war. Da ging's mir richtig schlecht. Irgendwann sagte ich mir aber: Schluss jetzt, reiß dich zusammen, sieh zu, dass du Spaß hast. Ich ließ mir die Haare länger wachsen und gab ordentlich Gas bei den Mädels. Erst kam eine Zeit, da hatte ich nur jüngere, dann nur ältere. 30 war aber die Obergrenze. Anfangs war ich bei meinen Jungs noch der tolle Hecht, mittlerweile aber nicht mehr. »Mann, cool«, hieß es früher. »Schon wieder eine«, kommt heute.

Nur eine Story war noch mal ein echter Kracher. Mit 20 war ich, nur um das mal auszuprobieren, mit einem Freund in einem Puff. Im ersten Moment fand ich's cool, drin zu sein. Dann sah ich die Erste, die Zweite ... Das können die doch nicht freiwillig machen, schoss es mir durch den Kopf. Wenig später steuerte schon eine auf mich zu, eine süße kleine Japanerin. An meinen Kumpel pirschte sich eine Vollbusige ran. Seine Augen wurden groß, seine Muffe auch. »Wollen wir nicht gehen?«, raunte er mir zu. »Jetzt sind wir doch schon mal hier«, flüsterte ich. Der Kneipier schnallte schnell, was los war. »Das erste Mal hier?«, fragte er. Wir nickten. »Na, mal ganz locker, Mann.« Und zu mir: »Auf was für 'ne Frau stehste denn, groß, klein?« »Ein bisschen kleiner als ich.« »Und obenrum?« »Hauptsache straff.« »Und sonst?« »Knackarsch.« Er grinste: »Da hab ich eine für dich.« Kurz darauf kam er mit der Japanerin wieder.

Kaum im Zimmer, sagte sie: »Zieh dich schon mal aus«, und verschwand wieder nach draußen. Als ich nackt war, setzte ich mich aufs Bett und zog mir die Decke noch ein Stückchen drüber. Dann kam der Hammer: Sie holte eine fette Uhr aus einer Ecke und stellte 30 Minuten ein. Ach, du Scheiße, dachte ich. Ich wusste ja, dass ich immer etwas länger brauchte. Im Handumdrehen hatte sie das Kondom parat, setzte es drauf und rollte es mit dem Mund runter. Es war richtig cool. Wir haben alles gemacht, alle möglichen Stellungen und Varianten, mit dem Mund, von hinten, was weiß ich. Sie küsste mich sogar mit Zunge. Nachher ekelte mich das allerdings. Als ich rauskam, saß mein Freund mit der Vollbusigen an der Bar. Er hatte zu ihr gesagt, er hätte eine Freundin und sei nur hier, weil ich herkommen wollte. Da war ich sauer auf ihn. Jetzt war ich der Arsch, der, der im Puff war. Es war eine geile Geschichte, aber noch mal muss ich das nicht haben.

Wie viele andere Männer auch reizen mich Frauen, an die man nicht so ohne Weiteres rankommt und die schwer zu knacken sind. Wenn jemand sagt: »Bei der hast du keine Chance!«, setze ich, sofern sie mich interessiert, alle Hebel in Bewegung. Ob sie viel oder wenig Erfahrung hat, ist mir relativ egal. Die Chemie muss stimmen, das ist das Wichtigste. Ich habe bisher jede gefragt, wie viele Freunde sie schon hatte. Eine war noch Jungfrau. Manche Jungs haben damit ein Problem, ich nicht. Ich habe schon so viel von Frauen bekommen, da kann ich auch mal was zurückgeben. Ein Problem habe ich nur mit Frauen, die schon richtig viele Männer hatten und das auch raushängen lassen. Das sind Schlampen für mich, das habe ich einfach so gelernt.

Ich bin zufrieden, wenn es der Frau gefallen hat. Deshalb warte ich, bis sie gekommen ist. Ich schaffe es inzwischen, das selbst zu bestimmen. Ich hatte mal eine, die konnte nicht kommen. Da wurde ich richtig bockig und probierte es immer und immer wieder. Irgendwann hatte ich es fast geschafft, da stand sie kurz davor.

Eine Frau sollte richtig mitmachen und auch mal einiges von alleine machen. Ich mag es, wenn man sie hört, manche reißen sich leider richtig zusammen. Wenn sie anfängt, kurz vorm Kommen zu kratzen, macht das auch Spaß. Mal auf den Arsch zu hauen ist okay, aber Hardcore-SM ist nicht mein Ding – und natürlich auch nicht so richtig absurde Sachen wie Anpinkeln.

Ich habe es auch schon an vielen verschiedenen Orten gemacht. In der Badewanne und unter der Dusche ist es geil, auf dem Feld weniger, aber da war auch gerade Erntezeit. In der Zugtoilette war es ein bisschen eklig. Ich bevorzuge immer noch das Bett. Das ist am besten.

Neulich fiel mir auf, dass mein Vater genau so alt war wie ich jetzt, als ich geboren wurde. Frau und Kind, das ist nicht meine Welt. Noch habe ich ein Problem damit zu teilen. Ich könnte mir auch überhaupt nicht vorstellen, das ganze Leben bis zum Ende nur noch mit einer Frau zu verbringen. Die allererste Freundin kennenlernen, mit ihr das allererste Mal schlafen und dann niemals mehr eine andere haben – unvorstellbar! Dass es solche Leute gibt, kann ich kaum glauben. Ich habe mal nachgezählt, ich hatte ungefähr 60 Frauen. Ich bin halt ein Typ, der möglichst viel ausprobieren will. Das ganze Spiel reizt mich: sich kennenlernen, reden, flirten, sich näherkommen. Und natürlich der Sex. Ich lerne von ihnen, sie von mir. Das kann noch eine ganze Weile so weitergehen. Zurzeit hat für mich die Bundeswehr noch absolute Priorität. Fliegen ist die Nummer eins, dann erst kommen die Mädels.

»Bist du noch Jungfrau?«

Martin, 19, Musikstudent
Erstes Mal 2007 mit 16 Jahren
Sohn von Hermann (82)

Meine Freunde und ich haben uns nie unter Druck gesetzt oder durch die Medien unter Druck setzen lassen. »Wer mit 14 noch nicht hat, für den wird's langsam Zeit« – solche Theorien fand ich immer saublöd. Ich wollte auf jeden Fall verliebt sein. Solange ich das nicht war, war auch gar nicht das Verlangen nach Sex da. Für mich war auch klar, dass mein erstes Mal kein One-Night-Stand sein sollte. Ich bin aber auch sonst nicht für One-Night-Stands. Es muss schon eine Verbindung da sein. Das Superschwerste für mich damals war, dass ich der Erste von meinen Freunden war. Ich wusste, die anderen hatten es garantiert noch nicht geschafft. Ich musste es jetzt bringen. Ich war der Erste.

Zwei Tage danach erzählte ich es meinem ältesten Freund, den ich schon seit der Grundschule kenne. »Ich bin keine Jungfrau mehr!«, sagte ich. »Du kleiner Hund, verdammt!«, war seine erste Reaktion. Er hatte nämlich, obwohl er eigentlich ganz gut aussieht, kein Glück bei den Frauen. Details habe ich nicht erzählt, die wollte er auch nicht wissen, aber schon das Drumherum: wie es dazu kam, wo es war, wie ich's fand. Meinem zweitbesten Freund, mit dem ich aufs Gymnasium ging, habe ich es danach gesagt. Er freute sich riesig für mich – wie ein kleines Kind, das ein tolles Spielzeug geschenkt bekommt –, zog prompt los und holte zwei Flaschen Bier, damit wir darauf anstoßen konnten. Elena, so hieß sie, erzählte es auch ihren Freundinnen. Ich glaube, die ganze Klasse hat es gemerkt.

Ich komme aus Berlin, wo ich ziemlich entspannt aufwuchs. Ich war in einem sehr guten Waldorfkindergarten, dann auf einer Waldorfschule. Nach der sechsten Klasse wechselte ich auf ein Gymnasium, an dem musische Begabungen besonders gefördert wurden. Mit knapp sechs Jahren habe ich mit dem Geigespielen begonnen. Meine Eltern haben mir mal erzählt, ich hätte mit drei während eines Neapel-Urlaubs zwei Stunden lang vor einem Straßengeiger gesessen und ganz versunken zugehört. Die Musikalität, das Künstlerische liegt in der Familie. Mein Vater ist Schauspieler, mein Großvater war es, mein Opa mütterlicherseits hat Klavier gespielt.

Zu meinen Eltern habe ich ein gutes Verhältnis. Sie sind beide sehr entspannt und offen für alles. Nur bei wenigen Sachen sind sie sehr eigen. Als Ernährungsberaterin versteht meine Mutter zum Beispiel beim Essen keinen Spaß. Bei anderen Dingen wiederum kann ich bei meinem Vater damit rechnen, dass er sauer wird. Wenn ich früher mal das Geigeüben vernachlässigt hatte, konnte er schon ziemlich ätzend sein.

Ich kann jederzeit zu beiden gehen, wenn ich ein Problem habe. Ich versuche aber immer erst, es selbst zu lösen. Durch den ersten Liebeskummer bin ich zum Beispiel selbst durchgekommen. Es war kurz vor dem Schulwechsel. Ich war zwölf und in eine Mitschülerin verliebt: Melinda. Ich ging in der Pause auf sie zu und sagte ihr, dass ich sie liebe. Ich bin bei so was sehr direkt und kann es gar nicht leiden, wenn jemand einen Brief schreibt, simst oder anruft. Da bin ich sehr eigen. Ich finde, so etwas Wichtiges sollte man von Angesicht zu Angesicht klären können. Und wenn man das nicht kann, sollte man es eigentlich gleich lassen.

Sie hatte braune Haare, war so groß wie ich, ziemlich schlank und hatte auch einen ziemlich guten Charakter. Sie freute sich zwar, aber von ihrer Seite war kein Gefühl da. Das hat sie mir auch genau so gesagt, was ich völlig in Ordnung fand. Ich hatte ja vorher noch zu ihr gesagt, sie solle ganz offen sein. Ich kann es überhaupt nicht ab, wenn jemand nicht ehrlich ist. Ganz schlimm finde ich, wenn einer eine Beziehung weiterlaufen lässt, mit der er schon abgeschlossen hat. Ich sage immer von vornherein, dass man, wenn es für einen vorbei ist, das auch ganz offen aussprechen sollte. Andernfalls kommt man schnell in die Situation, dass man unsicher wird, grübelt, sich fragt: »Liebt sie mich überhaupt noch?« Und so eine Situation kann ich gar nicht leiden.

Melinda war auch das erste Mädchen, das ich geküsst habe. Es war kurz vor Ende des Schuljahres, eine ganze Weile nachdem sie mir den Korb gegeben hatte. Wir waren beide auf derselben Party. Ich kann mich aber nicht mehr genau daran erinnern und kann auch nicht mehr sagen, wie ich es fand. Mein bester Freund hat es mir hinterher erzählt. Ich hatte einen Filmriss, wir hatten beide ein bisschen viel getrunken an dem Abend. Ich finde den ersten Kuss aber auch gar nicht so wichtig. Manche finden so was ja sehr wichtig. Ich finde das erste Mal viel wichtiger.

Zu der Zeit wusste ich schon so ziemlich alles über Sexualität. Die ersten, ganz allgemeinen Sachen, dass irgendetwas im Bett abläuft und dass man daraus entstanden ist, habe ich von Freunden gehört. Ich konnte aber auch mit meinen Eltern von Anfang an sehr zwanglos reden. Es herrschte eine sehr offene Atmosphäre, ich hatte immer das Gefühl, alles fragen zu können. Ich bin deshalb auch öfter zu ihnen hingegangen und habe sie gebeten: »Erklärt mir das mal!« Die ersten Fragen kamen so mit sechs, sieben.

Sie haben dann erst mal gelacht, aber ganz entspannt darauf geantwortet. Und ihre Antworten haben mir den Eindruck vermittelt, dass Sexualität das Natürlichste der Welt ist und Spaß macht. Ich hatte jedenfalls nie das Gefühl, das sei was Komisches. Meine Eltern betonten allerdings auch immer, dass ich, wenn ich's verhindern könnte, nicht zu früh damit anfangen sollte. Dann hätte man zu früh schon alles erlebt. Bei meinem Halbbruder, er ist um die 50, war es so. Ich tippe mal auf 14.

Ich hatte nie das Gefühl, jetzt muss ich langsam mal, sondern war immer ganz entspannt: Wenn's passiert, dann ist es so, und wenn's nicht passiert, passiert's eben noch nicht, habe ich mir immer gesagt. Bei Mädchen ist es ja oft anders. Viele haben auch etwas Angst davor. Das kann ich aber auch verstehen, bei ihnen ist es ja ein bisschen anders. Meine Freundin zum Beispiel hatte Angst vor Schmerzen, es war dann aber völlig schmerzlos.

Über Details, wie Kinder genau entstehen, wie man verhüten kann, was Aids ist, wurden wir in der siebten Klasse aufgeklärt. Es war mein erstes Jahr auf dem Musikgymnasium. Allerdings hatten wir einen Biolehrer, der überhaupt nicht zu dem Thema passte. Wir konnten uns jedenfalls nicht vorstellen, dass er Sex hatte. Ich kann mir das wirklich bei vielen Leuten vorstellen, aber bei ihm konnte ich es beim besten Willen nicht. Als klar war, dass wir bei ihm Sexualkunde haben werden, haben wir gelacht und gedacht: Na, das wird ja was werden. Er wirkte etwas verklemmt und gehemmt.

Ich finde es gut und wichtig, dass das Thema auf dem Lehrplan steht. Man erfährt ja schon Sachen, die wichtig sind. Man wird zum Beispiel über die Gefahren der verschiedenen Verhütungsmittel aufgeklärt, welche Nebenwirkungen die Pille und noch mehr die »Pille danach« haben, was man nehmen sollte und was nicht. Die armen Mädels, dachte ich da oft. Wir Männer haben es doch einfacher.

Rund vier Monate lang hatten wir Sexualkunde. Peinlich war uns das nicht, wir sind mit dem Thema verhältnismäßig entspannt umgegangen. Zumindest sagte uns der Biolehrer, dass wir ziemlich gut darauf reagiert haben. Die Klasse über uns hat mit Zettelchen gearbeitet. Die Schüler konnten Fragen aufschreiben, wenn es ihnen zu peinlich war, sie zu stellen. Das hat uns der Lehrer auch angeboten, aber wir haben das nicht genutzt.

Zu Hause habe ich meist meine Eltern noch mal gefragt, etwa wie sie zu den verschiedenen Verhütungsmethoden stehen. Meine Mutter ist ja durch ihren Beruf sehr auf Gesundheit aus und warnte, dass die Pille gar nicht gut sei.

Meine Eltern selbst waren schon ziemlich alt, als sie zusammenkamen, und haben nach meinem Kenntnisstand gar nicht verhütet. Das heißt, sie haben sich nach dem Kalender gerichtet. Zum Glück, denn sonst gäbe es mich vielleicht nicht. Sie wollten eigentlich kein Kind mehr, ich war eine Überraschung. Aber ich bin sogar stolz darauf, dass ich ungewollt war, denn ich habe mich durchgekämpft!

Meine Eltern sind von Anfang an offen damit umgegangen. Es hieß immer, ich sei ein Überraschungskind. Irgendwann fragte ich nach: »Was ist denn ein Überraschungskind?« Ich konnte mir zwar was darunter vorstellen, wollte es aber mal aus ihrem Mund hören. Sie antworteten ganz ehrlich: »Wir haben dich eigentlich gar nicht gewollt, du bist einfach gekommen, aber das ist auch gut so.« Sie sagten sich damals: »Jetzt ist es da, jetzt kann es auch kommen.«

Als ich zwölf war, hat mein Vater mir mal von seinem ersten Mal erzählt. Er hatte es mit einer sehr viel älteren Frau, die auch Schauspielerin war, und er war tierisch aufgeregt. Er hat immer betont, dass sie ihm viel für später beigebracht hätte: wie man mit Frauen umgehen, dass man sie wertschätzen sollte. Details hat er nicht erzählt, aber das wollte ich auch gar nicht wissen. Ich bin saufroh, dass ich meine Eltern nie im Bett erwischt habe. Das ist eine ganz komische Vorstellung.

Etwa ein Jahr später, mit 13, verliebte ich mich in Elena. Sie ging in dieselbe Klasse wie ich, spielte ebenfalls ein Instrument, Cello. Mit ihr hatte ich drei Jahre später mein erstes Mal. Zunächst wurde aber nichts aus uns. Weil ich damals keine Lust hatte, eine Freundin zu haben, habe ich sie erst gar nicht darauf angesprochen. Das hing sehr stark mit der Musik zusammen. Ich hatte so viel um die Ohren, musste mich damals auch noch an der neuen Schule eingewöhnen, dass ich mir aus Vernunftgründen gesagt habe: »Eine Freundin, das geht im Moment nicht.« Danach war ich eine Weile in ein zwei Jahre älteres Mädchen verliebt. Aber auch zu ihr habe ich nichts gesagt.

Erst mit 15 hatte ich den Kopf wirklich frei für ein Mädchen und verliebte mich wieder in Elena. Sie war einen halben Kopf kleiner als ich, hatte schulterlange lockige blonde Haare, blaue Augen und war schlank. Dass ich mich in ein molliges Mädchen verliebe, kann ich mir vom Gefühl her nicht vorstellen.

Ich kann nicht genau sagen, wann ich mich in sie verliebte. Ich habe es irgendwann daran gemerkt, dass ich Schmetterlinge im Bauch hatte, wenn ich sie sah, wie man so schön sagt. Da war sie allerdings noch halb mit einem anderen zusammen. Das heißt, er dachte, er wäre mit ihr zusammen, aber sie wollte eigentlich gar nicht so richtig was von ihm. Keiner wusste so genau, was da eigentlich lief.

Es war im Sommer 2006, als die Fußball-WM war. Es war oft ziemlich warm, deshalb sind wir auch sehr häufig mit mehreren Leuten baden gegangen. Als wir am 22. Juni zusammen meinen Geburtstag gefeiert haben, war ich noch nicht in sie verliebt. Es muss irgendwann danach passiert sein. Auch bei ihr. Ich weiß noch, dass sie mal bei mir zu Hause zu Besuch war, als meine Eltern auch da waren. Irgendwann kam mein Vater zu mir und sagte: »Merkst du nicht, dass Elena bis über beide Ohren in dich verliebt ist?« Ich war völlig perplex: »Nö, die ist doch mit Paul zusammen. Ich weiß zwar nicht genau, was da läuft, aber da ist doch irgendwas …« Ich habe erst mal nicht daran geglaubt, dass sie an mir interessiert sein könnte. »Nein, nein, nein«, wehrte mein Vater ab. »Sie ist in dich verliebt!« Er hat ein Wahnsinnsgefühl für so was. Vielleicht hat das ja was mit dem Schauspielersein zu tun. Vielleicht hat er ja besondere Antennen.

Irgendwann, es war während eines unserer Schwimmbadausflüge, habe ich mein Herz in die Hand genommen, bin zu ihr gegangen und habe ihr gesagt, dass ich sie liebe und dass ich mit ihr zusammen sein will. Das klingt zwar jetzt ganz locker und cool, aber so war es in der Situation überhaupt nicht. Mein bester Freund aus dem Gymnasium hatte mich kurz vorher, als ich Muffensausen bekommen habe, regelrecht zu ihr hinschieben müssen. »Was ist denn daran so schlimm?«, meinte er. »Nun trau dich endlich!« Ohne ihn hätte ich es wohl an dem Tag nicht geschafft. Ich weiß genau, dass ich es ihr irgendwann gesagt hätte, aber ohne meinen Freund mit Sicherheit nicht schon zu dem Zeitpunkt.

Eigentlich hatte ich vor, ganz direkt zu sagen: »Ich liebe dich.« Als ich vor ihr stand, blieb mir der Satz aber im Hals stecken. Da ich angefangen hatte, musste es ja irgendwie weitergehen, und so habe ich stattdessen gefragt: »Warst du schon mal verliebt und wann das letzte Mal?« Dann habe ich noch mal angesetzt: »Bist du gerade verliebt?« Kaum hatte ich das ausgesprochen, wurde mir schlagartig klar, dass ich jetzt auch ganz direkt sein konnte. Also sagte ich schließlich doch: »Ich liebe dich.« Es war ein komischer Moment. Die Worte klangen ganz anders als in meinem Kopf. Es kam mir vor, als ob sie von einem Band kämen. Das war ziemlich krass.

Sie hat darauf leider anders reagiert, als ich gehofft hatte. Sie wich mir aus, zuckte mit den Schultern, sagte gar nichts. Ich kam mir wie ein begossener Pudel vor. Das war ganz schön enttäuschend. Als wir zusammenkamen, habe ich ihr das auch noch mal gesagt. Da lachte sie und meinte, sie könne sich gar nicht mehr genau daran erinnern. Ich habe ihr aber auch gesagt, dass ich sie inzwischen voll verstehe. Man ist im Schwimmbad, ahnt nichts Böses und dann kommt einer und sagt aus heiterem Himmel zu einem: »Ich liebe dich.« Da muss man sich natürlich erst mal völlig überfahren fühlen.

Zwei Stunden später sind wir aufgebrochen. Kaum hatten wir uns getrennt, kam eine SMS von ihr. Und das hat mich dann noch mehr enttäuscht als ihre erste Reaktion. Sie hätte doch schon auf unserem gemeinsamen Rückweg etwas sagen können. Ich finde wirklich, so etwas muss man persönlich machen. Ihre SMS war ziemlich lang und völlig durcheinander. Man merkte aber, dass es ihr wichtig war. Sie schrieb, dass sie nicht wisse, ob sie schon bereit sei für eine neue Beziehung. Sie war ein Dreivierteljahr vorher mit einem zusammen gewesen, der eine Klasse über uns war. Er muss sie ziemlich fies verlassen haben.

Am nächsten Tag nach der Schule küssten wir uns. Wir haben uns verabschiedet, wie man sich unter Freunden verabschiedet, durch eine Umarmung, und dann ergab es sich einfach so. Es war ein schönes Gefühl, allerdings war damit noch nichts klar. Wir hatten zwar ein engeres Verhältnis, als Freunde es haben, aber es war immer noch kein wirkliches Zusammensein. Ich weiß gar nicht, wie man es nennen soll. Die Beziehung hing jedenfalls in der Luft.

Irgendwann machte sie plötzlich mit jemand anderem rum. Was genau war, weiß ich nicht. Ich habe nur Gerüchte gehört. Das war aber für mich der ausschlaggebende Punkt, zu ihr zu gehen und ihr ein Ultimatum zu stellen. »Ich gebe dir jetzt eine Woche«, sagte ich, »in der Zeit kannst du dir überlegen, ob du mit mir zusammen sein willst oder nicht.« Nach zwei Tagen kam sie zu mir und sagte, sie hätte sich für mich entschieden. Dann küssten wir uns zum ersten Mal richtig, mit Zunge und allem. Und das war echt schön.

Es war für uns beide von Anfang an eine ziemlich ernste Beziehung. Wir wussten, das war kein Trallala, keine Pseudobeziehung, so wie man es aus der sechsten Klasse kennt. Da war es oft so, dass man mit jemandem zusammen war, um mit jemandem zusammen zu sein. Das war alles eher spielerisch. Da waren keine tiefen Gefühle dabei.

Dass sie das erste Mal noch nicht gehabt hatte, erzählte sie mir ein paar Tage später, nachdem ich sie ganz direkt gefragt hatte: »Bist du noch Jungfrau? Ich bin's noch.« Leicht fiel mir die Frage nicht, aber ich wollte einfach wissen, woran ich war, falls es zum ersten Mal kam. Sie antwortete auch sofort, genauso direkt und ziemlich trocken, und das fand ich schon stark. Für mich wäre es auch vollkommen okay gewesen, wenn sie nicht mehr Jungfrau gewesen wäre. Das hätte für mich überhaupt keinen Unterschied gemacht.

Über meine Beziehung zu ihr habe ich gar nicht mehr mit meinen Eltern geredet. Das Bedürfnis hatte ich nicht. Ich hatte das Gefühl, dass das jetzt ganz privat sein sollte, dass ich mit meinen Eltern nicht jedes Detail besprechen musste. Wäre allerdings plötzlich etwas eingetreten, von dem ich das Gefühl gehabt hätte, da müsste ich jetzt mit ihnen drüber sprechen, wäre ich auf jeden Fall zu ihnen gegangen.

Bis wir unser erstes Mal hatten, verging noch ein Jahr. Das lag zum einen daran, dass wir beide noch Jungfrau waren, das hat die Sache etwas komplizierter gemacht, zum anderen lag es an ihr. Ich bin generell sehr experimentierfreudig, auch in dieser Hinsicht. Sie aber war ziemlich verklemmt am Anfang. Küssen, Streicheln, Petting, das war okay, aber lange Zeit nichts, was wirklich ins Sexuelle ging. Sie ließ es nicht einfach laufen, sondern war immer sehr angespannt, abwartend, zögerlich. Ich kann nicht beurteilen, ob es bei ihr etwas damit zu tun hatte, dass es das erste Mal war. Ich habe sie nie danach gefragt, woran es lag. Überhaupt haben wir vor dem ersten Mal nicht über Sex geredet, erst nach den ersten paar Malen, als sie dann etwas lockerer und entspannter war.

Wie es dazu kam – kurz nach den Sommerferien, im August, war das –, war eigentlich ziemlich komisch. Ich hatte mit meinem besten Freund übers Rumgeschmuse geredet – genau genommen über einen ganz bestimmten Abend, an dem es fast dazu gekommen wäre. Elena und ich hatten in Unterwäsche Petting gemacht, als ihre Mutter uns in die Quere gekommen war. Das erzählte ich meinem Freund in der Schule. Prompt kam noch am selben Tag eine tierische beleidigte SMS von ihr: »Wieso redest du mit deinem

Freund über so was?« Wie sie davon Wind bekommen hatte, weiß
ich bis heute nicht. Aber da wir uns im Gang unterhalten hatten,
wo ständig Leute vorbeikamen, hat es vielleicht eine Freundin von
ihr mitbekommen. Ich habe mich ziemlich gewundert, dass es sie
plötzlich gestört hat, dass ich mit meinem Freund darüber rede.
Ich hatte ihr nämlich von Anfang an gesagt, dass ich mit ihm auch
sehr private Dinge bespreche. Außerdem wusste ich, dass sie mit
ihren Freundinnen auch über so was sprach.

»Warum soll ich nicht darüber reden, du sprichst doch auch mit
deinen Freundinnen darüber«, sagte ich deshalb zu ihr. »Außerdem habe ich dir erzählt, dass ich mit ihm über alles spreche.
Dann hättest du mir vorher sagen müssen: ›Erzähl bitte bestimmte
Sachen, die sehr ins Private gehen, nicht.‹ Dann hätte ich mit ihm
nicht darüber geredet. Aber ganz davon abgesehen: Es ist doch
gut, wenn man jemanden zum Reden hat.« Sie reagierte gar nicht
darauf, wechselte einfach beleidigt das Thema.

Am selben Tag, abends um 23 Uhr, kam eine SMS von ihr:
»Würdest du mit mir schlafen?« Ich antwortete umgehend: »Ich
würde mit jedem Mädchen schlafen, in das ich verliebt bin. Das
gehört für mich einfach dazu. Das ist bei dir nicht anders.« Darauf
kam erst mal nichts. Aber das kannte ich ja schon von ihr. Sie war
eine Meisterin im Nichtreagieren.

Ab da war dann klar, dass wir es tun würden. Und es passierte
schon ein paar Tage später bei ihr im Hochbett. Ihre Eltern waren
zwar auch da, aber die schliefen zu dem Zeitpunkt schon. Die
waren aber eh ganz entspannt. Ihre Mutter war immer etwas
durch den Wind und hatte ihre Eigenheiten. Sie kam oft an und
sagte: »Ach, was für einen schönen Freund du hast!« Das hat mich
ziemlich genervt.

Wir wollten zusammen einschlafen, lagen zusammengekuschelt
da – und dann legte ich einfach los. Ich hatte allerdings voll Schiss,
dachte: Jetzt bloß Augen zu und durch! Ich hatte Angst, dass sie
noch nicht bereit dazu war und das gar nicht wollte. Dass ich

keinen hochkriegte. Dass es zu schnell gehen könnte. Dass es aus irgendeinem anderen Grund nicht funktionieren könnte. Alles, was man sich so vorstellen kann. Sie hatte auch Angst, das spürte ich. Ich dachte aber, es wäre besser, jetzt gerade weiterzumachen. Es wäre sonst wahrscheinlich noch viel verkrampfter geworden. Ich fragte sie ständig, ob alles in Ordnung sei, ob es okay für sie sei, ob es wehtue und solche Sachen. Obwohl ich spürte, dass sie angespannt war, hat sie ziemlich gut darauf reagiert. Es ging dann relativ schnell.

Ein Highlight war es nicht, aber es war okay. Man weiß ja auch von vielen, die es indirekt erzählen, dass das erste Mal eher nicht so toll läuft, und hat von daher auch nicht so große Erwartungen. Direkt danach haben wir nicht mehr viel geredet, sind relativ schnell eingeschlafen.

Verhütet haben wir nicht. Ich weiß, dass das richtig gefährlich ist. Aber ich hatte keine Kondome mit und auch sie hatte nichts da. Klar hätte ich aufhören sollen, aber beim ersten Mal, gerade, wenn es einfach so passiert, ist das fast unmöglich. Vielleicht war sie auch deshalb angespannt. Am anderen Morgen haben wir aber über Verhütung geredet. Sie schaute in ihrem Kalender nach, ob etwas passiert sein könnte, die Wahrscheinlichkeit war zum Glück aber relativ gering. Auf dem Weg zur Schule merkte ich, dass sich etwas zwischen uns verändert hatte: Es war enger und lockerer zugleich geworden.

Das erste Mal gehabt zu haben war für mich wie eine Befreiung. Ich hatte das Gefühl, dass ich vorher nicht entspannt durch die Welt gelaufen war. Das konnte ich jetzt plötzlich. Ich war so stolz auf mich, dass ich es noch am selben Tag meiner Mutter erzählte. »Mama, ich bin jetzt keine Jungfrau mehr!«, habe ich zu ihr gesagt. Sie sagte schmunzelnd: »Das habe ich schon gemerkt, als du hier angekommen bist.« Dass es nach außen so deutlich war, hätte ich nicht gedacht. Das fand ich echt krass. Ich meinte zu ihr, sie könne es ruhig auch meinem Vater erzählen. Ich selbst wollte es nicht. Erst am nächsten Tag war ich so weit und bin zu ihm gegangen. »Hat es dir Mutti schon erzählt ...?«, fing ich an. »Gratuliere!«, sagte er nur und grinste.

Bei ihrer Mutter war es ähnlich. Die hat es ihr auch sofort an der Nasenspitze angesehen. Ihre sieben Jahre ältere Schwester hat es ebenfalls gleich gemerkt – und am nächsten Tag eine Riesenpackung Kondome angeschleppt. Da habe ich sehr lachen müssen. Abends haben wir sie auch gleich benutzt. Das ging problemlos, aus dem Unterricht wusste ich ja, wie das funktioniert. Wir haben eine ganze Weile mit Kondom verhütet. Ich wollte nicht, dass sie die Pille nimmt. Meine Mutter hatte irgendetwas Drastisches über die Nebenwirkungen erzählt. Wir kamen aber ziemlich bald darauf zu sprechen, dass es ja ohne Kondom schöner sein könnte, mehr Spaß machen würde, und da entschied sie doch, dass sie die Pille nehmen wolle. Ich war nicht hundertprozentig damit einverstanden, aber es war ihre Entscheidung.

Das Überraschende war, dass sie von sich aus am nächsten Abend ankam und wieder mit mir schlafen wollte. Ich hatte gar nicht daran gedacht, es sofort wieder zu tun. Doch obwohl sie es wollte, war sie immer noch ziemlich verklemmt und vorsichtig. Das verstehe ich bis heute nicht. Vielleicht kann ich mich da als Junge auch nicht hineindenken. Ihr Zögern führte dazu, dass wir nicht so richtig in Fahrt kamen. Sie war auch die nächsten beiden Abende die treibende Kraft. Und so allmählich wurde es dann auch entspannter und wir fingen an, ein bisschen zu experimentieren.

Wir waren ein Dreivierteljahr zusammen, dann habe ich Schluss gemacht. Ich mag es nicht, wenn man mir keine Freiräume mehr lässt. Sie wurde zu anhänglich. Ich vertrete eine ganz bestimmte Philosophie, nämlich dass alles immer ausgewogen sein sollte. Zu viel Nähe, das verbraucht sich irgendwann. Und das war auch der Fall bei uns. Irgendwann waren die Gefühle dann einfach weg, irgendwann habe ich nichts mehr für sie empfunden. Und so bin ich, wie es meine Art ist, zu ihr gegangen und habe gesagt: »Ich fühle nichts mehr für dich.«

Für sie war das der Weltuntergang. Ich habe sie aber spüren lassen, dass ich sie unterstützen möchte. Vor allem wollte ich noch mit ihr befreundet bleiben. Oft ist es ja so, dass man nach dem Aus überhaupt nichts mehr miteinander zu tun hat. Das wollte ich aber gar nicht. Ich kannte es auch aus meiner Familie anders. Mein Vater hat zu seiner ersten Frau, der Mutter meines Halbbruders, bis heute ein gutes, entspanntes Verhältnis. Sie ist eine Freundin der Familie, für mich fast wie eine Verwandte.

Eine Weile blieben wir auch noch befreundet, aber irgendwann war es so, dass ich immer derjenige war, der anrief, um mich mit ihr zu treffen. Von ihr kam gar nichts. Da dachte ich mir: Ich warte jetzt mal, bis sie sich meldet. Das tat sie aber nicht, deshalb ist der Kontakt eingeschlafen.

Meine zweite Freundin, auch eine Geigenspielerin, war zwei Jahre älter als ich und ziemlich verrückt. Sie benahm sich oft, als sei sie hyperaktiv. Es war eine Zeit, in der ich aber auch viel Quatsch gemacht habe. Ich bin zum Beispiel, als Mutprobe, über S-Bahn-Gleise gerannt. Sie hatte schon viel mehr Erfahrung als ich, was ich klasse fand. Nach zwei Monaten war aber wieder Schluss. Es hat einfach nicht so richtig gepasst mit uns.

Mal sehen, was noch so kommt. Vielleicht verliebe ich mich ja bald wieder. Es kann aber auch sein, dass nur eine sexuelle Anziehung da ist. Es ist alles möglich. Ein 95-jähriger Schauspieler, schon 60 Jahre lang verheiratet, hat mal einem Reporter auf dessen Frage »Wie schaffen Sie das nur?« geantwortet: »Ich habe immer wieder Angst, mich neu in jemand anders zu verlieben.« Dieser Satz trifft es ganz gut, finde ich. Es kann alles passieren. Es kann auch passieren, dass man jemand Faszinierendem begegnet, wenn man noch in einer Beziehung ist. Dann finde ich es allerdings wichtig, das dem anderen so schnell wie möglich, ehrlich und direkt, zu sagen. Ich würde nie etwas parallel laufen lassen. Das finde ich mies.

DANKE!

Für tatkräftige Mithilfe bei der Recherche: Matthias Wagner, Konstantin Graeff, Alexander Vey, Andrea Bangert, Anja Raeck, J.B. Kerner, Alexandra Schüler, Nina Wilgers, Ute Meiler, Rüdiger Kranz, Ute Albrecht-Mayr und Gerda Pighin. Für Transkription, Korrekturlesen, Pressearbeit, Mutmachen und immer und immer wieder geduldiges Zuhören: Kai Riedemann, Nina Wilgers, Jürgen Wittner, Sibylle Scharrenberg, Jacqueline Zielke, Sabine Günther, Beate Maisch, Wiebe Bökemeier, Uta Ferner und Jana Henschel

DIE AUTORIN

Jutta Vey, geboren 1970 in Fulda, arbeitet als Redakteurin bei einer großen Fernsehzeitschrift in Hamburg. 2008 erschien ihr erstes Buch *Mein erstes Mal – Frauen aus vier Generationen erzählen*, 2009 folgte *Sex, Liebe oder was?*, ein Buch über das erste Mal von Jugendlichen.

Jutta Vey
MEIN ERSTES MAL
Männer aus vier Generationen erzählen

ISBN 978-3-86265-044-6
© bei Schwarzkopf & Schwarzkopf Verlag GmbH, 2011

KATALOG

Wir senden Ihnen gern kostenlos unseren Katalog.
Schwarzkopf & Schwarzkopf Verlag GmbH
Kastanienallee 32, 10435 Berlin
Telefon: 030 – 44 33 63 00
Fax: 030 – 44 33 63 044

INTERNET | E-MAIL

www.schwarzkopf-schwarzkopf.de
info@schwarzkopf-schwarzkopf.de